kosmos Naturführer

kosmos Naturführer

Hans Oberndorfer

Schau mal in die Sterne

Himmelsbeobachtungen
mit bloßem Auge,
Feldstechern und kleinen Fernrohren

Kosmos · Gesellschaft der
Naturfreunde
Franckh'sche Verlagshandlung
Stuttgart

Mit 112 Zeichnungen und Fotos. Alle Zeichnungen vom Verfasser.
Bildnachweis:
Bernhard (Abb. 38, 49, 62, 71, 78), Birk (Abb. 105, 107), Burzynski (Abb. 73), Elgaß (Abb. 51, 79, 103), Kufer (Abb. 45, 52), Stättmayer (Abb. 36, 75, 90, 93, 97), Voigtländer (Abb. 104). Alle übrigen Abbildungen und Fotos sind vom Verfasser oder aus dem Archivmaterial der Volkssternwarte München.

Umschlaggestaltung von Kaselow Design, München, unter Verwendung einer Aufnahme von Fotostudio Annerose Schatter, Stuttgart.
Abgebildet ist das Fernglas ORION 20×80 OVS (erhältlich beim Kosmos-Service, Postfach 640, 7 Stuttgart 1)

Frontispitz (S. 2): Die Milchstraße im Schützen (Aufnahme: W. Suttor, München)

Holländische Ausgabe bei W. J. Thieme, Zutphen/Niederlande

CIP-Kurztitelaufnahme der Deutschen Bibliothek

Oberndorfer, Hans:
Schau mal in die Sterne : Himmelsbeobachtungen mit blossem Auge, Feldstechern u. kleinen Fernrohren / Hans Oberndorfer. – 3. Aufl. –
Stuttgart : Franckh, 1987.
(Kosmos-Naturführer)
ISBN 3-440-05404-7

3. Auflage
Franckh'sche Verlagshandlung, W. Keller & Co., Stuttgart/1987
Printed in Germany/Imprimé en Allemagne
ISBN 3-440-05404-7/L 10IN H Ste
Gesamtherstellung: Brönner & Daentler KG, Eichstätt

Schau mal in die Sterne

Vorwort

Seit mehr als einem Vierteljahrhundert hat das Interesse an der Astronomie und den Ergebnissen der Weltraumforschung mehr als je zuvor zugenommen. Die Erfolge der Raumfahrt – vom ersten künstlichen Erdsatelliten bis zur bemannten Landung auf dem Mond – haben den Weltraum so unmittelbar wie niemals zuvor in das Blickfeld der Menschen gerückt. Seitdem hat die Schar himmelskundlich interessierter Leute ständig zugenommen. Dies zeigt nicht nur die seit Jahren steigende Zahl von Besuchern in Volkssternwarten und Planetarien, die Zunahme an Mitgliedern in astronomisch und raumfahrttechnisch orientierten Gesellschaften, sondern auch das beständig sich erweiternde Angebot an optischen Geräten, die, soweit sie speziell zur Sternbeobachtung dienen, bereits zu einem Kaufhausartikel geworden sind. Dazu kommt, daß eine Vielzahl dieser Geräte gemessen am heutigen Preisindex durchaus erschwinglich sind, so daß nahezu jeder Interessent sein eigener „Sternwarten-Direktor" werden kann. Dabei erweisen sich diese Instrumente sowohl optisch als auch mechanisch als so zufriedenstellend, daß sie eigentlich alles zeigen, wofür sich ein Sternfreund interessiert. Vor allem dem Anfänger wird der Einstieg mit solchen Hilfsmitteln leichter gemacht – der Verfasser wäre wohl mehr als glücklich gewesen, hätte ihm vor 40 Jahren eines von diesen Fernrohren zur Verfügung gestanden!

Nun zeigt sich aber, daß solchen Teleskopen zumeist Anleitungen mit auf den Weg gegeben werden, die gerade der Anfänger als recht dürftig empfindet, weil sie sich im wesentlichen auf einige technische Hinweise zur Handhabung des Gerätes beschränken. Als Leiter einer Volkssternwarte muß der Verfasser immer wieder erleben, wie ratlos die Käufer solcher Himmelsfernrohre gerade der praktischen Einsatzmöglichkeit am Himmel gegenüberstehen. Dabei fehlt es weniger am Interesse, als in erster Linie an einer Einführung in die Himmelsbeobachtung, die der Anfänger versteht. Die Praxis zeigt, daß den meisten dieser taufrischen Fernrohrbesitzer die heute zahlreich erhältlichen Einführungswerke in Astronomie und astronomische Beobachtungstechnik meist zu weitgehend, zu speziell und zu hochgeschraubt sind. Nicht jeder, der sich ein solches Sternfreunde-Teleskop angeschafft hat, möchte deswegen zum versierten und aktiv tätigen Amateurastronomen aufsteigen. Die überwiegende Zahl der astronomisch interessierten Menschen möchte nur schauen, erleben und mit der Beobachtung des Sternenhimmels dem Alltag einige Stunden der Entspannung und Besinnung abgewinnen, ohne sich deswegen mit tiefschürfenden Problemen der astronomischen Beobachtungskunst, der Weltraumforschung und der Himmelsmechanik auseinandersetzen zu müssen. Wer im Laufe der Zeit daran wirklich Interesse und Gefallen findet, kann und wird das immer noch tun. Und dann wird ihm auch die entsprechende weiterführende Literatur schon weitaus verständlicher erscheinen!

Dieses Buch ist keine volkstümliche Himmelskunde im üblichen Sinne und will auch keine Einführung in das astronomische Weltbild unserer Zeit sein. Es wendet sich vielmehr an diejenigen, die nur gelegentlich aus Freude an der Naturbeobachtung zum Himmel schauen, die sich in den Sternbildern zurechtfinden möchten, die mit bloßem Auge, mit Feldstecher und kleinem Fernrohr nach Sonne, Mond und Planeten Ausschau halten. Demgemäß sind auch bei der Beschreibung der Sternbilder nur die sehenswertesten und leichter auffindbaren Fixsternobjekte angegeben und dargestellt, wie sie gerade für den Anfänger bei seinen ersten Entdeckungsreisen am Sternenhimmel in Frage kommen. Fortgesetzte Übung und zunehmende Erfahrung in der Beobachtung und bei der Benutzung von Sternkarten und Objekttabellen werden später auch die schwierigeren Objekte immer besser auffinden und erkennen lassen. Kritikern sei gleich vorneweg gesagt, daß dieses Buch nicht für Pedanten geschrieben ist. Zahlenwerte sind durchwegs aufgerundet und Erläuterungen und Begriffe so weit wie möglich vereinfacht. Wer es genauer wissen möchte, kann sich in weiterführender Literatur und entsprechenden Nachschlagewerken eingehender informieren. Tut er das tatsächlich, dann hat das vorliegende Buch einen seiner Zwecke schon erfüllt!

Die ersten Schritte

Europa ist heute geprägt durch große Städte, die nachts durch Tausende von Straßenlampen, durch Lichtreklamen und strahlende Schaufenster so hell beleuchtet sind, daß dem Großstadtbewohner der überwältigende Eindruck einer Sternennacht geradezu fremd geworden ist. Wer mag auch noch gefesselt und fasziniert werden von einem Himmel, der aus ein paar dürftigen Sternen besteht. Tatsächlich ist der Sternenhimmel über dem Zentrum einer Großstadt nur noch ein kümmerliches Fragment jener strahlenden Pracht, wie sie uns auch heute noch auf dem dunklen Land oder im Gebirge begegnen kann. Kein Wunder, daß der Stadtmensch überwältigt staunt, wenn er als Urlauber einmal fernab des Lichtermeeres ein sternübersätes Firmament erlebt. Und das sind dann jene Augenblicke, wo plötzlich in den meisten ein brennendes Interesse wach wird, mehr zu wissen über diese Welt da droben, die Sternbilder zu kennen oder gar einmal durch ein Fernrohr die Wunder des Weltalls zu betrachten. Nun denkt beim Stichwort Astronomie gar mancher sofort an Mathematik, die ihm schon in der Schule zuwider war, oder an die mächtigen Teleskope, wie sie in modernen Observatorien benutzt werden. Und überhaupt: Die Astronomie ist doch eine Wissenschaft, die man gelernt und studiert haben muß.

Sicher, um Astronom oder Astrophysiker zu werden, muß man in der Tat ein langjähriges Hochschulstudium erfolgreich hinter sich bringen. Nicht aber, wenn man als Freund der Sterne nur schauen und erleben möchte. Die Beschäftigung mit der Sternenkunde ist zweifellos eines der interessantesten Hobbys. Es gibt unzählige unter uns, die der Astronomie und den Ergebnissen der Weltallforschung enormes Interesse entgegenbringen. Aber schon der erste Kontakt mit dem Sternenhimmel und seinen leuchtenden Objekten läßt unmißverständlich erkennen, daß eine gezielte und sinnvolle Sternenbeobachtung nur möglich ist, wenn man sich „da droben" auskennt. Zunächst einmal besteht das nächtliche Firmament anscheinend aus unzähligen Lichtpunkten, die sich dem Beschauer in verschiedenen Helligkeiten und Farben, in allerlei Anordnungen und Figuren darstellen. Da ist zunächst kein Unterschied zwischen Sternen und Planeten, wenngleich manche Gestirne so hell erscheinen, daß sie vielleicht Planeten sein könnten.

So wünscht sich der angehende Sterngucker zuallererst, die Sterne und Sternbilder kennenzulernen und herauszufinden, wo die Planeten ihren Aufenthaltsort am Himmel haben. Er geht also in die Buchhandlung und verlangt einschlägige Literatur. Was ihm geboten wird, verteilt sich auf zwei Anfangsebenen. Die erste ist eine Kenntnis des Programmes, das am himmlischen Lichtspieltheater gerade gegeben wird: ein astronomischer Jahreskalender also, der auf die aktuellen Vorgänge und Erscheinungen am Sternenhimmel hinweist. Solche Himmelskalender – einer der bekanntesten ist „Das Himmelsjahr" – erscheinen jedes Jahr neu und sind für jeden, der sich mit den Sternen und mit Himmelsbeobachtungen befassen möchte, ein unentbehrliches Hilfsmittel. Der Verfasser erinnert sich daran, daß seine erste sternkundliche Bücheranschaffung ein Himmelskalender des betreffenden Jahres gewesen ist. Sofort begann sich das himmlische Erscheinungsbild aufzuklären; es war, als ob ein Schleier weggezogen würde. Anhand der monatlichen Himmelsbeschreibungen wurde klar, welche Planeten gerade am Himmel sichtbar waren, welche Sternbilder in den einzelnen Monaten und Jahreszeiten in günstiger Beobachtungslage standen und wann der Mond seine Lichtgestalten durchlief. Aus der anfangs noch recht ungezielten und ahnungslosen

Abb. 1. Ein astronomischer Jahreskalender ist ein unentbehrliches Hilfsmittel für jeden, der sich mit Himmelsbeobachtungen beschäftigen möchte.

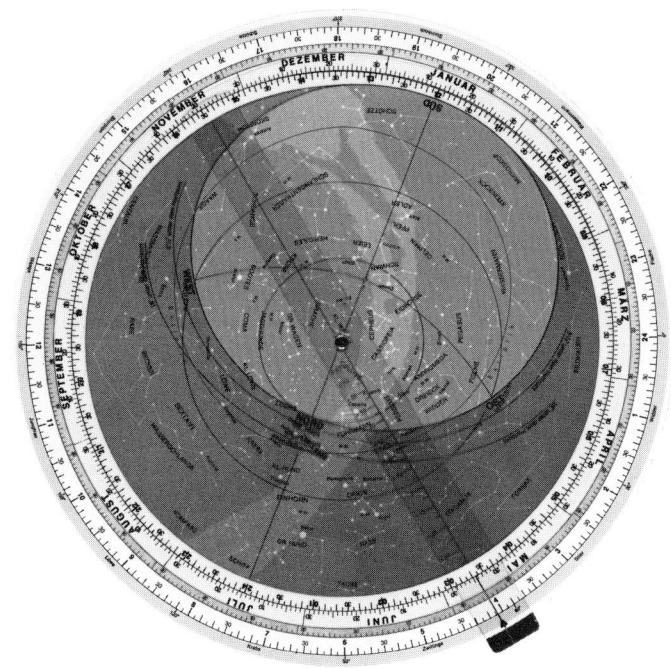

Abb. 2. Mit der drehbaren Sternkarte wird das Kennenlernen der Sternbilder zu einem spannenden Vergnügen. Darüber hinaus vermittelt dieses Gerät grundlegende Erkenntnisse zur Mechanik des Himmels.

Himmelsguckerei war durch das astronomische Jahrbuch mit einemmal eine spannende Beschäftigung geworden.

Nach diesem ersten Schritt zu systematischer Beobachtung kommt dann die zweite Ebene: das Gesamterscheinungsbild des Sternenhimmels zu erfassen und die Sternbilder in ihrem jahreszeitlichen Wechsel kennenzulernen und einzuordnen. Auch dazu gibt es ein erfolgversprechendes Hilfsmittel: die drehbare Sternkarte, z. B. aus der Franckh'schen Verlagshandlung. Und genau in dieser Reihenfolge ist auch der Verfasser in seiner Anfangs-Sternguckerzeit vorgegangen. Nun kann der Sternfreund anfangen, den jeweils sichtbaren Ausschnitt des Nachthimmels präzise auf seiner Karte einzustellen, die einzelnen hellen Hauptsterne und wichtigsten Sternbilder im Vergleich ausfindig zu machen, die Standorte der Planeten zu fixieren und – was die drehbare Sternkarte besonders wertvoll macht – mit dem Uhrwerk des Himmels immer vertrauter zu

11

werden. Schon wenige Wochen nach dem Erwerb und Gebrauch der drehbaren Sternkarte hat der Anfänger den täglichen Lauf des Himmels durch die Erdrotation, die jahreszeitliche Wanderung der Sonne durch den Tierkreis und die Bewegung der Wandelsterne begriffen. Und dann kann man so richtig anfangen, sich für weitere Einzelheiten zu interessieren und sich die ersten grundlegenden Kenntnisse über Sterne und Weltall anzueignen. Und bald schon wird der Wunsch auftauchen, das bisher allein zur Beobachtung benutzte unbewaffnete Auge durch optische Mittel zu verstärken.

Auge, Feldstecher und Fernrohr

Das Auge

Grundsätzlich sei zunächst einmal festgestellt, daß zur Beobachtung des Sternenhimmels nicht unbedingt optische Mittel nötig sind. Der Verfasser, selbst Besitzer eines leistungsfähigen 3-Zoll-Refraktors und als Leiter einer Volkssternwarte jederzeit in der Lage, auch wesentlich größere Instrumente benutzen zu können, pflegt immer wieder gerne die Betrachtung des gestirnten Nachthimmels mit freiem Auge. Der Anblick des Sternhimmels in dunkler, mondloser Nacht mit seinen jahreszeitlich wechselnden vertrauten Bildern und Objekten kann in dieser umfassenden Gesamtschau durch kein Fernrohrbild ersetzt werden. Es liegt nahe, daß wir uns zuerst einmal mit dem wichtigsten optischen Instrument befassen, das dem Menschen von Natur aus zur Verfügung steht, dem Auge. Zumal schon das Auge einige wichtige Eigenschaften aufweist, die zur Himmelsbeobachtung ohne und mit Teleskop sinnvoll angewendet werden können oder beachtet werden müssen. Vom optischen Aufbau her ist das Auge wie eine Kamera eingerichtet: Da ist eine Objektivlinse, die das Bild erzeugt, eine Blende, die je nach Helligkeit geregelt wird, und eine Mattscheibe, auf welcher die eingestellten Objekte zur Abbildung kommen. Und wie beim Fotoapparat steht auch im Auge das Bild auf dem Kopf!
Das Auge hat etwa die Form einer Kugel und ist von der Lederhaut (Sklera) umschlossen. Deren vorderer Teil ist stärker gekrümmt und

Abb. 3. Der Aufbau des menschlichen Auges.

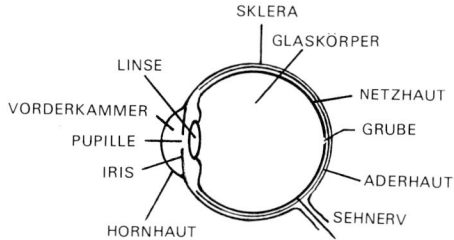

durchsichtig und bildet die Hornhaut, die etwa 12 mm Durchmesser hat und etwa 0,5 mm stark ist. Hinter der Hornhaut befindet sich die mit einer klaren Flüssigkeit angefüllte Vorderkammer, die nach innen von der Regenbogenhaut oder Iris begrenzt wird. Dahinter liegt die zweiseitig nach außen gewölbte (bikonvexe) Augenlinse. Sie besteht aus zwiebelschalenartig übereinanderliegenden Schichten. An die Linse schließt sich nach hinten eine gallertartige, durchsichtige Masse, der sogenannte Glaskörper an. Die innere Haut des Auges besteht aus Nervensubstanz; man nennt sie die Netzhaut. Durch den Sehnerv steht die Netzhaut mit dem Gehirn in Verbindung, wo die auf die Netzhaut auftreffenden Lichtreize umgesetzt und ins Bewußtsein gebracht werden. Ernährt wird die Netzhaut durch die Aderhaut, die Blutgefäße enthält.

Die optische Achse der Augenlinse trifft die Netzhaut an einer etwas vertieften Stelle, der sogenannten Netzhautgrube. Das ist die empfindlichste Stelle der Netzhaut, wo sich die betrachtete Welt scharf abbildet. Die Oberfläche der Netzhaut besteht aus Zäpfchen und Stäbchen, welche die Lichtreize aufnehmen. Im Bereich der Netzhautgrube befinden sich nur Zäpfchen, die auf helles Licht und auf Farben ansprechen, weiter nach außen sind Zäpfchen und Stäbchen vermischt, und etwa 5 mm von der Netzhautgrube entfernt gibt es nur noch Stäbchen, die nicht mehr auf Farben, aber auf schwächste Lichteindrücke reagieren. Nun haben wir auch die naturwissenschaftliche Begründung für das Sprichwort „In der Nacht sind alle Katzen grau": In der Dunkelheit sieht das Auge nur noch mit den Stäbchen, die eben nicht mehr farbempfindlich sind. Bei astronomischen Beobachtungen kann man sich diese Fähigkeit des Auges zu gesteigerter Lichtempfindlichkeit zunutze machen, indem man bei lichtschwachen Objekten wie z. B. Nebelflecken nicht genau in die Mitte des Fernrohres schaut, sondern seitlich zum Rand des Gesichtsfeldes schielt. Dieses sog. „Stäbchensehen" läßt zunächst kaum erkennbare Objekte sofort deutlicher erscheinen und ist für den geübten Beobachter längst zu einer Routine geworden!

Es ist eine bekannte Erscheinung, daß man in einem abgedunkelten Raum zunächst fast blind umhertappt, wenn man aus dem hellen

13

Sonnenlicht kommt. Ebenso ist der sternenbesäte Nachthimmel zuerst einmal schwarz und leer, wenn man aus dem beleuchteten Zimmer in die Nacht hinaustritt. Durch eine Strukturänderung der Netzhaut, die als Hell- und Dunkelanpassung bezeichnet wird, stellt sich das Auge auf die schwächere Beleuchtung um, so daß nach etwa einer halben bis zu einer Stunde Aufenthalt im Dunkeln auch die schwächsten vom Auge überhaupt noch wahrnehmbaren Lichter erkannt werden können. Bei astronomischen Beobachtungen spielt diese sogenannte Dunkeladaption eine wichtige Rolle; es ist völlig unmöglich, aus dem erleuchteten Zimmer kommend sofort schwache Sterne oder Nebelobjekte zu sehen. Das Auge ist nach völliger Adaption fast eine halbe Million mal lichtempfindlicher als im hellen Sonnenschein.

Neben der Dunkelanpassung der Netzhaut spielt auch eine Veränderung der Pupillenöffnung eine wichtige Rolle: Am hellen Tag hat die Pupille des Auges eine Öffnung von etwa 2 mm, in dunkler Nacht ist diese Öffnung bis auf 8 mm erweitert. Mit fortschreitendem Alter wird die Nachtpupille kleiner, ab etwa 50 Lebensjahren muß man sich mit rund 6 mm zufriedengeben. Bei der Benutzung von Fernrohren ist die Größe der Augenpupille maßgeblich für die Lichtausbeute, die aus dem Fernrohrokular kommt. Bekanntlich sieht man auf der letzten Linse des Okulars, der Augenlinse, ein kleines Lichtscheibchen, wenn man das Fernrohr zum hellen Taghimmel richtet. Diese sogenannte Austrittspupille wird in ihrem Durchmesser von der Vergrößerung bestimmt. Man teilt den Durchmesser des Fernrohrobjektivs (in Millimetern) durch die benutzte Vergrößerung und erhält dann den Durchmesser der Austrittspupille am Okular. Beispiel: Eine 30fache Vergrößerung ergibt an einem 60-mm-Objektiv 2 mm Austrittspupille. Bei schwächerer Vergrößerung wird demzufolge die Austrittspupille immer größer. Das kann so weit führen, daß schließlich die Austrittspupille größer wird als der Pupillendurchmesser des Auges. Dann gelangt gar nicht mehr alles Okularlicht ins Auge, eine derart schwache Vergrößerung ist somit nutzlos geworden.

Und noch etwas sollte im Hinblick auf die Dunkeladaption beachtet werden: Jeder helle Lichteindruck wie z. B. das Aufleuchten einer Taschenlampe kann die so mühsame, weil zeitraubende Anpassung des Auges an die Dunkelheit jäh zunichte machen. Wer also während der Beobachtung in Sternkarten nachsehen möchte oder zu sonstigen Handgriffen Beleuchtung braucht, sollte rotes Licht verwenden, weil gedämpftes Rotlicht die Dunkeladaption kaum beeinträchtigt und das Auge schon nach Sekunden wieder die volle Lichtempfindlichkeit gewonnen hat!

Eine weitere Eigenschaft des Auges, die Akkomodation, gestattet es, weit entfernte oder nahe gelegene Dinge im raschen Wechsel scharf zu sehen. Sie wird durch eine Änderung der Augenlinsen-Wölbung bewirkt, die durch Muskeln gedehnt und zusammengedrückt wird. In Ruhelage und beim Schauen in die Ferne ist die Linse flach gestreckt und bei Beobachtungen im Nahbereich stärker gekrümmt. In älteren Lebensjahren geht diese Elastizität der Augenlinse allmählich verloren – dann wundert man sich plötzlich, daß man zum Lesen und zum Fernblick verschiedene Brillengläser braucht!

Die Augenlinse ist an Bändern, die an ihrem Rand angreifen, aufgehängt und wird durch Muskeln mehr oder weniger gespannt. Durch diese Verspannungen entsteht bei der Beobachtung punktförmiger Lichtquellen und somit auch der Sterne ein Strahlenkranz: die „Strahlen" der Sterne! Es gibt immer wieder Leute, die diese Strahlen den Sternen zuschreiben möchten. Dabei kann man beobachten, daß sich diese „Sternstrahlen" beim Drehen des Kopfes mitdrehen. Da die Falten und Spannungen am Rand der Augenlinse am größten sind, erscheinen im Fernrohr bei stärkerer Vergrößerung die Sterne punktscharf, die Strahlen sind verschwunden. Das stark vergrößernde Fernrohr hat, wie wir schon erfahren haben, eine kleine Austrittspupille, das aus dem Okular austretende Lichtbündel trifft nur noch auf die nichtverspannte Mitte der Augenlinse.

Zeigt ein Auge besonders auffällige Strahlen nach einer bestimmten Richtung, die auch bei der Fernrohrbeobachtung nicht verschwinden, dann ist es astigmatisch, seine optischen Teile haben eine unsymmetrische Brechungskraft. Dieser Fehler, der sowohl von der Hornhaut als auch von der Linse herrühren kann, läßt sich durch entsprechende Brillengläser beseitigen. Ebenso soll man sich nicht mit Kurz- oder Weitsichtigkeit herumschlagen, sondern auch in diesem Falle die richtigen Brillengläser oder Kontaktlinsen tragen. Gerade Kurzsichtigkeit ist für den Sterngucker sehr lästig, wenn bei der Freiaugenbetrachtung der ganze Sternenhimmel nur noch aus verwaschenen Lichtern besteht. Bei Fernrohrbeobachtungen ist es zur Ausnutzung des Okulargesichtsfeldes zweckmäßig, die Brille abzunehmen – das Fernrohrokular kann durch Verstellen des Okulartriebes allemal auf das Auge eingestellt und somit ein scharfes Bild erzielt werden!

Der Feldstecher

Eines der kleinsten optischen Geräte, das zudem wohl am weitesten verbreitet sein dürfte, ist zweifellos das beidäugige Prismenglas, im Volksmund schlicht auch „Feldstecher" genannt. Ursprünglich zur Beobachtung irdischer Objekte eingerichtet und von Seefahrern und Bergsteigern ob seiner Handlichkeit gleichermaßen geschätzt, kann der Feldstecher recht erfolgreich auch zur Himmelsbeobachtung eingesetzt werden. Die meisten Feldstecher sind mit zwei nebeneinander angeordneten Rohrkörpern für beide Augen verwendbar (binokulares Sehen), während es auch Feldstecher gibt, die nur ein Rohr haben und dann auch nur für ein Auge (monokulares Sehen) benutzt werden. Vom optischen Aufbau her ist ein Feldstecher ein kleines astronomisches Fernrohr mit zwei eingebauten totalreflektierenden Prismen. Sie richten einerseits das Bild terrestrisch auf und verkürzen andererseits durch die Vierfachspiegelung die mechanische Baulänge, wodurch diese Fernrohrart so besonders handlich wird.

Jeder Feldstecher trägt auf seiner rückwärtigen Abdeckplatte neben dem Namen der Herstellerfirma auch seinen optischen Steckbrief. Da steht z. B. 6 x 25 oder 8 x 30 oder 10 x 50, was die optische Leistung des Glases erkennen läßt. Die erste, kleinere Zahl ist immer die Vergrößerung, die

Abb. 4. Strahlengang im Feldstecher: Das vom Objektiv erzeugte Bild wird über zwei Prismen 4mal reflektiert und vom Okular vergrößert. Durch die 4malige Spiegelung wird das Bild terrestrisch aufgerichtet und die Baulänge des Instruments verkürzt.

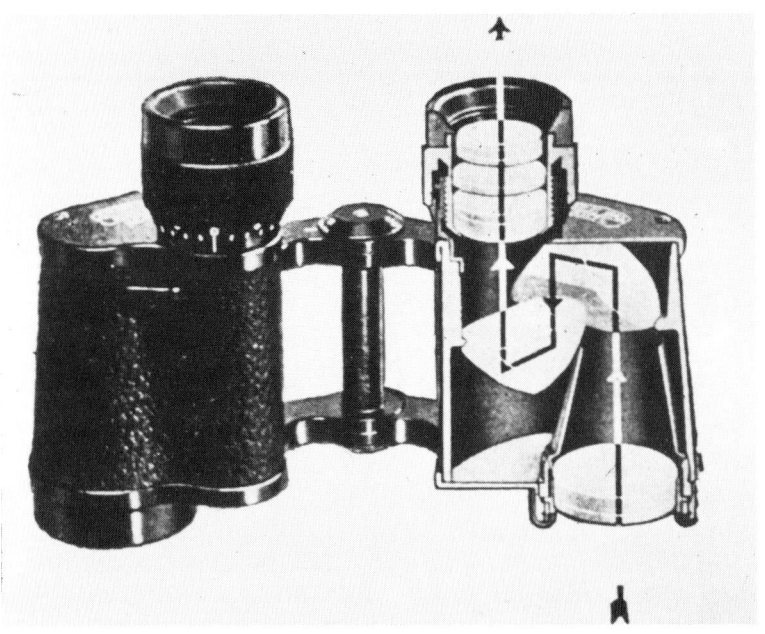

geboten wird, während die zweite, größere Zahl den Durchmesser der Objektivlinse in Millimetern angibt. 8 x 30 heißt also: 8fache Vergrößerung und 30 mm Objektivdurchmesser. Oder 10 x 50: 10fache Vergrößerung und 50 mm große Objektivlinsen. Damit ist auch gleichzeitig das Kriterium für die Lichtstärke gegeben: Die zweite (größere) Zahl wird durch die erste (kleinere) geteilt und das Ergebnis ins Quadrat gerechnet. Also: 8 geht in 30 rund 4mal, 4·4 = 16. Die sog. geometrische Lichtstärke dieses 8 x 30 Glases ist also 16. Oder: $\frac{50}{10}$ = 5, 5·5 = 25. Damit haben wir die Möglichkeit, die geometrische Lichtstärke zwischen einem 8 x 30 und einem 10 x 50 Feldstecher zu vergleichen. Und wir ersehen daraus, daß das 10 x 50 Glas „mehr Licht" bringt und demzufolge für Beobachtungen am Sternhimmel wohl besser geeignet ist.

Ein weiteres wichtiges Merkmal beim Feldstecher ist die Größe des Gesichtsfeldes, also der Ausschnitt der Landschaft oder des Himmels, der mit dem Fernglas noch überblickt werden kann. Da wir es beim Feldstecher mit einer festen und unveränderlichen Vergrößerung zu tun haben (ausgenommen Feldstecher mit Zoom-Okularen), so ist auch das Gesichtsfeld immer gleich groß. Eine schwache Vergrößerung liefert ein großes, eine stärkere Vergrößerung ein kleineres Gesichtsfeld. Durch die Einführung von Weitwinkelokularen ist es möglich geworden, auch bei Feldstechern ab 8facher Vergrößerung und mehr das Gesichtsfeld beachtlich groß zu gestalten. Solche Gläser werden als Weitwinkelfeldstecher bezeichnet. Folgende Tabelle gibt für die gebräuchlichsten Ferngläser den Gesichtsfelddurchmesser in Bogenmaß an, so daß der sichtbare Ausschnitt direkt auf eine Sternkarte bzw. auf den Himmel übertragen werden kann:

Feldstecher	6fach	8,5 Grad	(Weitwinkelglas)
	8fach	8,5 Grad	
	8fach	11,2 Grad	(Weitwinkelglas)
	10fach	7,3 Grad	(Weitwinkelglas)
	12fach	4,2 Grad	
	18fach	3,7 Grad	

Ein 8facher Feldstecher mit 8,5 Grad Gesichtsfelddurchmesser läßt z. B. noch die drei Gürtelsterne im Orion sowie das Gebiet des Orionnebels mit einem Blick überschauen. Ebenso kann man nun abschätzen, welche Schweiflänge bei der Beobachtung eines Kometen noch im Gesichtsfeld des Fernglases untergebracht werden kann.

Zur Prüfung eines Feldstechers auf seine optische Qualität sind Sterne – das gilt übrigens für alle Fernrohrsysteme und ebenso Fotoobjektive – bestens geeignet. Sterne sind absolut ausdehnungslose Lichtpunkte und deshalb ausgezeichnete Prüfobjekte, wie man sie im Labor als sog.

„künstliche Sterne" nur mit großem optisch-technischen Aufwand herstellen kann. Wer einen guten Feldstecher haben möchte, sollte sich beim Kauf das Umtauschrecht vorbehalten, um erst mal an einem sternklaren Abend die Prüfung vornehmen zu können – ein Schritt vor die Ladentür des Optikgeschäftes und ein rascher Blick zu einigen Häusern in der Umgebung ist kein Kriterium! Man achte zuerst darauf, ob der Feldstecher einwandfrei zentriert ist, d. h. ob die optischen Achsen der beiden Systeme zueinanderpassen. Selbst ladenneue Prismenfernrohre können dejustiert sein, wenn sie beim Transport einen Stoß oder Schlag bekommen haben; gerade die preisgünstigen fernöstlichen Angebote müssen bis nach Mitteleuropa einen weiten Weg zurücklegen. Zentriermängel, die sich bei der alltäglichen Beobachtung durchaus verbergen können, stechen beim Blick zum Sternhimmel sofort ins Auge, wenn sämtliche Sterne doppelt im Gesichtsfeld stehen. Nachdem so viele Doppelsterne unerwünscht sind, hilft hier nur sofortige Rückgabe und Umtausch des Gerätes. Natürlich kann man einen Feldstecher – wenn man ihn vielleicht hat fallen lassen – auch selbst zentrieren. Dazu muß das Instrument weitgehend zerlegt werden, denn nur so gelangt man an die Prismen. Es sollte sich daran also nur derjenige versuchen, der sich damit auskennt. Anderenfalls überlasse man diese Arbeit besser dem Fachoptiker!

Ein weiteres Prüfkriterium ist das Gesichtsfeld, das vom Fernglas noch zufriedenstellend abgebildet wird. Auch hier zeigt die Tagbeobachtung recht wenig, während die Sterne Mängel rasch offenbaren. Ein guter Feldstecher sollte die Sterne nicht nur in der Mitte des Sehfeldes, sondern weitgehend bis zum Rand punktscharf darstellen. Zeigt ein Feldstecher schon im Bereich des ersten Gesichtsfelddrittels die Sterne mit immer

 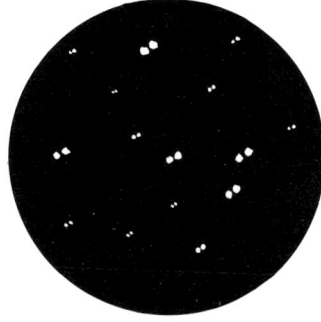

Abb. 5. Optische Mängel an Prismengläsern. Links: mangelhaftes Gesichtsfeld. Die Sterne erscheinen am Rand länglich bzw. kometenförmig. Rechts: dezentrierte optische Achsen. Alle Sterne erscheinen doppelt (nur bei binokularen Gläsern).

Abb. 6. Gerade zur Beobachtung großflächiger Sterngebiete im Bereich der Milchstraße oder von Kometen ist der Feldstecher aufgrund seiner Lichtstärke und seines großen Gesichtsfeldes ein ideales Beobachtungsinstrument.

länger werdenden Lichtschwänzen, dann wird er dem Himmelsbeobachter auf Dauer wenig Freude machen. Nichts gegen Kometen – aber so viele Kometen sind wahrhaft auch nicht gefragt! Der Verfasser hat vor Jahren einmal sechs Feldstecher gleichen Fabrikates am Himmel ausprobiert, bis er schließlich das optimale Glas herausgefunden hatte! Zur Beobachtung feiner Einzelheiten gehört der Feldstecher auf ein Stativ! Es gibt für jeden Feldstecher Haltevorrichtungen, die in Verbindung mit einem kräftigen Kugelkopf auf jede Art von Stativ oder auf Kinoneiger aufgesetzt werden können. Erst dann wird der Feldstecher für die Himmelsbeobachtung zu einem vollwertigen Instrument!

Das Fernrohr

Es gibt heute ein so reichhaltiges Angebot an Fernrohren zur Himmelsbeobachtung, daß wir uns hier nur mit den wichtigsten Typen und Merkma-

Abb. 7. Ein leicht transportables Reisefernrohr mit 60 mm Objektivöffnung und variabler Vergrößerung von 20 bis 60fach. Mit solchen Geräten können schon erste tiefere Eindrücke bei der Himmelsbeobachtung gewonnen werden.

len befassen können. Nachdem diese Hinweise in erster Linie für den Anfänger bestimmt sind, soll nur von kleinen Fernrohren die Rede sein, jenen Geräten also, die finanziell für die meisten noch erschwinglich sind und leicht aufgestellt und bedient werden können. Fernrohre dieser Größe und Ausführung zeigen alles, was einen Sternfreund interessiert, und können unvergeßliche Beobachtungsstunden bescheren. Beobachtungen haben vor dem durch Lesen gewonnenen Wissen den großen Vorteil des Erlebens und bleiben aus diesem Grunde im Gedächtnis lebendig.

Grundsätzlich ist bei den allgemein erhältlichen Fernrohrtypen zwischen Linsenfernrohren (Refraktor) und Spiegelteleskopen (Reflektor) zu unterscheiden. Bei den ersteren dienen Linsensysteme dazu, entfernte Objekte vergrößert abzubilden, bei letzteren wird als Bilderzeuger ein Hohlspiegel verwendet. Die kleinsten Fernrohre, die für astronomische Beobachtungen in Betracht kommen, sind jene kleinen Instrumente, die heute im Optikhandel als sog. „Reisefernrohre" angeboten werden. Sie sind zumeist mit kleinen Tischstativen versehen und haben Objektivdurchmesser von 30 bis 60 mm, während die Okulare vorwiegend als Zoom-Okulare mit stufenlos veränderbarer Vergrößerung ausgebildet sind, meistens von 10 bis 60fach. Das Bild steht bei diesen Fernrohren

Abb. 8. Eines der weitverbreiteten 60-mm-Fernrohre mit 910 mm Brennweite, wie sie von vielen Anfänger-Sternfreunden zu den ersten Entdeckungsreisen ins Weltall verwendet werden.

aufrecht, weil diese Geräte vorzugsweise für irdische Beobachtungen gedacht sind. Sie zeigen Sonnenflecken, Mondlandschaften, den Saturnring und die beiden stärksten Wolkenstreifen auf Jupiter. Ihr besonderer Vorteil: Sie lassen sich leicht transportieren und so recht problemlos aus der Stadt in dunkle Gegenden verbringen oder in den Urlaub mitnehmen. Schon allein aus diesem Grunde haben viele Sternfreunde solche Geräte gerne als Zweitinstrument. Wohl am meisten verbreitet sind jedoch in Sternguckerkreisen die unter verschiedenen Firmenbezeichnungen erhältlichen Himmelsfernrohre mit 60 mm Objektivöffnung und 910 mm Brennweite. Es handelt sich um komplett bestückte Instrumente mit allem Zubehör, das zu astronomischen Beobachtungen benötigt wird. Sie sind bereits mit einer parallaktischen Montierung ausgestattet und werden zur Beobachtung auf einem hölzernen Dreibeinstativ aufgestellt. Zur Standardausrüstung gehören drei Okulare, Dämpfgläser für Sonnen- und Mondbeobachtung und ein Zenitprisma zur bequemeren Betrachtung steil stehender Objekte. Ebenso sind ein Sonnenprojektionsschirm beigegeben sowie ein Umkehrprisma für irdische Beobachtungen, damit man auch einmal ins Gebirge schauen kann. Ein vollständiger Refraktor also, an dem man viel Freude haben und mit dem man sich bei

2 1		3	4 5

Abb. 9. Besonders beliebt bei Amateuren und Einsteigern: das Kosmos-Selbstbaufernrohr. Es handelt sich dabei um einen Bausatz für einen vollwertigen Refraktor (Linsenfernrohr) bestehend aus:
1. Achromatisches Objektiv (60 mm Öffnung, 800 mm Brennweite)
2. Objektivschutzdeckel
3. Metallrohr (Tubus) mit Streulichtblende
4. Okularauszug für Okulare mit 24,5 mm Einsteckdurchmesser und
5. Astronomisches Okular f = 20 mm (für 40fache Vergrößerung).
Sonderprospekte sind beim Kosmos-Service, Postfach 640, 7000 Stuttgart 1, erhältlich.

entsprechender Ausdauer eine Summe astronomischer Kenntnisse und Erfahrungen erwerben kann. Wie funktioniert eigentlich so ein Fernrohr? Ein astronomisches Fernrohr Keplerscher Bauart besteht im Prinzip aus nur zwei Linsensystemen: der großen Objektivlinse, die das Bild erzeugt, und der kleineren Okularlinse, die das Bild für den Betrachter vergrößert. Das Bild steht bei diesem Fernrohrtyp auf dem Kopf, woran man sich bei der Beobachtung astronomischer Objekte rasch gewöhnt. Die Vergrößerung kann durch den Einsatz verschiedener Okulare variiert werden. Man erhält die erzielbare Vergrößerung, indem man die Brennweite der Objektivlinse durch die Okularbrennweite teilt. Beispiel: An einem Fernrohr mit 910 mm Objektivbrennweite ergibt ein 10-mm-Okular eine 91fache Vergrößerung!

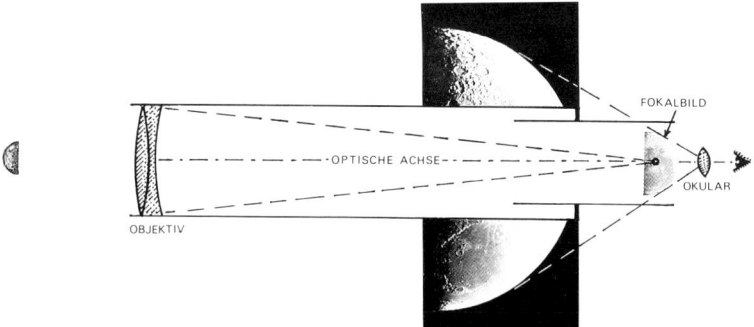

Abb. 10. Die Wirkungsweise des astronomischen Refraktors. Das Objektiv erzeugt in seinem Brennpunkt ein – je nach Brennweite – bereits vergrößertes Fokalbild, das auf dem Kopf steht. Dieses Fokalbild wird mit einer Lupe, dem Okular, weiter vergrößert, so daß im Auge der Gesamt-Vergrößerungseindruck entsteht, wobei natürlich auch dieses endgültige Bild auf dem Kopf stehend dargestellt wird.

22

Abb. 11. Das ebenfalls recht weit verbreitete 110-mm-Newton-Spiegelteleskop mit 900 mm Brennweite ist in der Schärfezeichnung etwa mit dem 60-mm-Refraktor zu vergleichen. Da es jedoch eine größere optische Öffnung hat, bringt es hellere Bilder und ist deshalb gerade dem Beobachter von Nebelobjekten zu empfehlen.

Das Kapitel „Vergrößerung" ist allerdings eine Sache für sich. Hier wird gerade bei fernöstlichen Fabrikaten viel Unsinn verzapft, wenn 60-mm-Fernrohre mit 500facher Vergrößerung angepriesen werden. In Wirklichkeit ist es nämlich so, daß die höchste noch sinnvolle Vergrößerung etwa das Doppelte des Objektivdurchmessers in Millimetern beträgt. An einem 60-mm-Refraktor ist also eine 120fache Vergrößerung das höchste der Gefühle! Bei weiterer Steigerung der Vergrößerung wird das Bild immer dunkler und kontrastärmer, so daß absolut kein weiterer Gewinn an sichtbaren Einzelheiten zu erhoffen ist. Jeder Himmelsbeobachter wird schnell dahinterkommen, daß schwächere Vergrößerungen viel schönere Fernrohrbilder ergeben.

Ebenfalls weit verbreitet und von vielen Anfänger-Sternfreunden gerne angeschafft ist ein Spiegelteleskop mit rund 110 mm Hauptspiegelöffnung und 900 mm Brennweite. Es handelt sich dabei um einen Reflektor Newtonscher Bauart, bei dem das Bild von einem parabolischen Hohlspiegel erzeugt und durch einen um 45 Grad geneigten elliptischen Fangspiegel am vorderen Rohrende seitlich ausgelenkt und somit zur Beobachtung zugänglich gemacht wird. Die technische Ausstattung gleicht der des vorhin beschriebenen Refraktors, ebenso das Zubehör.

Oft taucht bei der Fernrohrwahl die Frage auf, welches von den beiden Instrumenten soll ich mir anschaffen, den 60-mm-Refraktor oder das 110-

23

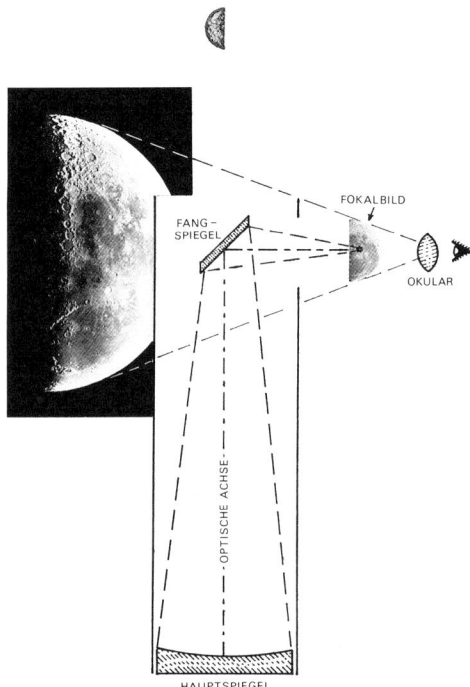

Abb. 12. Die Wirkungsweise eines Newton-Spiegelteleskops. Das von einem parabolischen Hohlspiegel, dessen optische Oberfläche mit spiegelndem Metall bedampft ist, gesammelte Licht wird über einen um 45 Grad geneigten ebenen Fangspiegel am vorderen Rohrende seitlich ausgelenkt und somit dem Auge des Beobachters zugänglich gemacht. Auch bei diesem Fernrohr steht das Bild auf dem Kopf.

mm-Spiegelteleskop? Diese Frage kann eigentlich nur mit einer Gegenfrage beantwortet werden: Was möchten Sie vorzugsweise beobachten – Sonne, Mond und Planeten oder die Objekte des Fixsternhimmels, also Sternhaufen und Nebelflecken? Hinsichtlich Schärfezeichnung und Detailabbildung können beide Instrumententypen als ziemlich gleichwertig bezeichnet werden, während für die Fixsternbeobachtung das Spiegelteleskop vorzuziehen wäre, da es eine höhere Lichtstärke aufweist. Die Lichtstärke wird nämlich vom Verhältnis der Fernrohröffnung zur Brennweite ausgedrückt. Der 60-mm-Refraktor hat bei einer Brennweite von 910 mm ein Öffnungsverhältnis von 1:15, das 110-mm-Spiegelfernrohr mit 900 mm Brennweite ein solches von 1:8. In Verbindung mit der größeren Öffnung werden also die Bilder im Spiegelteleskop heller sein, was sich besonders bei lichtschwachen Nebelobjekten positiv auswirkt. Wer also gerne im Reich der Gas- und Spiralnebel lustwandeln möchte, sollte besser ein Spiegelteleskop erwerben.

Trotz des reichhaltigen Angebots an industriell hergestellten Astrofernrohren blüht nach wie vor auch ihr Selbstbau. Zumal einerseits bastelfertige Optikteile und ganze Fernrohrbausätze mitunter recht preiswert angeboten werden und andererseits entsprechende Literatur den Selbstbau sogar dem Anfänger relativ leicht macht. Es ist selbstverständlich wesentlich lehrreicher, sich sein Fernrohr selbst zu bauen als es fertig zu kaufen; man bekommt dadurch eine viel engere Beziehung zu seinem Instrument.

Ob der Selbstbau im Endeffekt billiger wird, hängt weitgehend davon ab, welche technischen Möglichkeiten dem Bastler zur Verfügung stehen. Vor allem der Bau einer soliden und präzisen Fernrohrmontierung ist kaum ohne Drehbank zu bewältigen. Da müssen Achsen spielfrei in Lager eingepaßt, Rohre und Flansche gedreht und Schneckenräder zentriert werden. Wer das nicht selbst machen kann, fährt preiswerter, wenn er sich gleich ein fertiges Gerät kauft! Anders liegen die Verhältnisse beim fortgeschrittenen Amateurastronom, der ein größeres Teleskop haben möchte, möglicherweise angereichert mit eigenen technischen Ideen. In diesem Fall lohnt der Selbstbau immer, zumal Fernrohre dieser Größenanordnungen als Industrieerzeugnisse für die meisten unerschwinglich sind. Bei gut ausgerüsteten Liebhaberastronomen wird man also in den meisten Fällen selbstkonstruierte und selbstgebaute Einrichtungen vorfinden. Dabei wird man feststellen, daß jeder dieser Instrumenten-Konstrukteure einmal mit einem ganz kleinen und – selbstverständlich – selbstgebauten Himmelsfernrohr angefangen hat!

Nun sind wir schon mehrmals dem Begriff „parallaktische Montierung" begegnet. Gerade der ahnungslose Käufer seines ersten Astrofernrohres steht der beigefügten parallaktischen Montierung mitunter geradezu feindselig gegenüber. Meistens werden solche Stative völlig verdreht und verkehrt herum hingestellt, die Hauptachse der Montierung zeigt irgendwohin. Es bedarf dann der tollsten Verrenkungen, bis überhaupt ein Objekt am Himmel eingestellt werden kann. Dabei ist gerade die parallaktische Montierung für Himmelsbeobachtungen äußerst vorteilhaft – wenn sie richtig aufgestellt wird!

Grundsätzlich gibt es zwei Möglichkeiten, ein Fernrohr aufzustellen: die azimutale und die parallaktische Aufstellung. Aussichtsfernrohre, mit denen vorzugsweise irdische Objekte angepeilt werden, sind durchwegs azimutal montiert. Der in einem solchen Fernrohr eingestellte Kirchturm eines fernen Dorfes zeigt nicht die geringsten Ambitionen, aus dem Fernrohrgesichtsfeld auszuwandern, denn er ist ortsgebunden. Die Sterne am Himmel dagegen stehen nicht still, sondern bewegen sich im Laufe der Beobachtungsnacht, bedingt durch die Rotation der Erde, von Osten nach Westen. Ein in einem feststehenden Fernrohr eingestellter Stern wird also – je nach der Stärke der Vergrößerung – mehr oder weniger schnell aus dem Gesichtsfeld „auswandern". Man kann nun den Stern wieder „zurückholen", indem man das Fernrohr nachstellt. Ist nun das Instrument auf einem einfachen Stativ nach der Art eines Aussichtsfernrohres montiert, wird der Beobachter bald feststellen, daß er sein

Fernrohr beim Nachstellen um zwei Achsen drehen muß. Nämlich um die senkrechte Achse, die das Gerät mit dem Stativ verbindet, und auch um die waagerechte Achse, die das Fernrohr in der Gabel hält. Es bedarf also einer stufenförmigen Bewegung in der Nachführung, die besonders bei stärkerer Vergrößerung sehr lästig und zeitraubend werden kann. Die Sterne beschreiben am Himmel je nach Höhe über dem Horizont im Laufe der Nachtstunden flache Kreisbogen, die, je näher man dem Himmelspol kommt, in geschlossene Kreise übergehen. Bei der Verfolgung eines Sternes an einem einfach, also azimutal montierten Fernrohr muß der Kreisbogen durch die zweifache Achsendrehung in viele einzelne Stufen zerhackt werden, da ein derartiges Stativ nur horizontales Schwenken zuläßt. Es gilt also, die Achslage der Montierung so einzurichten, daß das Instrument am Kreisbogen der Sterne entlanggeführt werden kann. Dies geschieht ganz einfach dadurch, daß die Drehachse des Stativs der Rotationsachse der Erde gleichgerichtet wird. Die Hauptachse (sog. Stundenachse) eines astronomischen Fernrohres muß also zum Himmelspol zeigen (siehe Abb. 13), ihre Neigung entspricht der geographischen Breite des Aufstellungsortes. Nun braucht das Fernrohr nur noch um diese Achse gedreht zu werden, um einen Stern im Gesichtsfeld zu halten; aus der stufenförmigen Bewegung ist eine sozusagen fließende Nachführung geworden, die im Idealfalle jetzt sogar einem Motor anvertraut werden kann.

Daraus folgt also eine wichtige Quintessenz: Bei

Polarstern bzw.
Himmelspol

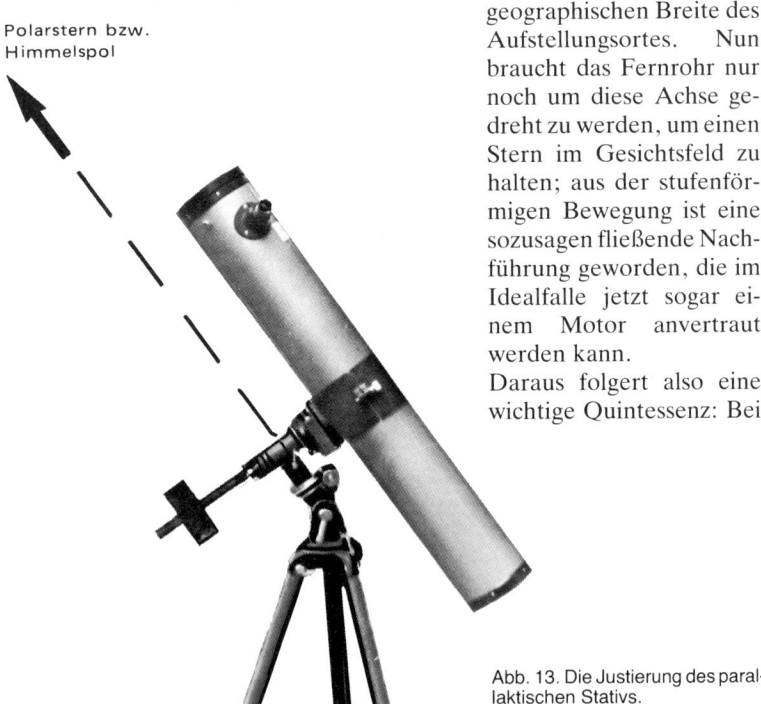

Abb. 13. Die Justierung des parallaktischen Stativs.

einer parallaktischen Montierung muß die Hauptdrehachse, also die Stundenachse, zum Himmelspol zeigen. Für uns Nordhalbkugelbewohner ist das kein großes Problem, da wir in unmittelbarer Polnähe einen gut erkennbaren „Polarstern" haben. Die Neigung der Achse ist mittels der angebauten Gradskala auf die geographische Breite des Beobachtungsortes einzurichten; diese Angabe kann man dem Atlas entnehmen oder bei einer naheliegenden Sternwarte erfahren. Eine solche, sozusagen „über den Daumen" erfolgte Aufstellung genügt zum „Spazierenschauen" am Himmel vollauf; nun wird der Beobachter feststellen, daß er lediglich von Zeit zu Zeit an der Stundenfeineinstellung drehen muß – und schon ist der Stern wieder da!

Kritischer freilich wird es mit der Aufstellung, wenn Sternaufnahmen mit längeren Belichtungszeiten gemacht werden sollen oder wenn jemand die an solchen Fernrohren angebauten Teilkreise zur Einstellung von Objekten benutzen möchte. Dann genügt die „Über-den-Daumen-Aufstellung" nicht mehr. In diesem Falle muß die Montierung genau einjustiert werden, ein Vorgang, der stundenlange nächtliche Geduldsarbeit erfordert. Sie lohnt sich nur bei Fernrohren, die ortsfest aufgestellt und montiert bleiben, nicht aber bei transportablen Instrumenten, die nach jeder Beobachtung wieder abgebaut werden. Da wäre nämlich die ganze subtile Justierarbeit für die Katz!

Transportable Fernrohre sind sowieso hinsichtlich der Beobachtungsqualität ein Kompromiß. Ein Stativ, das leicht genug ist, um herumgetragen zu werden, kann nicht gleichzeitig die erschütterungsfreie Standfestigkeit

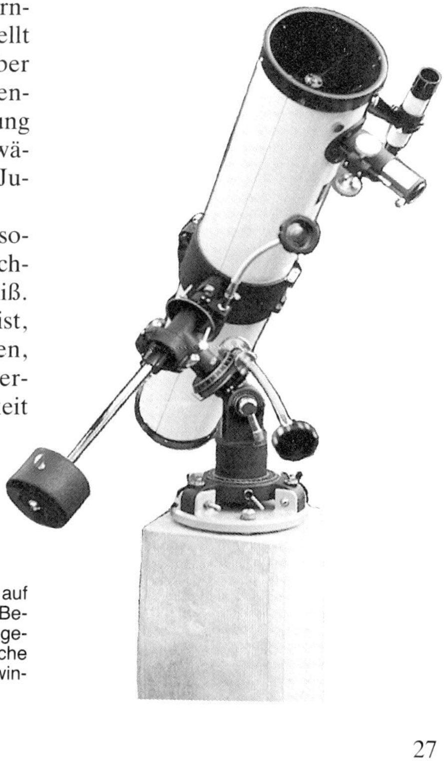

Abb. 14. Ein Beispiel, wie ein Teleskop auf eine Säule montiert werden kann. Die Beobachterfreude wird dadurch erheblich gesteigert, während astrophotographische Versuche ganz enorm an Qualität gewinnen können.

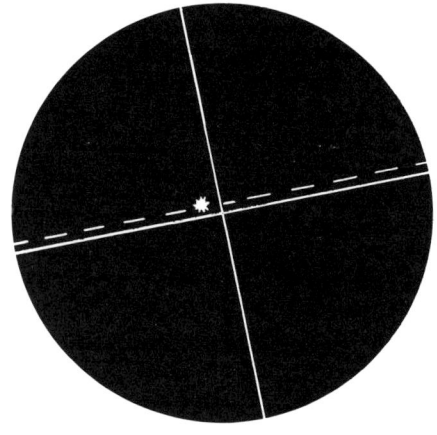

Abb. 15. Koordinatengerechtes
Einrichten eines Fadenkreuzes.

eines Betonsockels haben. Wer sein Himmelsfernrohr im Garten, auf der Terrasse oder dem Balkon fest aufstellen kann, der sollte dies unbedingt tun. Bei unseren Fernrohren können die hölzernen Stativbeine abgeschraubt werden, so daß sich ohne große technische Schwierigkeiten der obere Stativteil mit der Montierung auf eine Säule oder einen Sockel aufschrauben läßt. Dabei ist freilich darauf zu achten, daß die Stundenachse zum Himmelspol zeigt! Gegenüber den zittrigen Stativbeinen bedeutet eine solche Art von Aufstellung einen enormen Fortschritt, die Beobachterfreuden an unserem Fernrohr steigen um Größenordnungen! Ganz davon abgesehen, daß photographische Versuche am Mond oder an hellen Planeten sowieso nur mit einer solchen stabilen Montage erfolgversprechend sein dürften.

Bei einem festaufgestellten Fernrohr lohnt es sich, die Montierung so auszurichten, daß sich ihre Achsen den himmelsmechanischen Bedingungen anpassen. Die genaue Einrichtung einer Fernrohrmontierung erfordert einige Geduldsarbeit, die sich mitunter über eine ganze Nacht hinziehen kann. Es hat also wirklich nur bei ortsfester Montage einen Sinn, sich dieser Mühe zu unterziehen, die andererseits freilich damit belohnt wird, das Tele-

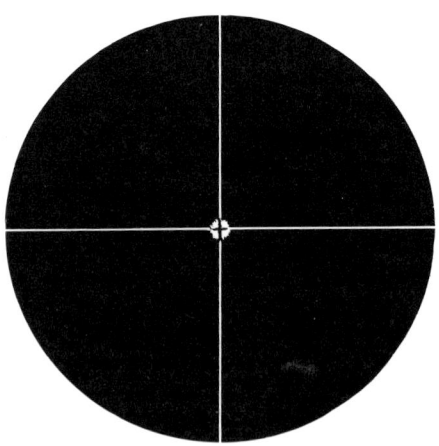

Abb. 16. „Bisezieren" eines Sterns auf dem Fadenkreuz.

skop genau nachführen und die angebauten Einstellkreise nutzen zu können. Wir versehen das Fernrohr mit einem Fadenkreuz-Okular und stellen einen nicht zu schwachen äquatornahen Stern ein, der sich in der Nähe des Meridians (Süden) befinden soll. Wir drehen die Okulareinstellung etwas heraus und erweitern somit den Stern zu einem kleinen Scheibchen. Jetzt verdrehen wir das Okular in der Steckhülse so lange, bis der Fixstern beim Hin- und Herschwenken des Fernrohres im Sinne der täglichen Bewegung (Stundenachse) auf dem horizontalen Faden entlangläuft. Wir richten die Stundenachse der Montierung, die bereits grob auf die Polhöhe unseres Beobachtungsortes (geographische Breite) eingestellt sein soll, so ein, daß das obere Ende der Achse nach Norden, in

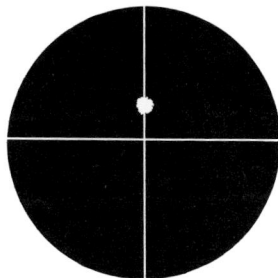 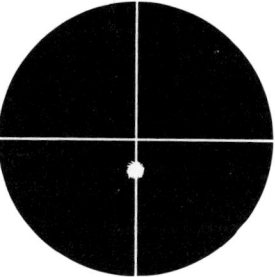

Abb. 17. Leitstern weicht nach oben ab (Nordende der Stundenachse nach Westen drehen).

Abb. 18. Leitstern weicht nach unten ab (Nordende der Stundenachse nach Osten drehen).

Richtung Polarstern zeigt. Läuft also jetzt der Stern exakt auf einem der beiden Fäden, dann wird er auf das Fadenkreuz gesetzt und zwar so, daß das Sternscheibchen durch das Kreuz gewissermaßen geviertteilt erscheint (bisezieren).

Zunächst richten wir die Achse so ein, daß sie genau in Nord-Süd-Richtung steht (Azimut-Korrektur). Wir holen unseren Stern aufs Fadenkreuz und lassen dann das Fernrohr etwa 10 Minuten stehen. Holen wir dann den Stern, der ja inzwischen aus dem Gesichtsfeld ausgewandert ist, wieder zurück, können wir sofort feststellen, in welcher Weise er vom Faden abgewichen ist. Grundvoraussetzung dabei ist allerdings, daß bei diesen Manipulationen die Deklination des Instruments nicht verändert wird – die Deklinationsklemme muß also fest angezogen sein. Weicht der Stern vom horizontalen Faden nach Süden ab (im astronomischen

Fernrohr nach oben), ist das Nordende der Stundenachse nach Westen zu verstellen. Dabei ist darauf zu achten, daß diese Verstellungen nur in kleinen Schritten vorgenommen werden – man muß sich ganz langsam an die Idealstellung herantasten. Daher der Begriff „Geduldsarbeit"! Nach jeder Manipulation muß natürlich der Justierstern wieder ins Okular zurückgeholt werden, weil durch das Verdrehen der Stundenachse das Instrument verstellt wird. Weicht der Leitstern nach Norden (im astronomischen Fernrohr nach unten) ab, drehen wir das Nordende der Stundenachse nach Osten. Auf diese Weise tasten wir uns allmählich an die richtige Lage der Stundenachse heran, die Abweichungen werden von Schritt zu Schritt geringer. Erreichen wir schließlich, daß der Justierstern mindestens 30 Minuten lang haargenau auf dem horizontalen Faden verbleibt, liegt die Stundenachse mit hinreichender Genauigkeit in der Meridianebene. Nun können die Feststellschrauben oder Klemmuttern der Stundenachsen-Zentrierung langsam und vorsichtig angezogen werden.

Nun muß noch die Polhöhe der Stundenachse richtiggestellt werden. Wir haben zwar an der hier angebrachten Skala die geographische Breite unseres Ortes eingestellt, aber sie ist für unser Instrument nur ein Näherungswert – die Achse muß genau zum Himmelspol zeigen! Wir nehmen dazu einen im Osten oder Nordosten stehenden Stern und bringen ihn auf den senkrechten Faden des Fadenkreuzokulars. Weicht der Stern mit der Zeit seitwärts von Faden ab, ziehen wir ihn durch entsprechendes Verstellen der Polhöhe der Stundenachse wieder auf den Faden zurück. Hier können wir den Effekt unserer Manipulationen sofort im Okular sehen. Diese Arbeit ist so lange fortzusetzen, bis auch hier der Stern mindestens 30 Minuten exakt auf dem Faden bleibt. Jetzt schwenken wir das Fernrohr nach Westen und stellen einen im Westen oder Nordwesten stehenden Stern ein. Wir wiederholen den Justiervorgang, bis auch dieser Stern 30 Minuten lang auf dem Faden bleibt. Dann werden Polhöhen-Klemmung oder die entsprechenden Feststellschrauben angezogen.

Letztlich noch ein Tip für festaufgestellte Montierungen: Nachdem sich bei unseren kleinen Fernrohren ein eigener Instrumentenschutzbau kaum lohnt und in vielen Fällen – z. B. auf dem Balkon – gar nicht möglich ist, sollte man das Fernrohr, wenn es nicht gebraucht wird, einfach aus den Halteschellen der Deklinationsachse herausnehmen und die Montierung mit einem Wetterschutz versehen. Ein rechteckiger Plastikeimer kann hier gute Dienste leisten – aber gut an der Säule befestigen, weil ihn sonst der nächste Sturm entführt! Natürlich bleibt es dem Anfänger-Sternfreund unbenommen, sich gleich ein größeres Teleskop anzuschaffen. Das Angebots-Spektrum deutscher und ausländischer Erzeugnisse reicht von 2000,– bis 20 000,– Mark. Es umfaßt nicht nur größere Refraktoren und Spiegelteleskope, sondern auch die aus den USA importierten Serien jener Schmidt-Cassegrain-Systeme, von denen vor allem die 8-Zoll-Ausführung zu den meistgekauften Astrofernrohren überhaupt zählen dürfte. Ohne näher auf diese Instrumente einzugehen sei bemerkt, daß der Erwerb eines größeren, kostspieligen Teleskops für den Anfänger zweifellos ein Risiko darstellt. Kein Anfänger der Himmelsbeobachtung weiß nämlich mit absoluter Sicherheit, ob er jahrelang oder gar zeitlebens diesem Interesse verbunden bleibt. Die anfängliche Begeisterung könnte sich ja auch als ein „Flackerfeuer" erweisen. So sehr man es jedem wünschen möchte, der Göttin Urania ein ganzes Leben lang treu bleiben zu können, so hat doch mancher aus beruflichen, familiären oder anderen unvorhersehbaren Gründen seine Beschäftigung mit der Astronomie reduzieren oder ganz aufgeben müssen. Dann steht das teuere Instrument nutzlos herum oder muß weit unter Preis verkauft werden.

Daher ein wohlgemeinter Rat an jeden Anfänger-Sternfreund: Der Einstieg in die Praxis der Sternenbeobachtung sollte mit einem kleinen Fernrohr gewagt und vorgenommen werden. Man sollte versuchen, die Möglichkeiten dieses kleinen Instruments bis zum letzten auszuschöpfen. Auch bei echter und ernster Hingabe hat man damit einige Jahre zu tun, in denen Interesse und Erfahrung wachsen und gedeihen. In dieser Zeit entscheidet sich auch, ob man bei der Stange bleibt! Und steckt man die Sternguckerei wieder auf, dann ist bei den kleinen und relativ billigen Fernrohren nicht allzu viel verloren. Merkt man aber, daß man von dieser Leidenschaft nicht mehr loskommen wird – das ganze Leben lang –, ist der Augenblick gekommen, sich nach einer leistungsfähigeren, kostspieligen Beobachtungsausrüstung umzusehen. Hier betritt dann freilich der Sternfreund einen Weg, der weit aus dem Rahmen unseres Buches hinausführt!

Nach welchen Gesichtspunkten kann nun die optische Qualität eines Himmelsfernrohres oder einer Bastelooptik geprüft werden? Wie wir schon im Kapitel über die Feldstecher gehört haben, sind die Fixsterne die besten und billigsten Prüfobjekte. Die beste Möglichkeit zur Prüfung eines Fernrohres ist ein Stern mit der Helligkeit etwa der 2. Größenklasse (Sterne im Großen Wagen, Gürtelsterne im Orion). Die verwendete Vergrößerung sollte nicht zu schwach sein, etwa 60- bis 80fach.

Man beginnt die Prüfung, indem man den eingestellten Stern durch Herausdrehen der Okulareinstellung zu einem Scheibchen erweitert (extrafokal). Dann dreht man nach innen, bis der Stern so scharf wie möglich erscheint, und dann noch weiter nach innen, bis der Stern wieder scheibenförmig wird (intrafokal). Dabei zeigt sich als grundlegendes

Ergebnis: Je vollkommener die Optik, um so idealer die Abbildung der Sternscheibchen und des scharfen Sternbildes! Bei einwandfreier Beschaffenheit der Optik erscheinen die extra- und intrafokalen Lichtscheibchen kreisrund wie mit dem Zirkel geschlagen und von innen nach außen absolut gleich hell ausgeleuchtet. Bei Spiegelteleskopen sieht man in der Mitte der Sternscheibchen eine runde schwarze Fläche – die Abschattung durch den Fangspiegel. Bei guten atmosphärischen Verhältnissen – also „guter Luft", wie der Sterngucker sagt – erscheinen in den Sternscheibchen dunkle konzentrische Ringe, die sich völlig gleichmäßig und ungestört, ohne Unterbrechungen oder Beulen, darstellen sollen. Gelegentliche und kurzzeitig auftretende Störungen dieser „Beugungsringe" werden durch atmosphärische Unruhe hervorgerufen. Der Beobachter muß also seine Aufmerksamkeit auf „ruhige Momente" konzentrieren. Jedenfalls: Bei einwandfreier Darstellung dieser außerfokalen Sternscheibchen wird auch der scharf eingestellte Stern optimal aussehen – ein winziges punktförmiges Lichtscheibchen mit zwei bis drei kleinen Beugungsringen. Je besser die Luftverhältnisse, um so klarer und ungestörter werden diese Beugungsringe erscheinen. Wer dieses Bild in seinem Fernrohr sieht, kann zufrieden sein! Jede Abweichung von diesen Idealformen ist verdächtig. Es gibt Dutzende optischer Fehlerquellen und somit ebensoviele Erscheinungs-Varianten. Manche optische Mängel können beseitigt werden, es gibt aber auch Fehler, die irreparabel sind und nur durch eine andere, bessere Optik richtiggestellt werden können. **Unter- oder überkorrigierte Optik:** Das Erscheinungsbild ist unverkennbar, die intra- und extrafokalen Sternscheibchen sind völlig unterschied-

Abb. 19. Einwandfreie Fernrohroptik

extrafokal	fokal	intrafokal
kreisrundes, völlig gleichmäßig helles Scheibchen mit zahlreichen Beugungsringen	exakt scharfer Lichtpunkt bzw. Lichtscheibchen, bei guter Luftbeschaffenheit mit 2 bis 3 Beugungsringen	völlig identisch mit extrafokal: ein kreisrundes, gleichmäßig helles Lichtscheibchen mit Beugungsringen

Abb. 20. Schlechte Fernrohroptik

extrafokal	fokal	intrafokal
im Zentrum helle, nach au-ßen völlig verwaschene und zerfahrene Licht-scheibe	unscharfe Abbildung mit Ausstrahlungen und un-gleichmäßigen Lichtaus-brüchen – also kein Stern, sondern ein „Misthaufen"!	nach außen heller, im Zen-trum dunkler und verwa-schen erscheinender Licht-ring

Je nach Korrekturzustand (über- oder unterkorrigiert) kann der Lichtring auch im extrafokalen Bild und die zerfahrene Lichtscheibe im intrafokalen Bild erscheinen. In beiden Fällen ist die Optik unbrauchbar!

lich. Auf der einen Seite ein nach innen verfließender Lichtring, auf der anderen ein nach außen verwaschener Lichtfleck. Der scharf eingestellte Stern erscheint auch bei besten Luftverhältnissen als undefinierbarer „Misthaufen". Keine Spur von Beugungsringen und einem scharf begrenzten Beugungsscheibchen. Hier kann nichts repariert werden, zumindest nicht in eigener Regie, sondern nur durch einen qualifizierten Feinoptiker. Fazit: Rückgabe an den Hersteller oder Lieferanten und Forderung nach Umtausch des Gerätes oder, bei Bausätzen, der Ein-bauoptik.

Astigmatismus: Die intra- und extrafokalen Sternscheibchen zeigen sich länglich verzogen bzw. elliptisch. Der scharf eingestellte Stern läßt ein „Koma" erkennen – einen Lichtauswuchs, der aussieht wie ein vom Stern weggerichteter Bart. Möglichkeit a: Objektiv (bzw. Parabolspiegel) oder Okular sitzen schief im Rohr. Um das zu prüfen, drehe man bei scharf eingestelltem Stern das Okular in der Steckfassung um 360 Grad herum. Dreht sich der „Lichtbart" mit, dann sitzt das Okular bzw. der Okular-stutzen schief. Im anderen Falle ist das Objektiv nicht einwandfrei zentriert. Dann muß zunächst einmal das Instrument justiert werden. Nützt die ganze Justierarbeit nichts, dann liegt die Möglichkeit b vor: Das Objektiv (oder der Haupt- oder Fangspiegel beim Spiegelteleskop) ist astigmatisch verformt. Da hilft nur ein Umtausch des mangelhaften optischen Teiles.

Abb. 21. Astigmatismus

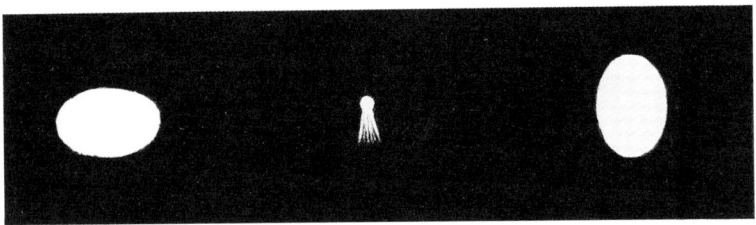

extrafokal	fokal	intrafokal
elliptisch, also länglich erscheinende Lichtscheibe	der scharf eingestellte Stern zeigt einen einseitigen Lichtausbruch – wie ein Kometenschweif	die elliptische Lichtscheibe hat sich um 90 Grad gedreht, erscheint aber ansonsten wie im extrafokalen Bild

Objektiv oder Okularstutzen sitzen schief im Rohr. Bei scharf eingestelltem (also fokalem) Bild das Okular in der Steckhülse drehen – dreht sich der „Kometenschweif" mit, ist das Okular schief – andernfalls liegt es am Objektiv. Spiegelteleskope, die diese Erscheinung zeigen, sind zumeist noch nicht genau justiert. Mitunter kann Astigmatismus auch durch Verspannung der Optik in der Fassung hervorgerufen sein. Es gibt aber auch astigmatische Optiken, also irreparable Fehler in den optischen Flächen. Wer an allen Fernrohren astigmatische Fehler sieht, kann astigmatische Augen haben. Da hilft nur eine entsprechende Brille!

Verspannte Optik: Die intra- bzw. extrafokalen Sternscheibchen zeigen am Rand konstante Störfelder, die Beugungsringe sind hier unterbrochen, verformt, ausgebeult und verzerrt. Am scharfen Stern sieht der Beobachter an diesen Stellen ebenfalls Lichtbärte und strahlige Auswüchse. Sie verraten Druckstellen, welche das Objektiv (oder den Haupt- bzw. Fangspiegel beim Reflektor) in der Fassung verspannen. Man bedenke immer: Glas ist eine erstarrte Flüssigkeit und gegen Druck und Spannungen sehr empfindlich. Tröstlich, daß dieser Schaden in den meisten Fällen behoben werden kann, indem man die Fassungen einer Prüfung unterzieht und gegebenenfalls das Objektiv oder die Spiegel etwas lockerer faßt. Beim Objektiv kann schon eine leichte Verminderung des Drucks der Sprengringfassung auf das Glas Wunder bewirken, bei Hohl- oder Fangspiegeln können die seitlichen Halteklauen zu fest angezogen sein. Es ist auch schon vorgekommen, daß bei unverkitteten achromatischen Doppelobjektiven *zwischen* den beiden Linsen ein winziges Schmutz- oder Glasteilchen zu Verspannungen geführt hat, also auch darauf achten.

34

Abb. 22. Verspannte Optik

extrafokal	fokal	intrafokal
die Lichtscheibe zeigt am Rand eine keilförmige dunkle Einbuchtung	die scharfe Sternabbildung läßt einen kurzen hellen Lichtausbruch erkennen	dunkle Störung am Rand wie bei extrafokal, nur um 180 Grad versetzt

Das Objektiv oder (bei Spiegelfernrohren) der Haupt- oder Fangspiegel sind in der Fassung zu streng gehalten und verspannt. Glas ist eine erstarrte Flüssigkeit und reagiert sehr empfindlich mit Deformationen auf Druck oder Verspannungen. Der Fehler kann durch Lockern des Glases in der Fassung mitunter in Sekundenschnelle behoben werden.

Glasfehler: Die mitunter einwandfrei erscheinenden intra- und extrafokalen Lichtscheibchen zeigen an irgendeiner Stelle einen kleinen dunklen Punkt, als ob hier das Licht herausgestanzt wäre. Es kann sich dabei um einen ganz ordinären Schmutzfleck auf der Linse oder dem Teleskopspiegel handeln, der leicht zu entfernen ist. Oder aber im Glas sitzt ein Fehler in Gestalt einer eingeschmolzenen Luftblase oder eines festen mineralischen Teilchens. Normalerweise sind solche Einschlüsse vollkommen unschädlich und führen nur zu einem winzigen Lichtverlust in der Größenordnung von Promille. Auf die Schärfezeichnung unseres Fernrohres hat das überhaupt keinen Einfluß. Zeigt also ein Objektiv oder Teleskopspiegel ansonsten alle Merkmale einer guten Optik, dann sollte man solche Glasfehler getrost in Kauf nehmen. Ein Kunde Joseph von Fraunhofers hat einmal bei der Abnahme eines Fernrohrobjektives bemängelt, daß sich in dem Glase Luftblasen befänden. Darauf sagte Fraunhofer: „Meine Fernrohre sind nicht zum Ansehen, sondern zum Durchsehen!"

Hat ein Sternfreund das Pech, sein Fernrohr umzuwerfen oder heftig anzustoßen (was man freilich tunlichst vermeiden sollte!), kann es zu mechanischen Glasfehlern kommen. Hier gibt es vor allem die sogenannten „Muschelbrüche" – Absplitterungen von Glas vom Objektiv- oder Spiegelrand. Ist der Schaden nicht zu groß (unter 5 % der optisch

Abb. 23. Glasfehler

extrafokal	fokal	intrafokal
die ansonsten einwandfreie Lichtscheibe zeigt an irgendeiner Stelle einen kleinen dunklen Punkt	am scharf eingestellten Stern ist keine Störung erkennbar	wie extrafokal, Punkt lediglich um 180 Grad versetzt

Glasfehler sind mechanische Fehler im Objektiv, so etwa Einschluß einer Luftblase oder eines Minerals oder eine Beschädigung des Glases durch ein ausgesplittertes Glasteilchen. Ist die Optik ansonsten einwandfrei, sollte man über diesen Fehler hinwegsehen, er bedeutet nur einen winzigen Lichtverlust!

wirksamen Gesamtfläche), kann auch dieser Mangel vernachlässigt werden. Es empfiehlt sich jedoch, die betreffende Stelle mit mattschwarzem Lack zu bepinseln. Damit vermeidet man störende Reflexbilder, die an gesplitterten Glasstellen auftreten können. Die Lackabdeckung vermindert den Schaden zu einem minimalen Lichtverlust. An den intra- und extrafokalen Sternscheibchen zeigt sich dann an dieser Stelle eine dunkle Einbuchtung, während am scharf eingestellten Stern absolut nichts zu erkennen ist.

Zu den mechanischen Glasfehlern zählen auch Kratzer auf der optischen Oberfläche von Linsen und Spiegeln. Beim Polieren gerade größerer optischer Flächen können immer wieder einige nahezu mikroskopisch kleine „Wischer" auftreten. Sie sind völlig unschädlich. Größere Kratzer werden meistens von den Fernrohrbenutzern selbst hineingebracht, wenn sie Linsen und Spiegel zu oft und mit ungeeigneten Mitteln reinigen. Den „Putzteufeln" unter den Sternfreunden sei dringend davon abgeraten, ihre Reinigungswut ausgerechnet an hochpolierten optischen Oberflächen auszulassen. Ein paar Milligramm Staub auf einem Objektiv oder einem Spiegel sind sehr viel weniger schädlich als ein Netzwerk von Kratzern! Es genügt völlig, Objektiv oder Spiegel einmal im Jahr mit einem feinen Marderhaarpinsel abzustauben. Erst recht, wenn bei Nichtgebrauch des Instrumentes darauf geachtet wird, das Rohr mit einem

Staubschutzdeckel abzuschließen. Hat sich ein Objektiv oder ein Spiegel während der Beobachtung infolge hoher Luftfeuchtigkeit beschlagen, dann lasse man den Belag nach Hereinbringen des Fernrohrs ins warme Zimmer von selbst abtrocknen und setze erst dann den Schutzdeckel auf.

Die Zentrierung der Fernrohre: Ein optisches Instrument kann seine Leistung nur dann ganz bringen, wenn die einzelnen optischen Teile genau zentrisch zueinander stehen. Es empfiehlt sich also, Fernrohre schon vor der Prüfung ihrer optischen Qualität erst einmal auf ihren Justierzustand zu untersuchen und nötigenfalls die Zentrierung auf den bestmöglichen Stand zu bringen. Zumal angelieferte Geräte trotz sorgfältiger Verpackung auf dem Transport durch Wurf oder Stoß dejustiert werden können. Dies betrifft insbesondere Spiegelteleskope, während Refraktoren in dieser Beziehung unempfindlicher sind.

Die Justierung eines Linsenfernrohres (Refraktor): Unsere bereits erwähnten Refraktoren verfügen über schraubgefaßte Objektive und ebenfalls fest eingeschraubte Okularstutzen, so daß hier eigentlich keine Justiermöglichkeiten gegeben sind. Tatsächlich ist bei diesen Geräten in den meisten Fällen eine Justierung nicht nötig. Dennoch kann der Justierzustand auch dieser Fernrohre mit der im nachhinein beschriebenen Methode geprüft werden. Sollte sich dabei tatsächlich ein Justiermangel feststellen lassen, dann muß versucht werden, den Okularstutzen durch Ausfeilen der Schraubenlöcher im Rohrtubus justierbar zu machen. Am fest eingeschraubten Objektiv ist keine Justiermöglichkeit gegeben. Bei größeren und teueren Astro-Fernrohren ist die Objektivfassung so ausgeführt, daß das Objektiv mittels drei Schrauben nach dem Zug- und Drucksystem in ausreichenden Intervallen justiert werden kann.

Zur genauen Zentrierung eines Refraktorobjektives können wir uns einer sehr einfachen und zuverlässigen Methode bedienen. Wir nehmen dazu einen gewöhnlichen kleinen Taschenspiegel und kratzen auf seiner Rückseite in den braunen Schutzlack ein Loch von etwa 5 mm Durchmesser, durch das wir hindurchblicken können. Auf die Vorderseite kleben wir schwarzen Karton mit einer ausgeschnittenen wirksamen Kreisfläche von etwa 30 mm Durchmesser. Der Spiegel gleicht dem durchbohrten Augenspiegel, wie ihn der Arzt verwendet.

Zur Prüfung der Objektivzentrierung richten wir das Fernrohr auf den hellen Taghimmel. Der Objektivdeckel muß dabei geschlossen bleiben, so daß es im Rohr finster ist. Wir nehmen das Okular heraus und drehen den leeren Okularstutzen so weit wie möglich nach außen. Dann halten wir den Zentrierspiegel in etwa 20 cm Abstand hinter das Okularrohrende, blicken durch das Loch im Spiegel nach dem vorne geschlossenen Objektiv und drehen den Spiegel so lange hin und her, bis das reflektierte

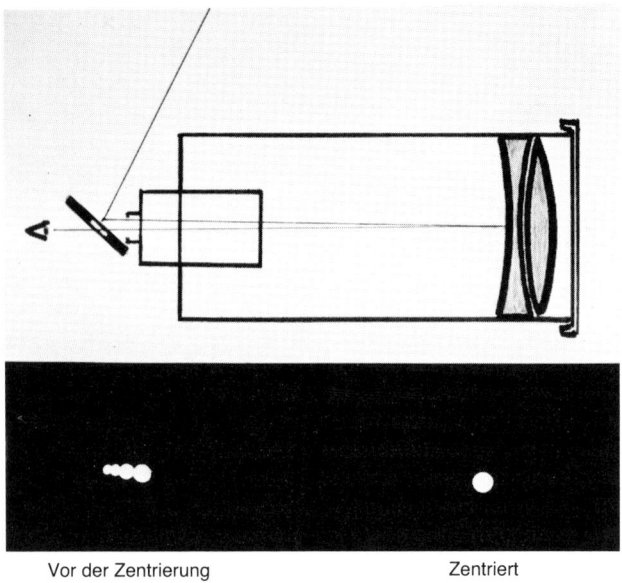

Eingespiegeltes
Tageslicht

Vor der Zentrierung   Zentriert

Abb. 24. Das Zentrieren eines Refraktors.

Tageshimmellicht auf das Objektiv fällt. Das Objektiv ist dann zur Okularebene richtig zentriert, wenn sich ein einziger Reflex auf einen einzigen Punkt des Objektivs konzentriert. Sieht man jedoch bei zweiteiligen, unverkitteten Objektiven vier kleine helle Lichtscheibchen (bei verkitteten Objektiven sind es zwei), die in mehr oder weniger großem Abstand in einer Reihe stehen und in ihrer Helligkeit in dieser Reihenfolge abnehmen, dann ist das ein untrügliches Zeichen, daß das optische System „schief" liegt. Der oben beschriebene Idealzustand muß dann durch Zentrieren hergestellt werden.

Die Zentrierung der Spiegelteleskope: Spiegelfernrohre sind mechanisch so ausgeführt, daß ihre optischen Elemente, also Haupt- und Fangspiegel, in kleinen Intervallen justiert werden können. Das ist unbedingt nötig, da es technisch nicht möglich wäre, bei einem Spiegelteleskop bereits bei der Montage die optischen Teile absolut passend einzusetzen. Ein Reflektor wird also erst dann seine volle optische Leistung erreichen, wenn Haupt- und Fangspiegel genau zueinander ausgerichtet sind. Für den Besitzer eines Spiegelteleskopes ist es also unumgänglich, die Zentrierung seines Instrumentes zu beherrschen.

Bei der Zentrierung eines Spiegelfernrohres sollte man zu zweit sein. Während der eine am Okularrohr den Stand der Dinge kontrolliert, kann der andere auf Anweisung des Beobachters die Zentrierschrauben bedienen. Die Zentrierarbeiten können im Zimmer erfolgen. Wir legen das Instrument auf den Tisch und richten das vordere, offene Rohrende gegen eine helle Fläche, die wir gegebenenfalls noch mit einer Lampe anstrahlen. Das Okular wird aus dem Teleskop herausgenommen, wir schauen also beim Zentrieren in die leere Okularröhre.

Zunächst müssen wir die Rohrmitte festlegen. Am vorderen, offenen Rohrende wird unter Zuhilfenahme von Tesafilm ein großes Fadenkreuz aus kräftigem Zwirnsfaden angebracht. Durch geduldiges Vermessen vom Rohrrand aus wird der Kreuzungspunkt der Fäden exakt in Rohr-

Abb. 25. Festlegen der Rohrmitte.

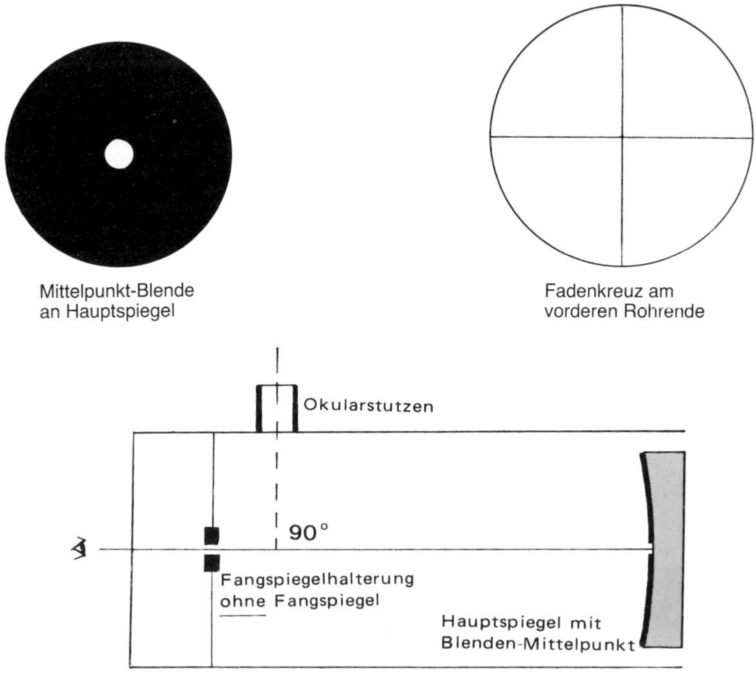

Mittelpunkt-Blende
an Hauptspiegel

Fadenkreuz am
vorderen Rohrende

Okularstutzen

90°

Fangspiegelhalterung
ohne Fangspiegel

Hauptspiegel mit
Blenden-Mittelpunkt

39

Abb. 26. Zentrieren des Fangspiegels.

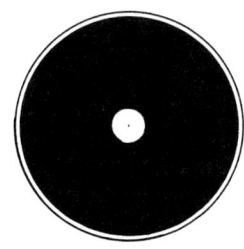

mitte gebracht. Nun entfernen wir den Fangspiegel samt Fassung aus dem Zentrieraggregat, so daß wir durch die Zentralbohrung zum Hauptspiegel blicken können. Jetzt wird die Hauptspiegelfassung samt dem großen Hohlspiegel ausgebaut. Wir schneiden aus schwarzem Photokarton eine Scheibe in der Größe des Hauptspiegels; die Kartonscheibe bekommt im Zentrum ein Loch mit etwa 20 Millimeter Durchmesser. Nun kleben wir, wieder mit Tesa, an den Rand der Scheibe drei starke Zwirnsfäden, die lang genug sind, daß sie durchs ganze Rohr bis über das vordere Rohrende hinausreichen. An den Fäden wird nach vollendeter Zentrierung die Kartonscheibe aus dem Rohr herausgezogen. Die Kartonscheibe wird nun auf den Hauptspiegel gelegt, die Fäden werden nach vorne durchs Rohr gebracht, und die Hauptspiegelfassung wird wieder eingebaut.

Jetzt können wir prüfen, ob der Fangspiegel in der Mitte des Teleskoprohres sitzt. Zu diesem Zweck peilen wir über das große Fadenkreuz in Richtung Hauptspiegel. Der Fangspiegel sitzt dann in der Mitte, wenn Fadenkreuz, Fangspiegelbohrung und der kleine Hauptspiegelausschnitt in der Mitte der schwarzen Kartonscheibe in einer Ebene liegen. Bei den meisten Spiegelfernrohren kann die Fangspiegelfassung durch außen am Rohr befindliche Zugschrauben an den Haltestreben justiert werden. Nach diesem ersten Zentriervorgang wird der Fangspiegel wieder in die Zentralhalterung eingesetzt. Das große Fadenkreuz kann jetzt vom vorderen Rohrende entfernt werden.

Nun wird der Fangspiegel zentriert. Beim ersten Blick durchs leere Okularrohr erscheint zunächst nur eine halbe oder zu drei Viertel beleuchtete Fangspiegelfläche und evtl. sogar ein Teil der inneren Rohrwand. Der offene Mittelpunkt des Hauptspiegels liegt außerhalb der Mitte. Durch Drehen an den Fangspiegel-Zentrierschrauben am vorderen Ende des Fangspiegel-Trägers muß erreicht werden, daß der Hauptspiegel-Mittelpunkt genau in die Mitte des Okularrohr-Gesichtsfeldes rückt. Wir sehen also schließlich nur noch die schwarze Kartonscheibe mit dem genau zentrisch sitzenden offenen Hauptspiegelkreis. Nun

40

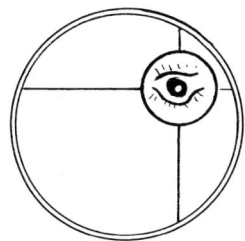 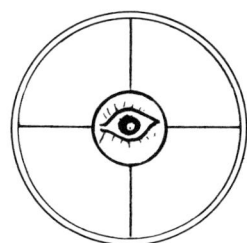

Abb. 27. Zentrieren des Hauptspiegels.

ziehen wir an den langen Fäden die schwarze Kartonscheibe nach vorne aus dem Rohr. Das erspart uns, den Hauptspiegel nochmals ausbauen zu müssen, womit die ganze bisherige Zentrierarbeit wieder zunichte gemacht würde.

Jetzt wird schließlich der Hauptspiegel justiert. Beim Blick durchs Okularrohr finden wir nun in der freien Hauptspiegelfläche irgendwo seitlich das Bild des Fangspiegels mit unserem widergespiegelten Auge. Durch vorsichtiges Drehen an den Hauptspiegel-Justierschrauben wird nun dieses Fangspiegelbild exakt in die Mitte des Okularrohr-Gesichtsfeldes gezogen. Das Instrument ist dann zentriert, wenn äußerer und innerer Rand des Okularrohrs, Fangspiegelbild und die Pupille des Beobachterauges genau zentrisch zueinander stehen!

Zu guter Letzt – nach erfolgter Zentrierung des Fernrohres – hat es dann auch Sinn, das bei den meisten Fernrohren seitlich in einem kleinen Lagerbock angebrachte Sucherfernrohr auszurichten. Ein Sucherfernrohr ist nur dann praktisch, wenn seine optische Achse mit der des Hauptrohres übereinstimmt. Wir richten unser Teleskop auf einen weit entfernten, möglichst kleinen oder punktförmigen Gegenstand (Blitzableiterknopf auf einer Kirchturmspitze etc.), stellen das Objekt so genau wie möglich in die Mitte des Gesichtsfeldes und ziehen die Klemmen an beiden Achsen fest. Nun setzen wir das am stärksten vergrößernde Okular ein. Und dann wird das Sucherfernrohr ebenfalls mittels der am Sucherbock vorhandenen Stellschrauben auf dieses Objekt eingerichtet, bis im Fadenkreuz eine exakte Deckung hergestellt ist. Steht das Objekt auf dem Sucherfadenkreuz, muß es sich auch in der Mitte des Hauptrohres befinden. Dann wird das Sucherfernrohr zum raschen Einstellen von Objekten am Himmel stets ein gutes Hilfsmittel sein!

Von Ost nach West

Jeder weiß – wir haben es schließlich in der Schule gelernt –, daß sich die Erde um ihre Achse dreht. Dennoch kommt es z. B. vor, daß die langsame und beständige Ost-West-Bewegung der hellstrahlenden Venus, wenn sie geradezu UFO-verdächtig am Abendhimmel steht, immer wieder zu Rätseln Anlaß gibt.

Wer ein auch nur schwach vergrößerndes Fernrohr zum Himmel richtet, wird rasch erkennen, daß alle Objekte da droben unter diesem Ost-West-Bewegungsdrang leiden. Jeder im Teleskop eingestellte Stern, der Mond, die Sonne, die Planeten, sie alle haben das unaufhaltsame Bestreben, sich ständig aus dem Gesichtsfeld zu entfernen. Je stärker vergrößert wird, um so schneller geht das! Nun könnte man folgendes machen: einen Stern im Fernrohr einstellen, schön sauber in die Mitte und dann zuschauen, wie er langsam, aber sicher aus dem Gesichtskreis herausläuft. Und nun sollte man das Fernrohr in dieser Einstellung unverändert stehen lassen – bis zum nächsten Abend. Dann wird dieser Stern beinahe zur gleichen Zeit von der anderen Seite wieder in das Gesichtsfeld unseres Fernrohres hineinwandern. Wer jetzt auch noch die Zeit zwischen diesen beiden Sterndurchgängen ermittelt – die Astronomen haben das freilich längst getan –, hat damit die wahre Rotationszeit der Erde entdeckt: 23 Stunden, 56 Minuten. Und weil dieser Effekt unmittelbar an den Sternen abgelesen werden kann, wird diese Zeit auch *Sternzeit* genannt.

Nun freilich könnte jemand auf die Idee kommen, den gleichen Versuch auch mit der Sonne zu machen. Bitte führen Sie diesen jedoch *nicht* praktisch durch. Sobald Sie Ihr Fernrohr ohne besondere Schutzmaßnahme (Objektiv-Sonnenfilter) auf die Sonne richten, wird es gefährlich. Das kleinste Übel wäre eine Zerstörung des Okulares, falls Sie gerade verkittete, mehrlinsige Okulare verwenden. Eine viel größere Gefahr besteht aber für Ihre Augen. In Bruchteilen von Sekunden wäre Ihre Pupille und damit Ihr Augenlicht zerstört, wenn Sie direkt durch das Fernrohr auf die Sonne blicken! Das Okular befindet sich ja direkt im Brennpunkt des Objektives und wirkt dadurch wie ein Brennglas. Bei der *theoretischen* Durchführung des Versuches wird der Beobachter feststellen, daß die Erdrotation nicht mehr so recht zu funktionieren scheint. Bei diesem Versuch kommt nämlich noch eine weitere Bewegung dazu, der Lauf der Erde um die Sonne. Während die Erde in den schon festgestellten 23^h56^m einmal um ihre Achse rotiert, hat sie sich in eben dieser Zeit um runde 2,5 Mio. km auf ihrer Bahn um die Sonne weiterbewegt. Und damit ist, von der Erde aus gesehen, die Sonne auf ihrer himmlischen Fahrstraße um ein Stück am Firmament weitergerückt. Das Unangenehme dabei ist nun, daß unser Planet mit wechselnder Geschwindigkeit um die Sonne fährt – wie ein Autofahrer, der mal mehr und mal weniger stark aufs Gaspedal tritt. Schon Kepler hat in seinen berühmten Planetengesetzen formuliert, daß ein Planet bei seiner Bahn um die Sonne zu gleichen Zeiten gleiche Flächen überstreicht, weil die Planetenbahnen eben keine sorgfältigen Kreise, sondern kreisähnliche Ellipsen sind. Steht die Erde näher an der Sonne – das ist im Frühjahr –, bewegt sie sich mit größerer Geschwindigkeit um ihr Zentralgestirn als in der Mitte des Jahres, wo sie weiter von der Sonne entfernt ist. Nachdem wir nun unsere Zeiteinteilung derartigen Launen nicht unterwerfen konnten, haben die Astronomen aus den verschiedenen Geschwindigkeiten der Erde und damit auch der scheinbaren Sonnenbewegung am Himmel über das ganze Jahr hinweg eine mittlere Sonnenzeit herausgerechnet. Diese *mittlere Sonne* bewegt sich scheinbar auf dem Himmelsäquator und verschiebt sich jeden Tag um eine Strecke am Himmel weiter, die einer Zeitspanne von 4 Minuten entspricht. Addieren wir jetzt diese 4 Minuten zum Sternzeit-Tag, der wahren Rotationszeit der Erde, dann haben wir unseren gewohnten 24-Stunden-Tag!

Um nun wieder auf unser stehengebliebenes Fernrohr zurückzukommen: Hier würde der Beobachter feststellen, daß die Sonne beispielsweise im Februar mit bis zu 15 Minuten Verspätung und im November 16 Minuten zu früh im Gesichtsfeld des Okulares auftaucht. 4mal im Jahr, am 16. April, am 15. Juni, am 2. September und am 26. Dezember würde die Sonne pünktlich und genau dem 24-Stunden-Tag entsprechend erscheinen – nämlich dann, wenn ihre scheinbare Bewegung dem berechneten mittleren Wert entspricht. Die zeitlichen Abweichungen von diesem Mittelwert werden in astronomischen Jahrbüchern als *Zeitgleichung* angegeben. Eine Differenz, die lediglich den Besitzer einer Sonnenuhr interessiert, während unsere Normaluhren mit ihrem sauber eingeteilten 24-Stunden-Zifferblatt davon völlig unbeeindruckt bleiben!

Nach dieser zwangsläufig nötigen Abschweifung jetzt wieder zurück zur Erdrotation. Dem ständigen „Aus-dem-Gesichtsfeld-laufen" der astronomischen Beobachtungsobjekte kann man Herr werden, indem man die Hauptdrehachse der Fernrohrhalterung zum Himmelspol ausrichtet und mit einem entsprechenden Getriebemotor die Erddrehung ausgleicht. Das nennt man dann eine *parallaktische Montierung*, die wir bereits kennengelernt haben. Wie wir jedoch schon gehört haben, wandert die Erde mit einer „Schlagseite" von 23 ½ Grad Neigung um die Sonne. Wie bei einem stabilisierten Kreisel – und die Erde ist ja so etwas Ähnliches – bleibt dabei die Drehachse über längere Zeit in eine Richtung festgelegt.

Bei uns am Nordhimmel zeigt die Erdachse sogar in Richtung eines relativ hellen Sterns. Dieser Stern wird demzufolge von der Erdrotation nur unwesentlich erfaßt, so daß er dem bloßen Auge die ganze Nacht über am selben Ort zu stehen scheint, während das übrige Himmelsgewölbe um diesen Stern herumschwingt.

Sicher hat es der geneigte Leser schon erraten: Das ist der *Polarstern*, der letzte Stern in der Deichsel des Kleinen Wagens, der immer im Norden steht und deshalb auch als Nordstern bezeichnet wird. Die Höhe dieses Sterns +2. Größenklasse über dem Nordhorizont gibt auch gleichzeitig die geographische Breite des Beobachtungsortes an, für Deutschland

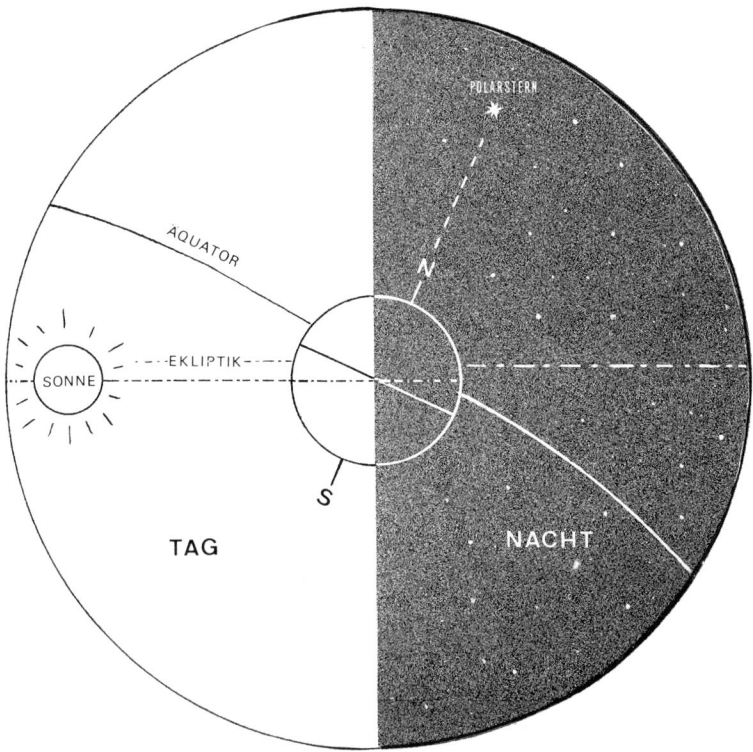

Abb. 28. Lage der Erde im Weltraum und Anblick des Himmels von der Erde. Der Himmelsäquator ist der an die Sphäre projizierte Erdäquator, die Ekliptik ist die Ebene, auf welcher sich die Erde um die Sonne bewegt. Beide sind durch die Schrägstellung der Erdachse um 23 ½ Grad gegeneinander geneigt. Auf der Tagseite dominiert die alles überstrahlende Helligkeit der Sonne, auf der Nachtseite eröffnet sich der Blick zum Sternenhimmel.

kann man im Mittel +50 Grad nördlicher Breite annehmen. Besucher des Nordpoles würden den Polarstern senkrecht über sich im Zenit wiederfinden, während dagegen Äquatorreisende den Polarstern gerade noch knapp über der nördlichen Horizontlinie im Dunst aufsuchen müßten. Allerdings: Der wahre nördliche Himmelspol wird nicht exakt vom Polarstern bestimmt, sondern er liegt ein knappes Grad daneben. Drum beschreibt auch der Polarstern bei langbelichteten Himmelsaufnahmen mit feststehender Kamera am Himmel einen winzig kleinen Kreis. Alle Sterne und Sternbilder zwischen dem nördlichen Himmelspol und dem Nordhorizont beschreiben um den Polarstern geschlossene Kreise. Das bedeutet, daß diese Sternbilder in jeder klaren Nacht „da" sind, sie tauchen in unseren Breiten nirgendwo unter den Horizont und werden auch *Zirkumpolarsterne* genannt. Zu ihnen gehören beispielsweise die Sterne des Großen Wagens, der Kassiopeia, des Drachens, des Perseus und erst recht des Kleinen Wagens, der sowieso in unmittelbarer Polnähe steht. Und so kommt es auch, daß z. B. der Winterstern Kapella im Fuhrmann sogar in schwülen Sommernächten sichtbar bleibt, weil er gerade noch zirkumpolar ist und knapp über den Nordhorizont dahinschleicht, während demgegenüber der Sommerstern Deneb im Schwan unter gleichen Verhältnissen in klirrkalten Winternächten über der nördlichen Horizontlinie funkelt. Je weiter sich Sterne und Sternbilder abseits dieses Zirkumpolarkreises befinden, um so länger verbleiben sie unter dem Horizont und sind nicht sichtbar.

Das zeitweise Nicht-sichtbar-sein von Sternen und Sternbildern hat auch noch andere Ursachen. Bekanntlich wandert die Sonne im Laufe des Jahres durch alle 12 Sternbilder des Tierkreises, weil die Erde um die Sonne kreist und sich demnach – von der Erde aus gesehen – der Sternbilderhintergrund hinter der Sonne beständig verändert. Das ist wie bei einem Karussell: wenn man da als Mitfahrer auf einem Pferdchen sitzt und zur Mitte des Karussells schaut, dann kreist dahinter scheinbar der ganze Jahrmarkt vorbei! Nun ist es freilich klar: Steht die Sonne z. B. im August im Sternbild des Löwen, dann befindet sich dieses Sternbild mit der Sonne gleichzeitig am Taghimmel und ist nicht sichtbar. Mit ihm auch alle umliegenden Sternbilder, so daß faktisch eine ganze „Sternhimmel-Jahreszeit" von dieser Nichtsichtbarkeit betroffen ist.

Nun wandert die Sonne jeden Tag ein Stückchen ostwärts, also nach links, am Himmel weiter, weil die Erde auf ihrer Sonnenumlaufbahn unaufhaltsam voranmarschiert. So zieht die Sonne langsam aus dem Löwen in die Jungfrau – die Jungfrausterne links von der Sonne rücken demzufolge am Abendhimmel immer näher an den Lichtbereich unseres Tagesgestirns heran, sie stehen vor dem *heliakischen Untergang* (Helios = die Sonne). Die Sterne des Löwen dagegen kommen rechts von der

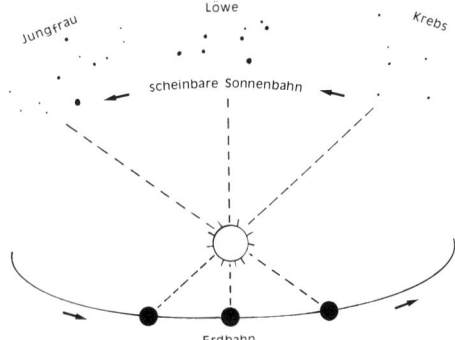

Abb. 29. Die Bahn der Erde um die Sonne spiegelt sich in der scheinbaren Bewegung der Sonne wider – so wandert die Sonne von Monat zu Monat scheinbar in ein anderes Tierkreissternbild.

Sonne wieder in den Morgenhimmelbereich, wo sie dann ihren *heliakischen Aufgang* erleben. Daraus ergibt sich eine wichtige Konsequenz: Alle Sterne östlich, also links der Sonne, sind Sterne des Abendhimmels, während sich westlich, also rechts von der Sonne, die Morgenhimmelsterne befinden. Aufgrund dieses ständigen Verschwindens und Wiederkommens von Sternen und Sternbildern haben wir das ganze Jahr hindurch einen stets wechselnden und doch wiederkehrenden Anblick der gewohnten Himmelsbilder.

Wer jetzt auch noch ein bißchen rechnet, wird letztlich das Geheimnis des mit den Jahreszeiten wechselnden Sternhimmels rasch ergründen: Wie wir schon erfahren haben, bewegt sich die Sonne täglich um die gemittelten 4 Zeitminuten durch die Tierkreissternbilder am Himmel weiter. Multipliziert man nun diese 4 Minuten mit den 365 Tagen des Jahres, dann kommen dabei 24 Stunden heraus! Ein voller Tag also, so daß das Sternenjahr nicht 365, sondern 366 Tage beinhaltet. Das bedeutet also: Nach einem Jahr steht wieder der gleiche Sternenhimmel über uns.

Die tägliche Ost-West-Bewegung des Firmaments bringt natürlich auch mit sich, daß jedes himmlische Objekt einmal am Tag eine (gedachte) Linie überschreitet, die von Süd über den Zenit nach Nord verläuft und auch Mittagslinie oder Meridian genannt wird. Stehen Sonne, Mond oder Sterne auf dieser Linie, haben sie ihren höchsten Stand am Himmel erreicht, man sagt auch, der Stern kulminiert, oder steht in Kulmination. Das ist dann der Zeitpunkt, wo das Himmelsobjekt die größte Höhe über dem Horizont aufweist, was zur Beurteilung der Beobachtungsqualität nicht unerheblich ist. Früher hat man den Durchgang von Sternen durch die Mittagslinie, den sog. Meridiandurchgang, auch zur Zeitmessung benutzt und dabei freilich die Rotation der Erde als absolute Zeitgrundlage verwendet. Heute gibt es Quarz- und Atomuhren, die an Genauigkeit die doch recht schwankende Erdrotation weit übertreffen!

Die himmlische Fahrstraße

Immer wieder kommt es vor, daß auffallend helle Fixsterne, insbesondere in klaren Winternächten, für Planeten gehalten werden. Wenngleich größere Helligkeit zweifellos ein Merkmal für die großen Planeten sein mag, so gibt es doch noch andere Besonderheiten, die Planeten von Fixsternen unterscheiden lassen. Abgesehen davon, daß Planeten viel weniger funkeln und in ruhigerem Licht strahlen, ist das wichtigste Merkmal für Planeten ihre Stellung am Himmel: es wird z. B. niemals einer unserer Planeten im Sternbild des Großen Wagens oder im Orion auftauchen. Vielmehr bevorzugen die Planeten als Aufenthaltsort jene 12 Sternbilder, die als *Tierkreis* bezeichnet werden. Auch Sonne und Mond sind auf diese Straße eingefahren. Woher kommt das?

Stellen wir uns einmal eine große runde Tischplatte vor, in deren Zentrum unsere Sonne als Licht- und Wärmequelle plaziert ist. Dann rollt die Erde auf dieser Platte in entsprechendem Abstand um die Sonne herum. Somit wird diese Platte zu der Ebene, auf welcher die Erde um die Sonne kreist. Im astronomischen Fachjargon trägt diese Ebene der Erdbahn die Bezeichnung *Ekliptik*. Alle Planeten bewegen sich mit geringfügigen Abweichungen in dieser Ebene um die Sonne. Lediglich Pluto greift bis zu 17 Grad aus dieser Ebene heraus, was uns freilich nicht sonderlich aufregt, da dieser sonnenferne Planet unseren kleinen Fernrohren sowieso unerreichbar bleibt. Auch die Bahn des Mondes um die Erde ist um 5 Grad gegen die Ekliptikebene geneigt, so daß er im Tierkreis einen Bereich von insgesamt 10 Grad überstreicht, was zu extrem hohen oder tiefen Stellungen des Mondes führen kann. Wenn wir uns jetzt noch vorstellen, genau in der Ebene unserer Tischplatte, aber weit im Hintergrund, seien die 12 Tierkreissternbilder an die Wand gemalt, dann wird klar, warum die Planeten, Mond und Sonne von der Tischplatten-Ebene aus betrachtet (also von der Erde aus!) diese 12 Sternbilder als ihre scheinbare himmlische Fahrstraße auserkoren haben. Stecken wir nun durch den Erdball auch noch eine um 23 ½ Grad gegen die Platte geneigte Stricknadel als Erdachse, dann haben wir eigentlich in unserem Modell schon alle wesentlichen Elemente unseres irdischen und planetarischen Himmelsbildes untergebracht.

Dem Betrachter von der Nordhalbkugel der Erde aus erscheinen die Tierkreissternbilder stets am südlichen Himmelsabschnitt aufgereiht. Ihre Höhe ist freilich verschieden: Das Sommersternbild Schütze erstreckt sich knapp über dem südlichen Horizont, während das Winter-

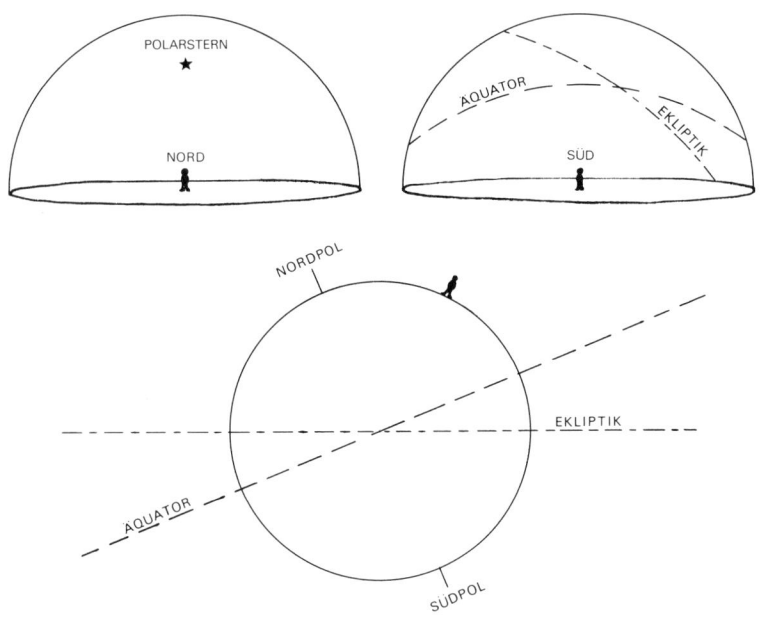

Abb. 30. Für einen Beobachter auf der Nordhalbkugel der Erde befinden sich Himmelsäquator und Ekliptik auf dem beim Blick nach Süden erkennbaren Himmelsfeld, während der Blick nach Norden den Polarstern und die Zirkumpolarsterne zeigt. Die Höhe des Äquators über dem Südhorizont erhält man, indem man von 90 Grad die Polhöhe abzieht. Für die Mitte Deutschlands (Polhöhe 50 Grad) ergibt sich also eine Äquatorhöhe von 40 Grad. Wer den Himmelsäquator „sehen" möchte: Er verläuft knapp über dem westlichen (rechten) Gürtelstern des Wintersternbildes Orion.

sternbild Zwillinge hoch über uns steht, so daß wir bei seiner Beobachtung den Kopf weit in den Nacken legen müssen. Daraus resultieren auch die Beobachtungsbedingungen für die einzelnen Planeten. Befindet sich z. B. Jupiter während einer Winteropposition in den Zwillingen, dann erfreuen sich die Sternfreunde (und auch die Planetenforscher unter den Fachleuten!) eines ruhigen und klaren Jupiterbildes, wogegen Sommeroppositionen in den horizontnahen Südabschnitten des Tierkreises infolge der dort herrschenden unruhigen Luft wenig Beobachterbegeisterung zu erwecken vermögen. So ist also nicht jede Planetenopposition gleich zu bewerten, sondern hängt weitgehend von der Position des Planeten im Tierkreis ab. Nachdem die meisten Sternfreunde mit ihren kleinen Teleskopen wohl in erster Linie Sonne, Mond und Planeten beobachten möchten, sollte der Beobachtungsplatz möglichst so gewählt sein, daß der Blick zum südlichen Himmelsteil freigegeben ist – nämlich dorthin, wo die Fahrstraße der Ekliptik verläuft. So ist ein nach Süden gelegener Balkon immer ein guter Beobachtungsort!

Genauso wie die Planeten oder der Mond je nach ihrer Stellung im Bereich des Tierkreises höher oder tief am Himmel stehen, ist auch die Sonne im Laufe des Jahres dieser Höhen-Veränderlichkeit unterworfen, woraus letzten Endes das Phänomen der Jahreszeiten resultiert. Man trifft immer wieder auf die irrige Meinung, daß der Abstand der Erde von der Sonne für kalte oder wärmere Zeiten maßgeblich sei. Dabei gibt es auf unserem Planeten zu jeder Zeit zwei verschiedene Jahreszeiten nebeneinander: Sommer auf der Nordhalbkugel und gleichzeitig Winter auf der Südhalbkugel (und umgekehrt) – ganz davon abgesehen, daß die Erde gerade dann, wenn bei uns Winter herrscht, der Sonne am nächsten steht. – Ausschlaggebend für den Wandel der Jahreszeiten und die damit verknüpfte wechselnde Mittagshöhe der Sonne ist einzig und allein die 23½-Grad-Neigung der Erdachse. Im Winter ist die Nordhalbkugel der Erde von der Sonne weggeneigt, die nördlichen Polargebiete liegen durchschnittlich ein Vierteljahr lang im Dunkel der Polarnacht, am Nordpol bleibt die Sonne gar von September bis März unter der Horizontlinie, während sich bei uns das Tagesgestirn nur runde 18 Grad über dem Südhorizont erhebt, woraus eine Tageslänge von 8 Stunden resultiert, während die Winternacht 16 Stunden lang dauert. Im Sommer dagegen ist die Nordhalbkugel der Erde der Sonne zugewandt, die Polarzonen der Arktis liegen drei Monate lang rund um die Uhr im Tageslicht; bei uns klettert die Sonne mittags auf 65 Grad Höhe und gibt uns damit eine Tageslänge von 16 Stunden, so daß die Sommernächte nur 8 Stunden dauern. Im Frühling und Herbst dagegen

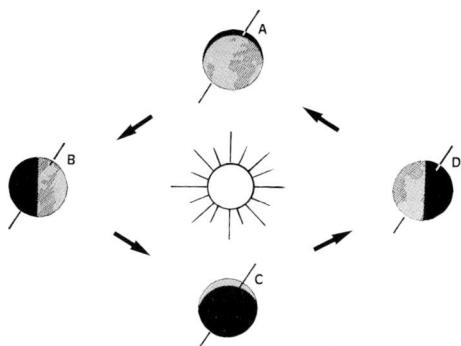

Abb. 31. Die vier jahreszeitlichen Grundstellungen der Erde.
A Frühling auf der Nordhalbkugel, Herbst auf der Südhalbkugel. Tag und Nacht sind weltweit gleich lang.
B Sommer auf der Nordhalbkugel, Winter auf der Südhalbkugel.
C Herbst auf der Nordhalbkugel, Frühling auf der Südhalbkugel.
D Winter auf der Nordhalbkugel, Sommer auf der Südhalbkugel.
Diese verschiedenartigen Beleuchtungsphasen der Erde entstehen lediglich durch die um 23 ½ Grad geneigte Erdachse.

49

Abb. 32 (oben). Im Frühling und Herbst verläuft die Schattengrenze über die beiden Erdpole, die Erde wird auf beiden Seiten gleich beleuchtet, Tag und Nacht sind auf der gesamten Erde gleich lang.

Abb. 33 (Mitte). Hat die Nordhalbkugel Sommer, ist der Nordpol zur Sonne hin geneigt, so daß in den Polarzonen die Sonne 24 Stunden über dem Horizont bleibt. In Mitteleuropa dauert der Tag 16 Stunden, die Nacht 8 Stunden.

Abb. 34 (unten). Bei der Winterstellung auf der Nordhalbkugel ist der Nordpol von der Sonne weggeneigt, die Polarzone bleibt 24 Stunden im Dunkel der Nacht. In Mitteleuropa dauert jetzt der Tag nur 8 Stunden, die Winternacht dagegen 16 Stunden.

steht die Erdachse sozusagen quer zur Sonne, die Schattengrenze zwischen Tag und Nacht überstreicht beide Erdpole, so daß die Erdrotation zu zwei gleich lang beleuchteten Hälften führt – Tag und Nacht haben je 12 Stunden Dauer.

Es gibt übrigens auf der Erde eine Zone, wo immer Tagundnachtgleiche herrscht: am Äquator nämlich, weil dort die Schattengrenze stets auf gleicher Breite verläuft. Zweifellos ist der jahreszeitliche Rhythmus auf unserem Planeten für die Entwicklung des Lebens zu einem wesentlichen Faktor geworden. Stünde die Erdachse nicht schräg, sondern senkrecht, dann wären die Tropenzonen unerträglich heiß, weil dort die Sonne immer über dem Äquator verbleiben müßte, während in unseren Breiten immerwährende Eiszeit herrschen würde – die Eiskalotte der Arktis erstreckte sich bis Mitteleuropa. So wird also schon allein durch die wohldosierte Neigung der Erdachse eine Situation geschaffen, wie sie vielleicht nur wenigen Planeten im Universum beschieden sein mag! Die Lage der Ekliptik am Himmel hängt übrigens auch weitgehend mit den Jahreszeiten zusammen. Im Frühjahr, wenn die Ekliptik am Abendhimmel zu den hochstehenden Wintersternbildern Stier und Zwillinge hinaufweist, steigt sie steil empor, die zunehmende Mondsichel schwimmt dann fast waagerecht wie ein Kahn am Horizont. Am herbstlichen Abendhimmel dagegen zeigt die Ekliptik in Richtung der tiefstehenden Sommersternbilder Skorpion und Schütze, dann liegt sie flach zum Horizont, und der zunehmende Mond steht aufrecht wie ein Schild. Am Morgenhimmel ist es umgekehrt: steile Ekliptik im Herbst und flache Ekliptik in den Frühjahrsmonaten. Vor allem den Planetenbeobachter wird diese Tatsache interessieren, wenn er z. B. nach dem sonnennahen Planeten Merkur Ausschau halten möchte: Sichtbarkeitsperioden am Abendhimmel im Frühjahr oder am Morgenhimmel im Herbst sind die günstigsten des Jahres!

Zu guter Letzt sei hier auch noch auf eine „Unregelmäßigkeit" im irdischen Jahreslauf hingewiesen, die sogar in den Alltag hereinreicht. Wir sind es gewöhnt, im Kalender mit 365 Tagen zu rechnen, während die Erde in Wirklichkeit runde 365 ¼ Tage braucht, um die Sonne einmal zu umrunden. Das bedeutet also, daß der Kalender jedes Jahr ¼ Tag sozusagen einfach verschenkt. Schon nach 4 Jahren fehlt praktisch ein voller Tag. Würde man das immer so fortsetzen, dann käme unser jahreszeitlicher Rhythmus im Laufe der Jahrzehnte und Jahrhunderte völlig durcheinander, und schon nach einigen Generationen fiele der Frühling in die sommerlichen Hundstage. Um dies zu vermeiden, wird jedes 4. Jahr der „verlorengegangene" Tag wieder in den Kalender zurückgeholt: Es gibt dann ein Schaltjahr mit einem 29. Februar! Schaltjahre sind alle Jahre, deren letzte beide Zahlen durch 4 geteilt werden können, während bei den vollen Jahrhunderten die ganze Zahl durch 400 teilbar sein muß. 1900 war demzufolge kein Schaltjahr, das Jahr 2000 wird wieder ein Schaltjahr sein. Diese Regelung ist dem Sonnenlauf so gut angepaßt, daß sich erst bis zum Jahre 4900 die Restfehler zu einem vollen überschüssigen Tag summiert haben. Unsere Nachkommen werden dann wohl einen Schalttag ausfallen lassen müssen – doch das soll wahrhaft nicht unsere Sorge sein!

Anzahl und Helligkeit der Sterne

Wie verschieden hell die Sterne sind, läßt sich sehr gut nach Sonnenuntergang bei Einbruch der nächtlichen Dämmerung prüfen: Man beobachtet, wie nach und nach die Sterne „herauskommen". Und begreiflicherweise werden es die hellsten sein, die zuerst sichtbar werden, die schwächeren und ganz schwachen dagegen erst bei völlig dunklem Himmel. Die Anzahl der mit freiem Auge in dunkler mondloser Nacht (außerhalb des Lichtkreises der Städte!) sichtbaren Sterne wird zumeist weit überschätzt. Da ist – vor allem in dichterischer Freiheit – von Millionen Sternen am Firmament die Rede. Es sind aber in Wirklichkeit nur rund 3000 Sterne, die der Beobachter von seinem Standort aus sehen kann. Rund um die ganze Erde, also Nord- und Südhimmel zusammen, sind insgesamt etwa 5000 Einzelsterne mit unbewaffnetem Auge zu erfassen. Das sind, zunächst einmal grob ausgedrückt, alle Sterne von der 1. bis zur 6. Größenklasse.

Die Helligkeit der Sterne ist nämlich nach Größenklassen geordnet. Die Größenklassenskala der Sternhelligkeiten ist geradeso wie die Skala eines Thermometers aufgebaut. Da gibt es einen Nullpunkt (Sterne 0. Größe), eine Plus-Seite (abnehmende Helligkeit) und eine Minus-Seite (zunehmende Helligkeit). Dabei ist die Helligkeitszu- oder -abnahme logarithmisch nach der Zahl 2,5 geordnet. Das bedeutet also: auf der Plus-Seite nimmt die Sternenhelligkeit von einer Größenklasse zur nächsten um das 2,5fache ab. Auf der Minus-Seite nimmt die Helligkeit von Größe zu Größe um das 2,5fache zu. Und das heißt rechnerisch: ein Stern +5. Größe ist nicht 5mal, sondern 40mal schwächer als ein Stern +1. Größe. Oder auf der Minus-Seite: ein Stern von der Helligkeit −4 (Venus) ist nicht 2mal, sondern mehr als 6mal heller als ein Stern −2. Größe (Sirius). Gleichzeitig wird nun ersichtlich, daß auf der Minus-Seite mit von Größenklasse zu Größenklasse zunehmender Helligkeit auch Mond und Sonne eingeordnet werden können. Der Vollmond wird in dieser Skala mit −12 angegeben, die Sonne mit −27. Nach dem bereits angegebenen Logarithmus 2,5 errechnet sich daraus, daß die Sonne fast 600 000mal heller als der Vollmond ist!
Auf der Plus-Seite dagegen nimmt zwar die Helligkeit von Größe zu Größe ab, dafür aber steigt ebenso logarithmisch die Zahl der Sterne. Sind bis zur 6. Größenklasse, also mit freiem Auge sichtbar, noch etwa 5000 bis 6000 Sterne zu zählen, so nimmt die Zahl der immer schwächer werdenden Sterne ganz enorm zu. Bis zur 8. Größenklasse sind schon

mehr als 40 000 Sterne am Gesamthimmel erfaßbar, bei der 11. Größenklasse bereits nahezu eine Million. Nachdem ein guter Feldstecher durchaus bis in diese Größenklasse hinaufreicht, wird dem Sternfreund klar, wie tief er schon mit einem solchen Gerät in den Sternenraum eindringen kann. Das Ende der Plus-Seite liegt bis heute in der Nähe der 23. Größenklasse: Das sind die schwächsten Sterne, die mit Großteleskopen photographisch noch erfaßt werden können. Wer bis in diese Größenordnung vorzudringen vermag, dem stehen insgesamt runde 100 Milliarden Sterne zur Verfügung!

Um diesen ganzen Komplex schließlich noch komplett zu machen: Jede Größenklassenangabe in Sternkarten oder Katalogen trägt hinter der Zahl der Größenbezeichnung ein kleines ^{m} (z. B. $+2^m\!,2$, was der Helligkeit des Polarsterns entspricht). Dieses ^{m} ist die Abkürzung für *Magnitudo*, ein lateinisches Wort, das „Größenklasse" heißt.

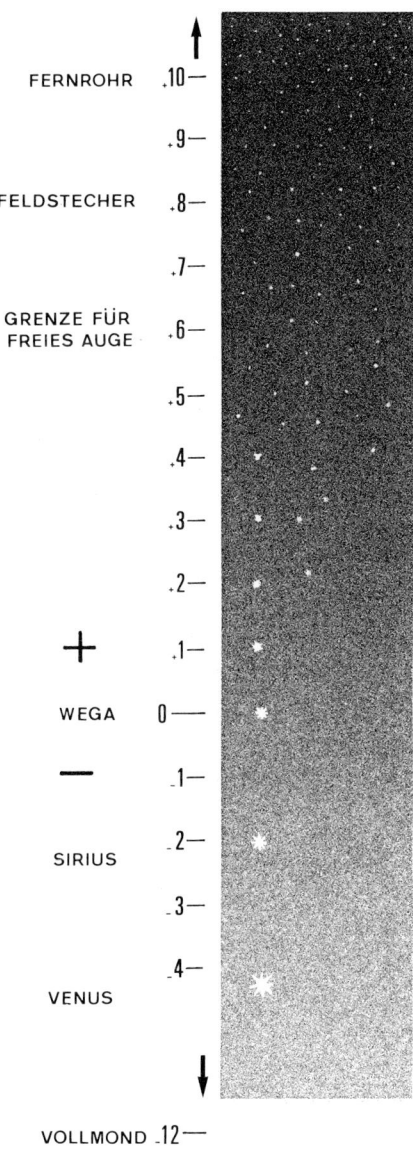

Abb. 35. Die Skala der Sternhelligkeiten ist wie die Temperaturskala eines Thermometers aufgebaut: Es gibt einen „Nullpunkt" (Sterne 0. Größe), eine Plus-Seite mit abnehmender Sternhelligkeit und eine Minus-Seite, wo die Helligkeit der Objekte zunimmt.

FERNROHR .10

.9

FELDSTECHER .8

.7

GRENZE FÜR FREIES AUGE .6

.5

.4

.3

.2

+ .1

WEGA 0

— -.1

-.2

SIRIUS

-.3

-.4

VENUS

VOLLMOND -.12

SONNE -.27

Und um Irrtümern vorzubeugen: Die am Himmel erkennbare Sternenhelligkeit hat mit der *wahren* Leuchtkraft dieser Weltkörper nichts zu tun.
Was wir sehen, ist die *scheinbare* Helligkeit, das Licht, das aus den Tiefen
des Raumes zu uns dringt. Ein uns ganz schwach erscheinender Stern
kann in Wirklichkeit ein gigantischer Strahler sein. Aber er ist so weit
entfernt, daß von seiner Energieflut nur noch ein kläglicher Rest bei uns
ankommt!

Abb. 36. Ein Beispiel für die Zunahme der Sterne bei abnehmender Helligkeit: Links der Große
Wagen, wie er dem freien Auge erscheint, und rechts die Anzahl von Sternen, wie sie in dieser
Himmelsgegend einem Feldstecher zugänglich werden.

Größenklasse	Zahl der Sterne bis zu dieser Größe	Nötiger Fernrohrdurchmesser, um diese Größenklasse noch zu sehen
$0^m,0$	2	
$1^m,0$	12	
$2^m,0$	40	
$3^m,0$	140	mit freiem Auge
$4^m,0$	530	
$5^m,0$	1620	
$6^m,0$	4850	
$7^m,0$	14300	
$8^m,0$	41000	Feldstecher und
$9^m,0$	117000	Fernrohr bis
$10^m,0$	324000	60 mm Öffnung
$11^m,0$	870000	
$12^m,0$	2270000	100 mm Öffnung
$13^m,0$	5700000	150 mm Öffnung
$14^m,0$	13800000	250 mm Öffnung
$15^m,0$	32000000	400 mm Öffnung
$16^m,0$	71000000	600 mm Öffnung
$17^m,0$	150000000	1000 mm Öffnung
$18^m,0$	296000000	1700 mm Öffnung
$19^m,0$	560000000	2500 mm Öffnung
$20^m,0$	1000000000	4000 mm Öffnung

Himmlische Maßstäbe

Gerade im Zusammenhang mit astronomischen Beobachtungen müssen wir uns mit den am Firmament gültigen Maßstäben und Streckeneinheiten vertraut machen. Mit Entfernungen hat dies zunächst gar nichts zu

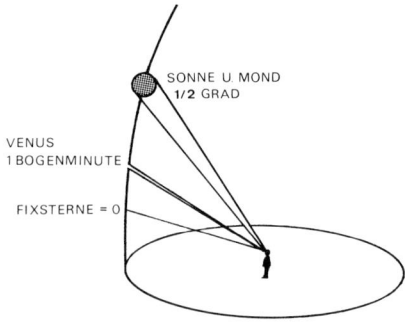

VENUS
1 BOGENMINUTE

SONNE U. MOND
1/2 GRAD

FIXSTERNE = 0

Abb. 37. Völlig unabhängig von ihrer tatsächlichen Größe erscheinen uns die Himmelskörper je nach ihrer Entfernung am Firmament unter verschiedenen Winkelgrößen, die als „scheinbarer Durchmesser" bezeichnet werden. Lediglich die Fixsterne sind so „klein", daß sie selbst in den größten Teleskopen als durchmesserlose Lichtpunkte dargestellt werden, obwohl viele von ihnen unsere Sonne an Größe um ein Vielfaches übertreffen. Hieraus wird ersichtlich, wie ungeheuer weit diese Sterne entfernt sind!

tun, sondern lediglich mit den Winkelgrößen, unter denen uns die Himmelskörper erscheinen. Grundlage dazu bildet der Vollkreis von 360 Grad. Das gesamte Himmelsgewölbe rund um die Erde ist von uns aus gesehen ebenfalls ein großer Kreis mit 360 Grad Umfang. Von Horizont zu Horizont ist es demnach nur noch ein halber Kreis, also 180 Grad. Jedes Grad ist nun wieder unterteilt in 60 Bogenminuten (60'). Von Horizont zu Horizont sind es also 180 Grad (180°) oder (180 · 60) 10 800 Bogenminuten (10 800'). Jede einzelne Bogenminute beinhaltet nun wiederum 60 Bogensekunden (60"). Demnach ist ein Grad gleich 3600 Bogensekunden (3600"). Eine Bogensekunde ist also ein sehr kleiner Winkel und entspricht etwa der Breite eines aufgespannten Regenschirms aus 200 Kilometer Entfernung gesehen!

Nun können wir dazu übergehen, diese Winkeleinteilung auf die astronomischen Objekte anzuwenden. Sonne und Mond sind die einzigen Himmelskörper, die dem freien Auge noch scheibenförmig erscheinen – die Sonne, weil sie so groß ist, und der Mond, weil er uns so nahe steht! Beide sehen wir unter einem Winkel von ½ Grad oder runden 30 Bogenminuten.

Alle anderen Himmelsobjekte sind schon sehr viel kleiner. Die Venus kann es unter günstigen Umständen auf eine gute Bogenminute bringen, Jupiter kommt auf 40 Bogensekunden (40"), der Mars in bester Erdnähe auf 25 Bogensekunden (25"). Nehmen wir als Abbildungsmaßstab noch einmal den Mond zu Hilfe. Er hat wie schon erwähnt im Mittel 30' scheinbaren Durchmesser. Das sind 1800". Sein wirklicher Durchmesser beträgt 3480 Kilometer. Eine Bogensekunde am Mond beschreibt also eine Strecke an der Mondoberfläche von fast 2 Kilometer Länge. Einer der größten Mondkrater, das Ringgebirge Kopernikus, hat 90 Kilometer

Durchmesser. Die entsprechen einem Winkel von etwa 40 Bogensekunden. Wir sehen also den Planetengiganten Jupiter im Fernrohr so groß (oder so klein!) wie den Krater Kopernikus auf dem Mond! Natürlich kann diese Winkeleinteilung auch auf den Fixsternhimmel und seine Objekte angewendet werden. Die drei Gürtelsterne im Orion z. B.

Abb. 38. Der Mondkrater Kopernikus erscheint etwa unter der gleichen Winkelgröße wie der Riesenplanet Jupiter.

bilden am Himmel eine Winkelstrecke von 2°,8 (2,8 Grad). Das noch mit freiem Auge erkennbare „Reiterlein" (Alkor) beim zweiten Deichselstern Mizar im Großen Wagen ist 12 Bogenminuten (12') von diesem entfernt, die Partner des Doppelsternpaares Kastor in den Zwillingen haben derzeit 2 Bogensekunden (2") Abstand voneinander. Die Fixsterne selbst können allerdings hier nicht mehr eingeordnet werden. Ihr scheinbarer Durchmesser ist gleich Null! Sie erscheinen uns als absolut durchmesserlose Lichtpunkte. Kein Fernrohr der Welt ist imstande, Fixsterne als Scheiben oder Kugeln darzustellen. Hier kommt die Entfernung zum Ausdruck, die uns von den Sternen trennt!

Den Sternfreund wird jetzt noch die Trennleistung (oder das Auflösungsvermögen) seines Fernrohres interessieren. Wer das Auge durch optische Mittel verstärkt, erhöht nicht nur den Anteil an einfallendem Licht, wodurch schwächere Sterne sichtbar werden, sondern vergrößert auch den Winkel, unter dem die Beobachtungsobjekte erscheinen. Diese Steigerung des Trennvermögens ist abhängig vom Durchmesser des Bilderzeugers, also der Objektivlinse oder des Teleskopspiegels. Das bedeutet also: je größer Objektiv oder Spiegel, um so feinere Einzelheiten können noch gesehen werden. Oder anders herum betrachtet: je kleiner der „Rand", der die Fernrohröffnung eingrenzt, um so „verschmierter" ist die optische Abbildung, je größer diese Randbegrenzung, um so „feiner" die Darstellung. Mit einer einfachen Formel kann die Trennleistung eines Fernrohres am Himmel berechnet werden:

$$\frac{12}{D} = A$$

(D = Durchmesser des Objektivs oder Spiegels in Zentimeter, A = Auflösungsvermögen in Bogensekunden). Daraus ergibt sich folgende Tabelle:

Fernrohröffnung 6 cm	Auflösung 2"
Fernrohröffnung 8 cm	Auflösung 1",5
Fernrohröffnung 10 cm	Auflösung 1",2
Fernrohröffnung 12 cm	Auflösung 1"
Fernrohröffnung 15 cm	Auflösung 0",8
Fernrohröffnung 20 cm	Auflösung 0",6

(Ein 5-Meter-Spiegelteleskop hätte nach dieser Rechnung ein Auflösungsvermögen 0",024 – freilich nur ein theoretischer Wert, da unsere Atmosphäre eine solche Trennleistung kaum zuläßt!)

Natürlich muß zur Erreichung dieser hier angegebenen Auflösungswerte
a) die Optik des Instrumentes einwandfrei sein.
b) eine Vergrößerung angewendet werden, die es dem Auge gestattet, diese Trennleistung auch zu erkennen. Das Auge sieht zwei Gegenstände

dann getrennt, wenn sie unter einem Winkel von wenigstens 1 Bogenminute (60″) erscheinen. Dies wird erreicht, wenn die Vergrößerung mindestens das 5fache des Fernrohrdurchmessers in Zentimetern beträgt (bei einem 6-cm-Objektiv also 30fache Vergrößerung).
c) die Luft klar und ruhig genug sein, um solche feine Einzelheiten noch wahrnehmen zu können.

Himmlische Adressen

Wenn irgendwo in den Weiten der Ozeane ein Schiff in Seenot gerät, gibt der Kapitän über Funk den geographischen Standort seines Schiffes bekannt. So erfahren also zu Hilfe Kommende, wo sie die Schiffbrüchigen finden können. Grundlage für solche Ortsangaben ist ein über den Globus gespanntes Gradnetz, mit dessen Hilfe jeder Punkt auf der Erde nach geographischer Länge und Breite angegeben werden kann. Das Grundgerüst dieses Koordinatensystems sind zwei Null-Kreise: der Äquator, welcher die Erde in eine nördliche und eine südliche Hemisphäre aufteilt, und der Null-Meridian, der genau senkrecht dazu steht, also über die Pole der Erde verläuft. Parallel zum Äquator, der ebenfalls die Bezeichnung „Null" trägt, laufen die Breitengrade, nördlich mit einem Plus-Vorzeichen, südlich mit einem Minus-Vorzeichen. Würzburg liegt z. B. bei +50 Grad nördl. Breite. Dagegen wird vom Null-Meridian, der genau durch Greenwich bei London verläuft, nach Osten rund um den Erdball in 360 Längengraden gezählt. Für Würzburg ergibt das 10 Grad östl. Länge. Damit ist die geographische Adresse für Würzburg +50 Grad Nord, 10 Grad Ost.
Mit diesem irdischen Beispiel ist auch bereits das Gradnetz des Himmels umschrieben. Es ist nämlich ebenso aufgebaut: Auch der Himmelsäquator hat die Bezeichnung Null, nach Norden mit Plus-, nach Süden mit Minus-Vorzeichen. Der Himmels-Null-Meridian geht allerdings nicht durch Greenwich, sondern durch den Frühlingspunkt – also die Stelle am Firmament, wo die Sonne Ende März den Äquator nach Norden überschreitet. Einen Unterschied gegenüber dem irdischen Koordinatennetz gibt es aber doch: Die Breitengrade heißen am Himmel Deklination, die Längengrade Rektaszension. Die Deklination wird wie bei den Breitengraden auf der Erde in Graden angegeben, die Rektaszension jedoch in

Zeiteinheiten. Der Null-Meridian am Himmel heißt 0-Uhr. Das ergibt rund um den Himmel eine 24-Stunden-Skala. Warum das so ist, leuchtet sofort ein: Die Erde dreht sich um ihre Achse, so daß dieser himmlische Null-Meridian in 23^h56^m einmal um den ganzen Erdball herumgedreht wird. Aber die Skala hat doch 24 Stunden? Natürlich, weil der Sterntag, wie wir schon gehört haben, um 4 Minuten kürzer ist als der Sonnentag. Darum wird diese Zeit auch „Sternzeit" genannt. Und der Sterntag hat, in sich geschlossen, ebenfalls 24 Stunden. Jede einzelne dieser „Sternstunden" ist gegenüber unseren alltäglichen Normalzeitstunden um runde 10 Sekunden kürzer. Richtet man eine Uhr so ein, daß sie stündlich 10 Sekunden schneller läuft als eine normale Uhr, täglich also um 4 Minuten vorgeht, dann haben wir eine Sternzeituhr. Auf diese Weise läßt sich jede Pendeluhr durch entsprechendes Verstellen der Pendellinse in eine Sternzeituhr verwandeln.

Das himmlische Gradnetz erlaubt es also, jeden Punkt am Firmament koordinatenmäßig zu bestimmen. Jeder Stern, jeder Gasnebel und jede Weltinsel haben ihre himmlische Adresse, angegeben in Rektaszension und Deklination. Die wechselnden Standorte der Planeten können ebenso wie der Entdeckungspunkt eines Kometen nach Koordinaten angegeben werden. Nachdem sich Planeten und Kometen am Himmel weiterbewegen, handelt es sich hier um „wandernde Adressen". Schon der erste Blick in die entsprechenden Tabellen eines astronomischen Jahrbuches zeigt dem Kenner, ob ein Objekt zur Beobachtung günstig oder ungünstig steht. Maßgeblich für gute Bedingungen ist eine möglichst große Höhe über dem Dunstkreis des Horizonts. Deklinationen mit einem Plus-Zeichen vor der Gradzahl sind also stets sympathischer als Minuszahlen. Je größer nämlich die Zahl hinter dem Minus, um so tiefer befindet sich das Objekt im Süden und somit näher am Horizont. Für Mitteldeutschland liegt die Horizontlinie bei etwa -40 Grad Deklination (südlichste Deklination = 90 Grad minus geographische Breite). Objekte, die ähnliche Deklinationswerte aufweisen, sind bei uns kaum noch zu beobachten. Aus Sternkarten und Sternatlanten können jederzeit die Koordinaten für jedes Objekt am Fixsternhimmel herausgelesen werden – das sind sozusagen die himmlischen Adreßbücher! Ganz unabänderlich und ewig sind diese himmlischen Adressen allerdings auch nicht. Wie wir schon erfahren haben, ist die Erde ein großer Kreisel. Nun liegt es in der Natur eines Kreisels, daß er sich nicht nur als Ganzes dreht, sondern daß auch die beiden Enden seiner Achse langsam rotieren. Diese Drehung einer Kreiselachse nennt man *Präzesion*. Bei der Erde dauert es fast 26 000 Jahre, bis die Erdachse eine solche Schwingung durchgeführt hat. Unser gegenwärtiger Polarstern ist also auch nur ein Zwischenspiel, in rund 12 000 Jahren wird der Stern Wega diese Rolle übernommen haben. Dann nämlich zeigt das Nordende der Erdachse zum Sternbild Leier. Im Hinblick auf das astronomische Koordinatensystem bedeutet dies, daß auch der Null-Meridian des Himmels und mit ihm der Frühlingspunkt in 26 000 Jahren einmal durch alle zwölf Tierkreissternbilder hindurchgeführt wird. Noch vor 2000 Jahren lag der Frühlingspunkt an der Grenze der Sternbilder Fische und Widder und wurde deswegen auch als Widderpunkt bezeichnet. Gegenwärtig befindet sich der Frühlingspunkt im Westteil der Fische und wird in etwa 600 Jahren den Wassermann erreichen. Hier stoßen wir auch auf eine der gravierendsten Unglaubwürdigkeiten der Astrologie, denn die Astrologen rechnen immer noch mit dem Frühlingspunkt aus der Zeit der Antike! Im Endeffekt bedeutet dies jedenfalls, daß sich das Koordinatennetz am Himmel unentwegt gegen den Sternenhintergrund verschiebt. Jede Sternkarte kann also nur für eine bestimmte Zeit Gültigkeit haben. Das ist sogar bei den Sternkarten und Himmelsatlanten angegeben: Da heißt es z. B. „Äquinoktium 1950". Und damit wird ausgedrückt, daß die Koordinatenangaben in diesem Sternverzeichnis streng genommen genau für 1950 gerechnet sind. Neuere Sternkarten tragen bereits die Bezeichnung „Äquinoktium 2000". Astronomen, die am Himmel für bestimmte Aufgaben bogensekundengenaue Ortsangaben benötigen, müssen also die entsprechenden Korrekturwerte berücksichtigen. Für den Sternfreund ist eine solche Genauigkeit freilich nicht nötig. Ihm genügen zum Aufsuchen und Finden von Objekten sowohl Sternkarten, die noch für das Äquinoktium 1950, wie auch solche, die bereits für das Jahr 2000 gerechnet sind.

Nun kommen wir der Bedeutung der Teilkreise schon etwas näher, wie sie heute an vielen käuflichen Astrofernrohren angebaut sind. Das sind kleinere oder größere Scheiben mit Grad- und Stundeneinteilung, die sich an beiden Achsen der parallaktischen Montierung befinden. Die Ablesegenauigkeit ist freilich gerade bei kleineren Fernrohren nicht umwerfend, aber es handelt sich schließlich nicht um Instrumente, die zu genauen Messungen bestimmt sind. Diese Teilkreise sollen nur zur Einstellung von Objekten Hilfestellung geben. Wirklich genaue Teilkreise mit präziser Gravur und Noniusablesung würden nämlich mehr als unser ganzes Amateurteleskop kosten.

Grundvoraussetzung für eine sinnvolle Nutzung der Teilkreise ist allerdings, daß unsere Fernrohrmontierung mit den Koordinaten des Himmels übereinstimmt. Dies wird durch genaue Einrichtung der Stundenachse zum Himmelspol erreicht, wie wir beim Kapitel über die Aufstellung einer parallaktischen Montierung schon erfahren haben. Bei einem nur „über den Daumen" hingestellten Fernrohr sind die Teilkreise kaum verwendbar.

Teilkreise sind also im wesentlichen eine Domäne für fest aufgestellte Instrumente. Zuerst freilich müssen auch die Teilkreise eingerichtet werden, da sie vom Herstellerwerk meistens nur „angebracht" sind. Die Teilkreisscheiben sind mit kleinen Schräubchen befestigt, so daß sie verstellt und wieder arretiert werden können. Die Ablesung erfolgt bei kleinen Teleskopen zumeist mittels eines fest angebrachten Pfeils. Wir stellen das Fernrohr senkrecht, so daß die Deklinationsachse mit dem auf der anderen Seite angebrachten Gegengewicht waagerecht liegt. Die genaue Senkrechtlage des Instruments wird mit einer Wasserwaage oder Libelle geprüft, die auf die Objektivfassung (bei abgenommener Taukappe) des Refraktors gelegt wird. Bei Spiegelteleskopen muß dafür das Sucherfernrohr verwendet werden, da die vordere Rohrkante eines Reflektors nicht unbedingt mit der optischen Achse parallel verlaufen muß. Nun wird der Deklinations-Teilkreis so gedreht, daß am Pfeil oder Ablesestrich die geographische Breite unseres Beobachtungsortes abgelesen werden kann. Bei der Einrichtung des Stundenkreises kommt uns jetzt zustatten, daß durch die genaue Waagrechtstellung der Deklinationsachse das Fernrohr direkt zum Meridian zeigt. Das heißt also, daß der Stundenwinkel nun 0^h beträgt. Wir richten also die Stunden-Teilkreisscheibe so ein, daß der Pfeil oder Indexstrich genau die 0^h-Marke des Kreises schneidet. Damit sind unsere Teilkreise hinreichend genau justiert, um Objekte nach Koordinaten einstellen zu können.

Bei der praktischen Anwendung der Teilkreise zum Einstellen von Objekten können wir uns jetzt der Koordinaten bedienen, wie sie für Fixsternobjekte dem Sternatlas oder für Planeten dem astronomischen Jahrbuch zu entnehmen sind. Wir haben z. B. die Möglichkeit, die Venus am hellen Taghimmel einzustellen. Wir lesen aus dem Himmelskalender, daß die Venus (jetzt nur als Beispiel) am 22. August folgende Koordinaten aufweist: R (Rektaszension) 08^h15^m, D (Deklination) $+18°10'$. Die Einstellung der Deklination ist absolut problemlos. Bei richtig aufgestelltem Fernrohr und justierten Teilkreisen muß der Deklinationskreis 0 Grad anzeigen, wenn das Fernrohr auf den Himmelsäquator gerichtet ist. Hat unser Objekt wie angegeben $+18°10'$ Deklination, dann steht es demzufolge nördlich, also über dem Äquator. Wir stellen die Deklinationsachse dahingehend ein, daß auf dem Deklinationskreis dieser Wert von $+18°10'$ am Pfeil oder Indexstrich abgelesen werden kann. Jetzt zeigt unser Fernrohr in die Höhe, die zu diesem Zeitpunkt von der Venus eingenommen wird. Aber wie sieht das nun mit der Rektaszension aus? Auf dem Stundenkreis haben wir analog der Sternzeit eine Einteilung in Stunden und Minuten. Zeigt das Fernrohr genau nach Süden, steht der Stundenkreis auf 0^h, weil sich dann die Sternzeit mit der Richtung des Fernrohres deckt und keine Abweichung nach Osten oder Westen

Abb. 39 und 40. Die Einstellkreise an einem parallaktisch montierten Himmelsfernrohr geben dem Beobachter die Möglichkeit, astronomische Objekte nach den „Adressen des Himmels" (Rektaszension und Deklination) einzustellen und aufzufinden. Dies erfordert jedoch eine präzise Aufstellung der Montierung und eine Sternzeituhr.

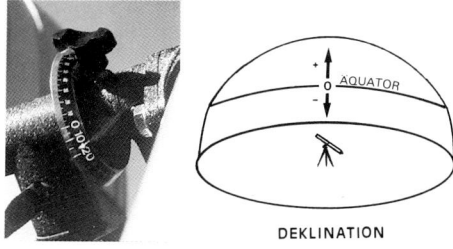

DEKLINATION

gegeben ist. Die Venus steht aber zum Zeitpunkt unserer Beobachtung nicht im Süden, sondern entweder östlich oder westlich des Süd-Meridians. Um festzustellen, wo sie *wirklich* steht, brauchen wir jetzt die Stern-

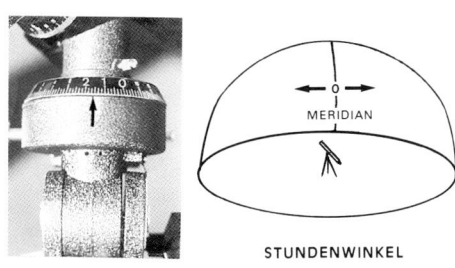

STUNDENWINKEL

zeit. Wichtig zur Ermittlung der Sternzeit ist die Kenntnis der geographischen Länge unseres Beobachtungsortes, weil es sich bei der Sternzeit stets um Ortszeit handelt. Anhand dieser Grundlage, die wir einer Landkarte 1:100 000 unseres Wohnortes entnehmen (oder beim Vermessungsamt erfahren), können wir die Sternzeit mit folgendem Rechengang ermitteln:

(geographische Länge + Monatstag · 4) + doppelter Monatszahl + MEZ + 3^h36^m

Beispiel für einen Ort auf 11°36′ östl. Länge am 22. August um 12^h MEZ

$$(11,36 + 22) \cdot 4 = 133,44 \text{ Minuten} = 2^h13^m$$
$$8 \text{ (August)} \cdot 2 \qquad\qquad = 16$$
$$\text{MEZ} \qquad\qquad\qquad = 12^h00^m$$
$$3^h36^m \qquad\qquad\qquad = 3^h36^m$$
$$\overline{\qquad\qquad\qquad\qquad = 33^h49^m}$$
$$- 24^h00^m$$
$$\overline{\text{Sternzeit} = 9^h49^m}$$

Nun können wir den *Stundenwinkel* ausrechnen; das ist der Betrag, um welchen der wirkliche Standort der Venus an diesem Tag um 12^h mittags vom Meridian abweicht. Die Rechnung lautet:

$$\begin{array}{ll} \text{Sternzeit} & 9^h49^m \\ -\ \text{Rektaszension} & 8^h15^m \\ \hline \text{Stundenwinkel} & 1^h34^m \end{array}$$

Wir verdrehen nun das Fernrohr bzw. die Stundenachse, bis an der Stunden-Teilkreisscheibe der Wert von 1^h34^m abgelesen oder bei gröberen Teilungen abgeschätzt werden kann. Und jetzt zeigt unser Fernrohr schon in die Himmelsgegend, wo an diesem 22. August um 12 Uhr mittags die Venus tatsächlich steht. Im großen Gesichtsfeld des schwach vergrössernden Sucherfernrohres wird sich der helle Planet vom klaren Taghimmel meist als glitzernder Lichtpunkt abzeichnen, den man noch aufs Fadenkreuz bringen muß, um ihn auch im Hauptrohr bei stärkerer Vergrößerung einzufangen. Mancher Sternfreund hat trotz genauester Einstellung schon vergeblich nach der Venus gesucht, weil er es versäumt hatte, das Fernrohrokular an einem weit entfernten Objekt scharf einzustellen. Mit einem unscharf eingestellten Teleskop (vor allem Sucherfernrohr) ist nämlich am Taghimmel kaum etwas ausfindig zu machen.
Ist die Sternzeit kleiner als die Rektaszension, müssen zur Sternzeit 24 Stunden hinzugezählt werden. Wer die Sternzeit nicht jedesmal und zu jeder Beobachtung ausrechnen will, der lege sich eine eigene Uhr für Sternzeit zu. Wie wir schon wissen, muß eine Sternzeituhr unseren normalen Uhren täglich um 4 Minuten vorlaufen. Bei Pendeluhren ist das kein Problem, aber auch Taschenuhren haben zumeist genug Reguliermöglichkeit, um entsprechend eingerichtet zu werden. Man muß also eine solche Uhr, evtl. unter Mithilfe eines sachkundigen Uhrmachers, im Laufe einiger Wochen und bei täglicher Sternzeit-Kontrolle so hintrimmen, bis endlich eine weitgehende Übereinstimmung mit der Sternzeit erreicht ist. In Verbindung mit einem festaufgestellten Fernrohr, den Teilkreisen und der Sternzeituhr sind damit unseren Entdeckungsreisen in den Sternenraum alle Tore geöffnet!
Beim Studium einer Sternkarte oder eines Himmelsatlanten wird man allerdings feststellen, daß neben dem „Adressen"-System des Koordinatennetzes viele Sterne auch gewissermaßen mit Namensschildern versehen sind. Abgesehen von den Eigennamen heller Hauptsterne, die zum großen Teil arabischen Ursprungs sind, findet man im Bereich der einzelnen Sternbilder einen Buchstabenschlüssel, dem das griechische Alphabet zugrundegelegt ist. Zumeist trägt der hellste Hauptstern eines Sternbildes neben seinem bekannten Namen noch die Bezeichnung α

(alpha), der zweithellste Stern des Sternbildes heißt β (beta), der dritthellste γ (gamma) und so fort, durch das ganze griechische Alphabet, bis schließlich insgesamt 24 Sterne bis ω (omega) mit griechischen Buchstaben versorgt sind. Weitere und zwangsläufig immer schwächer werdende Sterne bekommen dann Nummern, die etwa bis zur 8. Größenklasse vergeben werden.

Bei der Beschreibung von Fixsternobjekten und hier gerade bei Doppelsternen wird uns diese Buchstaben- und Zahlenbezeichnung immer wieder begegnen. Bei Sternhaufen und Nebelflecken jedoch werden wir vorwiegend den Buchstaben M, verbunden mit einer Zahl feststellen. Diese Auflistung, die etwas mehr als 100 Objekte umfaßt, verdanken wir dem Astronomen Charles Messier.

Schließlich kann der Sternfreund in größeren Sternatlanten auch noch auf mit NGC kombinierte Zahlen stoßen. Dabei handelt es sich um Nummern aus dem new general catalogue of nebulae and clusters of stars (Neuer Katalog von Nebeln und Sternhaufen), der über 7000 Objekte enthält. Und weil auch am Himmel Ordnung herrschen muß, sind die Grenzen der einzelnen Sternbilder durch die IAU (Internationale Astronomische Union) ein für allemal exakt festgelegt.

Die Buchstaben des griechischen Alphabets

α	Alpha	η	Eta	ν	Ny	τ	Tau
β	Beta	ϑ	Theta	ξ	Xi	υ	Ypsilon
γ	Gamma	ι	Jota	o	Omikron	φ	Phi
δ	Delta	κ	Kappa	π	Pi	χ	Chi
ε	Epsilon	λ	Lambda	ϱ	Rho	ψ	Psi
ζ	Zeta	μ	My	σ	Sigma	ω	Omega

Lichtminuten, Lichtstunden, Lichtjahre

Die Astronomen haben es sich längst abgewöhnt, im kosmischen Bereich mit irdischen Maßeinheiten zu rechnen. Schon die Strecke zu unserem unmittelbaren Weltraumnachbar, dem Mond, erfordert in Kilometern ausgedrückt eine 6stellige Ziffer – wenngleich diese Entfernung noch einigermaßen faßbar scheint. Mancher Pilot hat im Laufe seiner fliegerischen Praxis das Mehrfache dieser Strecke im Luftraum der Erde zurückgelegt. Und ebenso wissen wir, daß dieser kosmische Abgrund schon einige Male von Apollo-Astronauten bezwungen worden ist.

Dennoch: Im alltäglichen Leben sind astronomische Entfernungen außerhalb des Vorstellungsvermögens! Wer operiert schon mit Millionen oder gar Milliarden Kilometern? So ist man dazu übergegangen, die Laufzeit des Lichtes zur Grundlage astronomischer Entfernungsangaben zu machen. Der angehende Sternfreund sollte sich ebenfalls gleich mit diesem Maßstab vertraut machen, zumal dadurch das welträumliche Verständnis ganz enorm gefördert wird. Es gibt immer wieder Leute, die beim Anblick Jupiters im Teleskop einer Volkssternwarte fragen, wieviele Lichtjahre dieser Stern entfernt ist. Da fehlt es am räumlichen Vorstellungsvermögen noch ganz gewaltig!

Zunächst einmal zur Grundlage des kosmischen Maßstabes, nämlich der Lichtgeschwindigkeit. Sie ist eine physikalische Konstante und daher kaum Schwankungen unterworfen. Präzise Messungen seit Jahrzehnten haben bei sehr geringen Abweichungen eine mittlere Lichtgeschwindigkeit von 300 000 Kilometer in der Sekunde ergeben. Das würde bedeuten: in einer Sekunde 7 ½-mal um die Erde – falls es das Licht nicht vorziehen würde, immer geradeaus zu reisen!

Nun schrumpft die Entfernung des Mondes bereits auf 1,3 Lichtsekunden zusammen. Ein kosmischer Flohhupfer sozusagen. Die Sonne ist mit ihren rund 150 Millionen Kilometern Abstand jetzt „nur noch" 8 ½ Lichtminuten von uns entfernt. Zu Jupiter sind es im Mittel etwa 30 Lichtminuten, zu Saturn ziemlich genau 1 Lichtstunde. Selbst der fernste bis heute bekannte Planet unseres Sonnensystems, Pluto, ist runde 6 Lichtstunden weit weg. Das bedeutet, daß ein Lichtstrahl oder Funksignal die 12 Milliarden Kilometer lange Strecke quer durch unser Sonnensystem in rund 12 Stunden durchlaufen kann. Von „Lichtjahren" kann also im Planetensystem noch lange keine Rede sein!

Ein Lichtjahr ist die Strecke, die der Lichtstrahl in einem Jahr zurücklegt. 300 000 Kilometer in der Sekunde mal 31,5 Millionen – das ist die Anzahl der Sekunden eines Jahres. Daraus resultiert eine Distanz, für die uns freilich jedes Vorstellungsvermögen fehlt, nämlich rund 9,5 Billionen Kilometer! Ein modernes Verkehrsflugzeug müßte eine Million Jahre lang unterwegs sein, um diese Strecke zu bewältigen. Stellen wir uns einmal vor, daß wir mit Lichtgeschwindigkeit unser Sonnensystem verlassen. Tage, Wochen und Monate vergehen. Die Sonne hinter uns schrumpft zu einem Stern, vor uns liegt die unfaßbare Weite des interstellaren Raumes, des Bereiches der Fixsterne. Nach einem Jahr Reisezeit und einer Strecke von einem Lichtjahr aber befänden wir uns immer noch im leeren dunklen Raum, denn in einer Entfernung von einem Lichtjahr gibt es keinen einzigen anderen Stern. Erst nach mehr als 4 Lichtjahren würde es vor uns wieder hell werden – so weit nämlich ist die nächste Nachbarsonne entfernt! Freilich, genau besehen müßten im

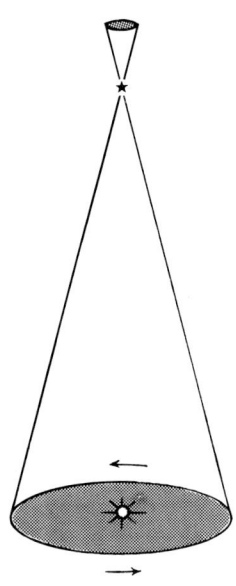

Abb. 41. Die Bahn der Erde um die Sonne spiegelt sich an Sternen in Gestalt einer winzigen Ellipse oder regelmäßigen Verschiebung, so daß daraus die Entfernung abgeleitet werden kann. Die kleinsten noch meßbaren Sternparallaxen weisen in Entfernungen bis zu etwa 200 Lichtjahren. Größere Entfernungen können u. a. mittels einer bestimmten Klasse veränderlicher Sterne ermittelt werden, bei denen eine Beziehung zwischen der Lichtwechsel-Periode und der Leuchtkraft erforscht werden konnte.

Bereich der Lichtgeschwindigkeit Effekte auftreten, die unsere Reisezeit verkürzen, aber darauf wollen wir hier nicht eingehen. Jedenfalls erkennen wir jetzt, welch gewaltiger Abgrund sich da vor uns auftut. Dabei sind nur die nächsten Nachbarsterne 4, 6 oder 9 Lichtjahre weit von uns weg, die meisten sind sehr viel weiter entfernt. Wenn wir auch nicht mehr in der Lage sind, uns das vorstellen zu können, so müssen wir dennoch versuchen, in diesen kosmischen Dimensionen denken zu lernen, um das Gebäude des Weltalls räumlich zu begreifen. Im übrigen: Die Astronomen haben auch das Lichtjahr längst zu den Akten gelegt. Sie rechnen heute vorwiegend mit einer Einheit, die als Parsec (Parallaxensekunde) bezeichnet wird und angibt, in welcher Entfernung ein Stern eine Jahresparallaxe in der Größe einer Bogensekunde darstellen würde. Die Bahn der Erde um die Sonne wird nämlich, zumindest bei näherstehenden Sternen, in Form einer winzigen Kreisbewegung widergespiegelt. Je näher der Stern, desto größer diese „Parallaxe", je weiter entfernt, um so kleiner erscheint dieser Verschiebungswinkel. In einer Entfernung von 3,26 Lichtjahren würde diese Parallaxe genau 1 Bogensekunde ausmachen. Ein Parsec entspricht also 3,26 Lichtjahren! Es gibt allerdings keinen Stern, der diese Parallaxe aufweisen könnte, weil sich in 3,26 Lichtjahren Abstand nämlich noch gar kein Stern befindet. Der nächststehende Fixstern zeigt eine Parallaxe von 0,75 Bogensekunden, was einer Entfernung von 4,3 Lichtjahren entspricht!

Die Sichtbarkeit der Planeten

Wenn sich der angehende Sternfreund über Beobachtungsmöglichkeiten der einzelnen Planeten aus dem Himmelskalender informiert, wird er auf Bezeichnungen stoßen, die ihm zunächst recht unverständlich erscheinen. Da heißt es z. B., daß Jupiter an einem bestimmten Tag in Opposition stehe – ein Begriff übrigens, der uns Demokraten auch aus der Politik nicht ganz unbekannt ist. Oder es wird darauf hingewiesen, daß sich die Venus in östlicher Elongation befindet, während möglicherweise gleichzeitig der Merkur die obere Konjunktion erreicht. Für den Anfänger sind solche Begriffe zweifellos ausgesprochen böhmische Dörfer! Da heißt es also, sich erst einmal mit der Struktur und den Bewegungsvorgängen in unserem Sonnensystem vertraut zu machen.

Unter den Planeten sind grundsätzlich zwei verschiedene Gruppen zu unterscheiden: Planeten, die innerhalb der Erdbahn um die Sonne laufen (Merkur und Venus), und Planeten, die sich außerhalb der Erdbahn um die Sonne bewegen (Mars, Jupiter, Saturn, Uranus, Neptun und Pluto). Dieser unterschiedlichen räumlichen Anordnung entsprechen unterschiedliche Beobachtungs- und Sichtverhältnisse. Es leuchtet sofort ein, daß die sonnennäheren Planeten Merkur und Venus stets auch nur im nachbarlichen Bereich der Sonne zu sehen sein werden, während die außerhalb stehenden Planeten ab Mars ihren Beobachtungsbereich sehr viel weiter von der Sonne weg ausdehnen können. Merkur und Venus werden immer nur Abend- und Morgensterne sein und demzufolge nach der Sonne unter- oder vor der Sonne aufgehen. Mars, Jupiter, Saturn und die noch weiter entfernten Planeten dagegen schaffen es, zu bestimmten Zeiten die ganze Nacht über am Himmel zu bleiben.

Untersuchen wir zuerst einmal die Bedingungen bei den sonnennahen Wandlern und fangen dabei gleich mit der Venus an, die sicher jedem schon einmal in ihrem strahlenden Glanz am abendlichen Sonnenuntergangshorizont oder vielleicht bei einer frühmorgendlichen Bergwanderung am Dämmerungshimmel des jungen Tages aufgefallen ist. Sie ist das Beispiel eines Abend- oder Morgensternes schlechthin, denn in beiden Fällen handelt es sich um ein und dasselbe Gestirn. Nachdem die Venus innerhalb der Erdbahn um die Sonne wandert, sehen wir von der Erde aus ihre einzelnen Beobachtungssituationen wie auf einer vor uns liegenden Bühne, in die wir aus dem Zuschauerraum vom Sitzplatz Erde hineinschauen. Steht die Venus links auf dieser Bühne (also östlich der Sonne), dann geht sie nach der Sonne unter und ist Abendstern. Ist sie dabei von

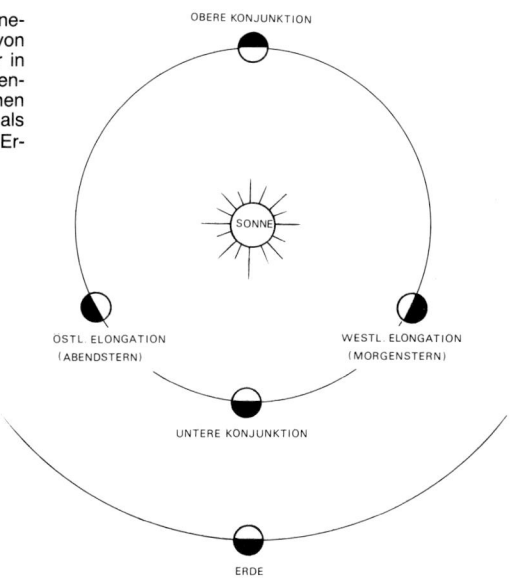

Abb. 42. Die sonnennahen Planeten Merkur und Venus bleiben von der Erde aus gesehen immer in Nähe der Sonne, so daß sie allenfalls bei ihrer größten seitlichen Abweichung von der Sonne als Abend- oder Morgenstern in Erscheinung treten.

OBERE KONJUNKTION

SONNE

ÖSTL. ELONGATION
(ABENDSTERN)

WESTL. ELONGATION
(MORGENSTERN)

UNTERE KONJUNKTION

ERDE

uns aus gesehen am weitesten links von der Sonne weg, befindet sie sich in *östlicher Elongation*. Dann dauert ihre Sichtbarkeit am längsten, und sie kann dabei in günstigen Fällen erst bis zu drei Stunden nach der Sonne untergehen. Befindet sie sich jedoch auf der rechten Seite der Bühne (westlich der Sonne), dann geht sie vor der Sonne auf und ist Morgenstern. Den größten seitlichen Abstand nennt man jetzt die *westliche Elongation*, wo der helle Planet dann bis zu drei Stunden vor der Sonne am östlichen Morgenhorizont auftauchen kann.

Zwischendrin gibt es noch zwei weitere prägnante Möglichkeiten: Zum einen befindet sich die Venus gewissermaßen zwischen der in Bühnenmitte stehenden Sonne und unserem Parkettplatz im Zuschauerraum, also von uns aus gesehen vor der Sonne. Das ist die *untere Konjunktion*. Zum anderen kann die Venus im rückwärtigen Raum der Bühne stehen, also hinter der Sonne. Das nennt man dann die *obere Konjunktion*.

Wenn wir jetzt auch noch die Beleuchtung in dieses Spiel mit einbeziehen, nämlich die Sonne als große Kugellampe in der Mitte der Bühne plaziert, ergeben sich die eigentlichen Beobachtungsverhältnisse. Bei der östlichen Elongation (als Abendstern) sehen wir den Venusball auf der rechten Seite beleuchtet sozusagen als kleinen Halbmond. In der Morgensternsituation (westliche Elongation) befindet sich die linke Venusseite im Sonnenlicht. Die untere Konjunktion wendet uns eine nacht-

dunkle Venusseite zu, das heißt, daß in dieser Stellung die Venus für uns unsichtbar ist, wenngleich sie uns dabei am nächsten steht. Hier gibt es allerdings eine Ausnahme: Es kann vorkommen, daß die Venus so genau zwischen Erde und Sonne durchwandert, daß sie sich als pechschwarze Scheibe vor dem Sonnenball abhebt. Aber der nächste derartige Venusdurchgang erfolgt erst im Jahre 2004! Bei der oberen Konjunktion würde uns die Venus als rundum beleuchtete Scheibe erscheinen, aber sie ist in diesem Fall am weitesten von uns weg, erscheint sehr klein und bleibt ebenfalls unbeobachtbar, weil die dazwischen stehende Sonne taghell blendet. Ebenso und nicht anders sind die Verhältnisse beim Merkur. Mit einem kleinen Unterschied: Dieser Planet zieht seine Bahn noch näher um die Sonne und kann sich auf dieser Bühne nach links oder rechts nur etwa halb so weit von ihr entfernen wie die Venus. Seine Sichtbarkeitsdauer am Abend- oder Morgenhimmel ist dementsprechend kürzer und kann allenfalls bis zu einer Stunde anwachsen. Dazu kommt, daß Merkur bei weitem nicht eine so strahlende Helligkeit wie die Venus erreicht. Kein Wunder also, wenn viele Menschen diesen Planeten noch nie in ihrem Leben bewußt gesehen haben!
Gänzlich anders sind nun die Beobachtungsbedingungen bei den außerhalb der Erdbahn umlaufenden Planeten. Hier wird jetzt sozusagen der ganze Theaterraum zum Aktionsfeld. Es gibt Situationen, wo wir von unserem irdischen Parkettplatz aus nicht auf die Bühne, sondern genau entgegengesetzt in den rückwärtigen Teil des Zuschauerraumes blicken

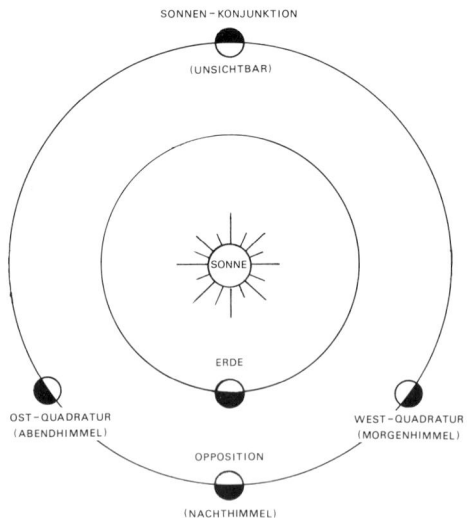

Abb. 43. Die außerhalb der Erdbahn um die Sonne laufenden Planeten können zur Zeit ihrer Opposition von der Erde aus die ganze Nacht beobachtet werden.

müssen. Befinden wir uns nämlich zwischen der Sonnen-Bühne und dem im hinteren Theaterraum stehenden Planeten, dann steht dieser Planet der Sonne gegenüber, er steht in *Opposition*! Jetzt regiert der Planet am Nachthimmel der Erde, wo er von abends bis zum Morgen sichtbar ist. Er geht bei Sonnenuntergang im Osten auf, bei Sonnenaufgang im Westen unter, im Fernrohr erscheint seine Scheibe voll beleuchtet. Natürlich kommt auch er mal weit links oder rechts von der Sonne zu stehen. Das aber bezeichnet man keinesfalls als Elongation, wie bei Merkur und Venus, sondern als *Quadratur*. Bei der West-Quadratur steht der Planet bei Sonnenaufgang im Süden, beherrscht also den Morgenhimmel. Das ist vor der Opposition! Die Ost-Quadratur findet nach der Opposition statt, wenn der Planet bei Sonnenuntergang seinen Höchststand im Süden erreicht und am Abendhimmel dominiert. Schließlich kann sich auch dieser Planet in den hintersten Raum der Bühne zurückziehen und dann von uns aus beobachtet hinter der Sonne stehend am weitesten entfernt und ebenfalls unsichtbar sein. Dann sagt man, der Planet steht in *Konjunktion* mit der Sonne!

Zu guter Letzt müssen wir uns auch noch mit der zeitlichen Abfolge dieser Erscheinungen beschäftigen. Die Planeten bewegen sich nämlich, entsprechend ihrem Abstand, in ganz verschiedenen Zeitläufen um die Sonne. Merkur, als der Sonne nächststehender Planet, hat es am eiligsten. Mit einer Umlaufzeit von 88 Tagen durchläuft er im Jahr mehrere Abend- und Morgensternperioden. Venus mit einer Umlaufzeit von 225 Tagen macht es schon gemütlicher und bringt es allenfalls jährlich auf eine Abendstern- und eine Morgensternperiode. Als erster nach der Erde angeordneter Planet braucht Mars schon 687 Tage oder fast zwei Erdenjahre, bis er einmal um die Sonne zieht, so daß er nur alle 780 Tage oder rund alle zwei Jahre in Opposition zur Sonne kommt.

Hier spielt allerdings die Bewegung der Erde auch noch eine gewichtige Rollc. Während wir bei unserem Theater-Beispiel einen festen Beobachtungsort angenommen haben, sind die echten Verhältnisse doch etwas komplizierter, weil sich in Wirklichkeit unser Sitzplatz nämlich auch in einem Jahr um die Sonnenbühne dreht. Es muß also auch die Eigenbewegung der Erde in die Sichtbarkeitsverhältnisse der Planeten einbezogen werden. Je weiter freilich ein Planet von der Erde entfernt ist, um so geringer wird sich die Bewegung der Erde auf seine scheinbare Himmelsbahn auswirken.

Das zeigt sich schon bei Jupiter. Er kommt jedes Jahr in Opposition zur Sonne, aber mit einer jährlichen Verschiebung von einem guten Monat, weil er in 11,8 Jahren einen Sonnenumlauf vollendet und infolgedessen im Tierkreis von Jahr zu Jahr um eben diese zeitliche Differenz weiterrückt. Noch langsamer läuft Saturn – Umlaufzeit 29,4 Jahre – und damit ebenfalls jährlich in Oppositionsstellung. Aber hier beträgt die jährliche Differenz nur noch knapp zwei Wochen; das bedeutet ein Vorrücken im Tierkreis um nur noch ein halbes Sternbild. Verständlich also, daß die noch weiter entfernten Planeten Uranus, Neptun und Pluto zwar auch jedes Jahr in Opposition stehen, aber immer noch kleinere Schritte auf der Tierkreisstraße hinter sich bringen. So scheint der sonnenfernste Planet Pluto für den Erdbeobachter von einer Opposition zur anderen nahezu auf der Stelle zu treten, weil seine Umlaufzeit um die Sonne fast 250 Jahre beträgt! Er begnügt sich damit, sich mehr als 20 Jahre lang in ein und demselben Tierkreissternbild niederzulassen. Allein während dieser Zeit hat sich der flinke Merkur mehr als 80mal um die Sonne herumgeschwungen. Und hier wird deutlich, wie verschiedenartig sich damit die Beobachtungsbedingungen der einzelnen Planeten unseres Sonnensystems gestalten!

Schleifen und Schlingen

Wie schon erwähnt, spielt die Eigenbewegung der Erde um die Sonne bei den beobachteten Bewegungen der Planeten am Himmel eine nicht unbedeutende Rolle. Einen entscheidenden Anteil an diesen Bewegungsvorgängen haben die verschiedenen Geschwindigkeiten, mit denen sich die Planeten um die Sonne bewegen. Das Sonnensystem stellt sozusagen eine Arena dar, in der eine Reihe von Läufern um die Sonne sausen. Wer sich näher am Zentrum befindet, hat eine höhere Geschwindigkeit als diejenigen, die sich weiter draußen tummeln. So legt z. B. Merkur in jeder Sekunde eine mittlere Geschwindigkeit von fast 48 Kilometer vor, während dagegen der ferne Pluto mit nur noch knappen 5 Sekundenkilometern nahezu wie eine Schnecke dahinschleicht. Die Erde, an dritter Stelle, bringt es auf dieser Rennstrecke auf fast 30 Sekundenkilometer, während der weiter außerhalb laufende Mars mit 24 Kilometern pro Sekunde schon langsamer ist. Es geht da also zu wie auf einer Rennbahn, wo die langsameren Läufer ständig von den schnelleren überrundet werden.

Nun ist uns allen vom Straßenverkehr her bekannt: Wenn wir mit einem schnelleren Fahrzeug einen langsameren Verkehrsteilnehmer überholen,

Abb. 44. Wenn die Erde einen langsamer laufenden äußeren Planeten überholt, scheint dieser am Himmel stehenzubleiben und in einer schleifen- oder schlingenförmigen Bewegung im Tierkreis zurückzulaufen. Nach Abschluß des Überholvorganges bewegt sich der Planet wieder in seiner normalen Fahrtrichtung.

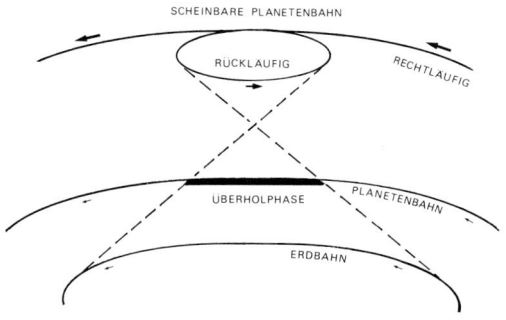

dann scheint dieser hinter uns zurückzubleiben. Bei den Planeten ist das nicht anders. Überholt die schnellere Erde während der Oppositionszeit den gemächlicher dahinziehenden Mars, dann wird auch dieser am Himmel plötzlich langsamer, bleibt stehen und läuft dann sogar ein ganzes Stück zurück. Der Astronom hat dafür eine treffende Bezeichnung: Mars ist rückläufig! Das dauert so lange, bis der Überholvorgang abgeschlossen ist. Dann bremst Mars seine rückläufige Bewegung und beginnt wieder, in gewohnter Fahrtrichtung auf der Tierkreislinie weiterzumarschieren. Würden nun Erde und Mars auf idealer Ebene wie auf einer Tischplatte um die Sonne kreisen, dann würde sich diese Rückläufigkeitsbewegung am Himmel scharf wie eine Linie abbilden. Nun ist aber die Marsbahn um fast 2 Grad gegen die Ebene der Erdbahn geneigt. Diese Neigung muß sich widerspiegeln, und so entwickelt sich die Rückläufigkeit des Mars am Himmel zu einer schleifenförmigen Bewegung.

Die größte Rückläufigkeitsschleife mit einer Ausdehnung von nahezu 20 Grad zeigt natürlich Mars, weil er von allen äußeren Planeten der uns nächststehende ist. Bei den weiter entfernten Planeten werden diese Schleifen zunehmend kleiner, was schon Kepler im 17. Jahrhundert dazu benutzt hat, erste Berechnungen über die Entfernungen der Planeten anzustellen.

Für den photographierenden Sternfreund mag es eine reizvolle Aufgabe sein, die Rückläufigkeitsschleife vor allem des Mars über mehrere Wochen hinweg von Tag zu Tag (wenn das Wetter mitspielt!) photographisch festzuhalten und dann an Hand der vorliegenden Bilder die Schleifenbahn zu konstruieren. Dann wird diese Bewegung offensichtlich und gibt einen guten Einblick in die Kinematik unserer Planetenwelt!

73

Die Sonne

Unser Fixstern ist zweifellos für die Benutzer kleiner optischer Mittel ein dankbares Beobachtungsobjekt. Vielleicht schon deshalb, weil Sonnenbeobachtungen keine Nachtstunden erfordern, sondern am Tage durchgeführt werden können. Aber es gibt noch mehr Gründe, welche die Sonne immer schon zu einem beliebten Beobachtungsziel gemacht haben: Die Sonnenscheibe erscheint unter einem Winkel von rund ½ Grad und zeigt bereits dem freien Auge ihre Kugelgestalt, so daß schon schwache Vergrößerungen ein „handfestes" Objekt bieten. Dazu kommt, daß die Vorgänge auf der Sonne ein stets wechselndes Bild zeigen; selbst in den 5 Milliarden Jahren ihres bisherigen Lebens werden sich die an der Sonne sichtbaren Erscheinungen hinsichtlich Lage und Struktur noch nie ein zweites Mal völlig identisch wiederholt haben!

Mit einem Durchmesser von rund 1,4 Millionen Kilometern ist die Sonne der größte und massenreichste Körper unseres Planetensystems. Sie wiegt 800mal mehr als alle Planeten zusammen! Und sie ist der einzige selbstleuchtende Himmelskörper in diesem Bereich, ein Stern vom Spektraltypus G mit einer Oberflächentemperatur von fast 6000 Grad Celsius, ständig eine thermonukleare Feuermasse, von rasenden Glutstürmen und titanischen Explosionen aufgewühlt, die bei uns als Sonnenflecken und Protuberanzen sichtbar werden. Freilich, was wir mit unseren Fernrohren an der Sonne noch wahrzunehmen vermögen, ist unverhältnismäßig groß. Eine Bogensekunde beschreibt auf der Sonne eine Strecke von mehr als 600 Kilometern. 20 Bogensekunden „Sonne" sind bereits der komplette Erddurchmesser! Dabei ist das erst der 100. Teil der Sonnenscheibe. Hier wird deutlich, welch dominierende Stelle die Sonne in der Planetenwelt einnimmt!

Die Verfolgung der Vorgänge und Erscheinungen auf der Sonne erfordert besondere Vorsicht, sowohl wegen der gewaltigen Helligkeit, die schon ein Anschauen mit bloßem Auge problematisch macht, als auch wegen der im Fernrohr gesammelten Wärme. Die Hitzeenergie in dem aus einem Fernrohrokular austretenden Strahlenbündel reicht aus, um ein Stück Papier oder eine Zigarette in Brand zu setzen. Dies bedeutet, daß schon ein einziger ungeschützter Blick durch Feldstecher oder Fernrohr in die Sonne schwere Augenschäden zur Folge hätte!

Am geläufigsten ist das Vorsetzen dunkler Gläser, sog. Sonnenblendgläser, deren Lichtdämpfung so bemessen sein soll, daß das Sonnenbild dem Auge in angenehmer Helligkeit erscheint. Zu dunkle Gläser lassen keine

Einzelheiten erkennen, zu helle schaden dem Auge. Dabei gibt es zwei Möglichkeiten: Blendgläser, die ans Okular gesteckt oder aufgeschraubt werden können, oder Filter, die vor dem Objektiv des Fernglases oder Fernrohres angebracht werden. Letztere sollten freilich dem Durchmesser des benutzten Objektives entsprechen und müssen optisch sehr gut, nämlich absolut plan geschliffene Glasscheiben sein; so sind sie nicht gerade billig.

Die moderne Bedarfstechnik hat hier jedoch in den letzten Jahren einen recht preiswerten Ersatz geschaffen. Es gibt heute in Sportgeschäften „Rettungsfolien", ein dünnes silberpapierartiges Kunststoffmaterial, das um wenige Mark quadratmeterweise zu haben ist. Einige kleine Stücke davon ausgeschnitten und vors Fernrohrobjektiv gespannt ergeben ein vorzügliches Objektivfilter für die Sonnenbeobachtung. Man muß lediglich ausprobieren, wieviele Lagen dieser Folie übereinandergelegt nötig sind, meistens genügen 2−3 Lagen, um ein brauchbares Sonnenbild zu erhalten. Eventuelle Falten in der Folie schaden absolut nicht.

Vor allem Benutzern von Spiegelteleskopen ist diese Anordnung zu empfehlen. Man bastelt sich am besten einen entsprechend großen Rahmen oder Ring aus Sperrholz, spannt oder klebt die Folien dazwischen und steckt diesen „Apparat" ans vordere Ende des Teleskops. Bei Dämpfgläsern, die am Okular angebracht werden, ist eine obere Grenze der zu verwendenden Fernrohröffnung bald erreicht. Diese Gläser sind nämlich der vollen, im Fernrohr zusammengezogenen Hitze ausgesetzt. Bei Objektivöffnungen von mehr als 6 cm besteht die Gefahr, daß solche Okularsonnenfilter zerspringen und die Hitze wie ein Stich ins Auge dringt. Das heißt also, daß Okulardämpfgläser zur Sonnenbeobachtung allenfalls noch am 2-Zöller empfehlenswert sind oder größere Objektive auf diesen Durchmesser abgeblendet werden, was dann freilich auf Kosten der Auflösungskraft geht. Bei den weitverbreiteten 4-zölligen Spiegelteleskopen fernöstlicher Herkunft sind Okulardämpfgläser auf keinen Fall mehr anwendbar. Hier bedient man sich besser der vorhin beschriebenen Objektivfilter-Methode.

Wer sichergehen und jede Schädigung seiner Augen ausschließen möchte, wählt die indirekte Methode, bei welcher das Sonnenbild mit Hilfe des Fernrohres auf einen weißen Projektionsschirm geworfen wird. Als Projektionsfläche empfiehlt sich weißer Zeichenkarton, der auf eine Sperrholzplatte aufgezogen oder mit Reißzwecken befestigt wird. Ein um das Fernrohr angebrachter Schirm aus Pappe mit etwa 50 cm Durchmesser sorgt dabei für Schatten um das Projektionsbild. Noch besser ist es, den Strahlengang mittels eines Zenitprismas um 90 Grad zu knicken. Bei den meisten heute erhältlichen Kleinfernrohren ist eine komplette Vorrichtung zur Sonnenprojektion im Zubehör beigeschlossen.

Ein Schirmbild der Sonne kann natürlich auch mit dem Feldstecher produziert werden. Dazu decke man eines der beiden Feldstecherobjektive mit dem Objektivschutzdeckel ab, um Doppelbilder zu vermeiden.

Die oft geäußerten Bedenken, daß bei der Sonnenprojektion die zumeist verkitteten Feldstecherokulare Schaden nehmen könnten, kann der Verfasser nicht bestätigen. Er hat noch nie erlebt, daß bei der Sonnenbeobachtung ein Feldstecher unbrauchbar geworden wäre! Wegen der schwachen Vergrößerung nehme man bei der Feldstecher-Projektion den Abstand zum Projektionsschirm größer als beim Fernrohr, etwa 1−2 Meter. Am besten ist es, den Feldstecher auf ein Stativ zu montieren und die Projektionsfläche auf einem hinter dem Fernglas stehenden Stuhl anzubringen. Und auch hier ist es natürlich vorteilhaft, mittels eines Pappeschirmes für Schatten am Projektionsschirm zu sorgen − um so brillanter wird das Sonnenbild erscheinen.

Zunächst werden wir die Beobachtung machen, daß die Sonne nicht als gleichmäßig helle Scheibe erscheint, sondern daß ihre Helligkeit zum Rand hin ganz auffallend und ziemlich plötzlich abnimmt. Mit dieser Helligkeitsabnahme ist eine Verfärbung verbunden, die Sonnenscheibe nimmt an ihrem Rand einen bräunlichen, rauchigen Ton an. Dieser Helligkeitsabfall wird verursacht durch die Schwächung des Sonnenlichtes in der Sonnenatmosphäre. Zu Zeiten starker Sonnenfleckenbildung wird auch das kleinste optische Gerät häufig dunkle Flecken und ganze Gruppen von Flecken zeigen. Infolge der Drehung der Sonne um ihre Achse kann man verfolgen, wie die Flecken von Tag zu Tag ein Stück weiterrücken, bis sie am Westrand der Sonne verschwinden. Im Mittel dauert eine Sonnenrotation runde 25 Tage. Es gibt langlebige Sonnenflecken, die tatsächlich eine oder gar mehrere Sonnenrotationen überdauern. Für den systematischen Sonnenbeobachter ist es immer wieder spannend, wenn eine am Westrand ausgetretene größere Fleckengruppe nach etwa 14 Tagen am Ostrand wieder zum Vorschein kommt, um noch einmal ein Gastspiel zu bieten.

Hier bleibt natürlich die Frage nicht aus: Was sind eigentlich Sonnenflecken? So ganz genau weiß man das immer noch nicht. Aber es steht immerhin fest, daß hier im Bereich gewaltiger Magnetfelder eine lokale Abkühlung an der Sonnenoberfläche auftritt. Tatsächlich sind die Zentren von Sonnenflecken um etwa 2000 Grad „kälter" als die übrige Sonnenoberfläche. Sonnenflecken sind also in Wirklichkeit nicht „schwarz", sondern immer noch heller als weißglühendes Eisen. Sie erscheinen uns nur deswegen so dunkel, weil wir die Sonne, um sie überhaupt sehen zu können, mittels der bereits beschriebenen Methoden um einige Tausender-Faktoren abdunkeln müssen. Damit schwächen wir jedoch nicht nur die allgemein helle Sonnenoberfläche, sondern auch die

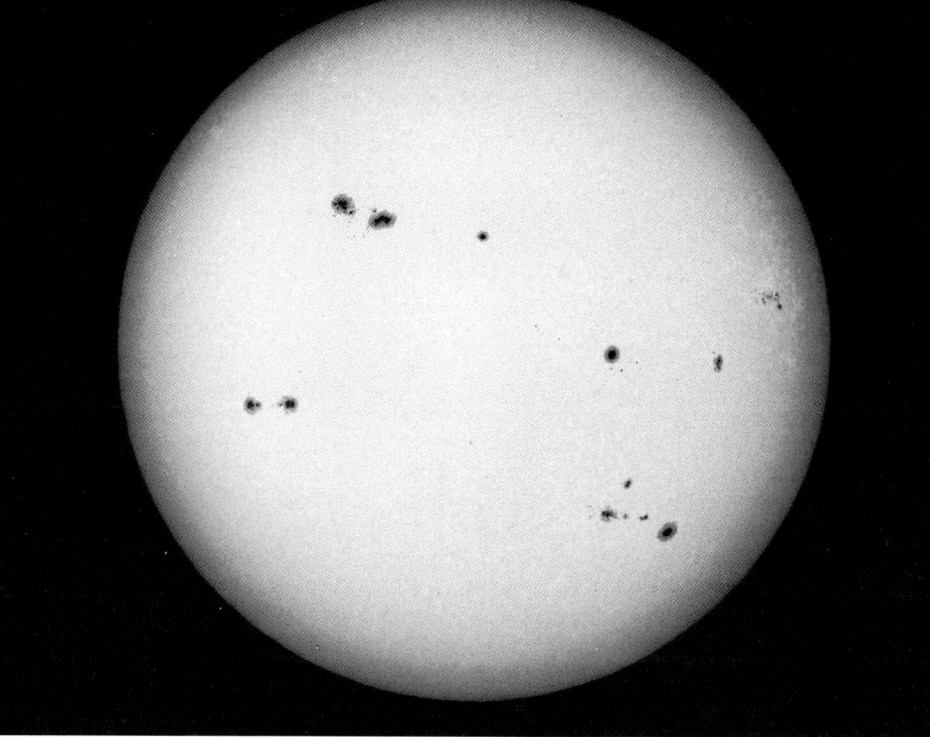

Abb. 45. Zu Zeiten starker Sonnenfleckentätigkeit wird auch das kleinste optische Gerät auf der Sonnenscheibe häufig dunkle Flecken und ganze Gruppen von Flecken zeigen.

um etwa 30 % helligkeitsreduzierten Fleckengebiete, die dann in diesem enormen Kontrast eben noch dunkler werden und somit schwarz erscheinen.
Bei genauerer Beobachtung werden wir an den Sonnenflecken noch weitere Einzelheiten sehen können:
1. Der dunkle, zentrale Kern (die Umbra) ist mitunter von einem strahligen, zerfasert erscheinenden helleren Hof umgeben, oft nicht unähnlich einem struppigen Fell. Diese hellere Fleckenumgebung wird Penumbra genannt.
2. Häufig ist der Kern selbst zergliedert und besteht aus zwei oder mehr Teilen, zwischen denen sich sog. Lichtbrücken erstrecken.
3. Die Flecken verändern oft schon in Stunden ihre Form und Struktur, vergrößern sich im Laufe mehrerer Beobachtungstage oder aber lösen sich auf und verschwinden.

4. Große Flecken zeigen sich, wenn sie nahe am Sonnenrand stehen, nicht nur allein in der Blickrichtung verkürzt, sondern auch in der Weise verändert, daß der dunkle Kern in Richtung zum Beobachter dem Rande des Flecks nähergerückt erscheint. Dies ist das sog. Wilson-Phänomen und wird erklärt durch die Annahme, daß die Flecken trichter- oder kraterförmige Vertiefungen in der Sonnenoberfläche darstellen.

5. Die Sonnenflecken treten in unverkennbaren Reihen beiderseits des Sonnenäquators oder in der Nähe des Äquators auf.

Die laufende und systematisch durchgeführte Sonnenbeobachtung durch den Sternfreund kann zwar heute keine große wissenschaftliche Bedeutung mehr erlangen, weil den modernen und zum Teil sogar automatisch arbeitenden Sonnenstationen der Fachastronomie mit Liebhabermitteln

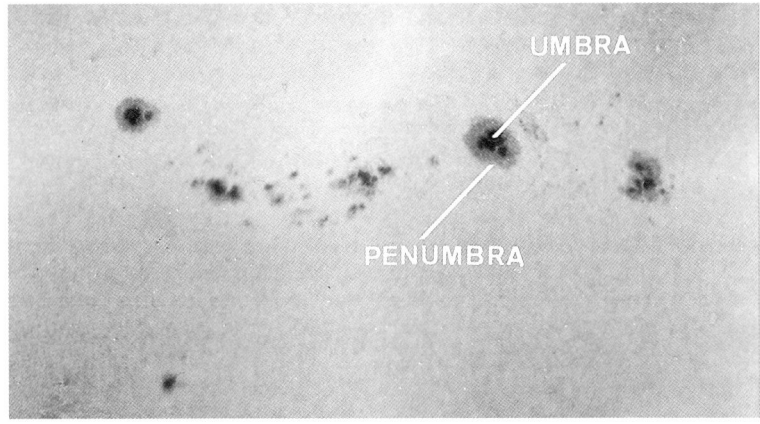

Abb. 46. Der schwarz erscheinende, zentrale Kern eines Sonnenflecks heißt Umbra, während die hellere und zerfaserte Umgebung als Penumbra bezeichnet wird. Mitunter zeigen sich in Sonnenflecken helle Durchbrüche und „Lichtbrücken" – ein Zeichen, daß der Fleck „zerfällt" und sich aufzulösen beginnt.

wohl kaum noch Konkurrenz zu machen ist, aber sie ist auf jeden Fall eine faszinierende und interessante Beschäftigung. Vor allem hat der Beobachter gerade hier die Möglichkeit, das Ergebnis seiner Beobachtung in einer klaren Zahl auszudrücken. Dazu bedient man sich der Wolfschen Relativzahl, die eine Art Auszählung der Sonnenflecken und Fleckengruppen darstellt. Jede einzelne und zusammengehörig erscheinende Fleckengruppe erhält grundsätzlich den Zahlenwert 10 zugeordnet. Dazu werden dann die Flecken und Poren hinzugezählt, aus denen sich diese Gruppe im einzelnen aufbaut. Befinden sich z. B. auf der Sonne 6

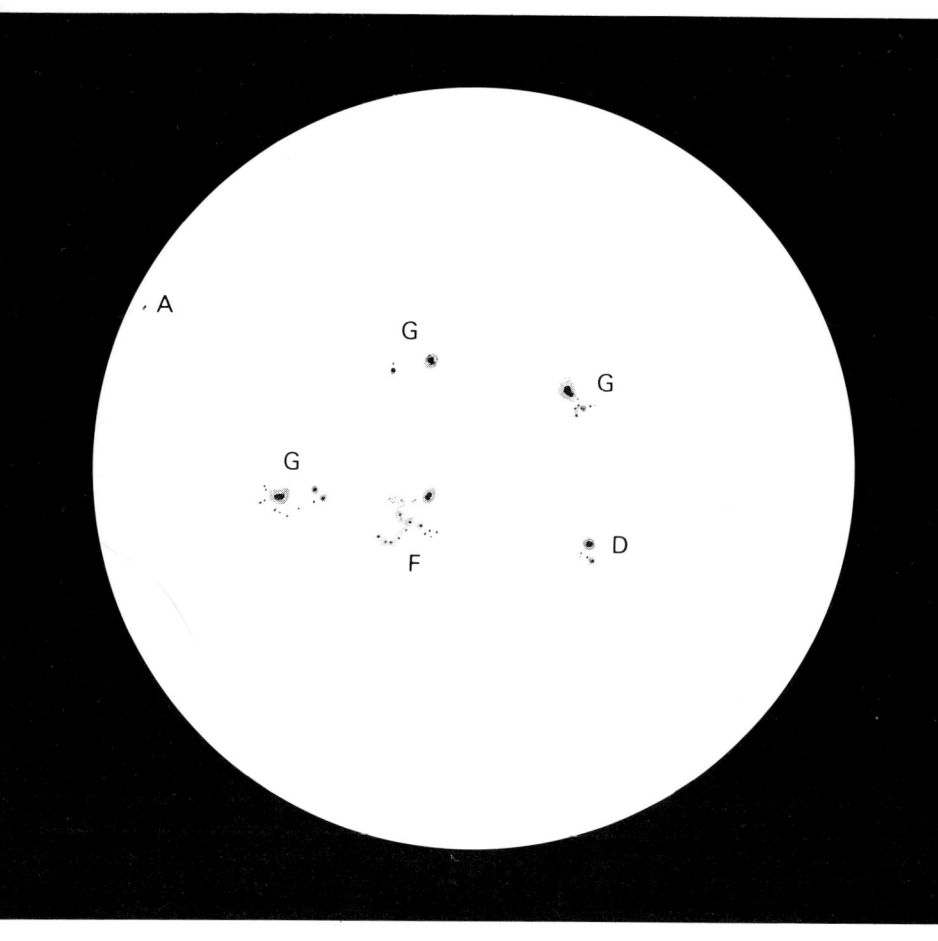

G	18
G	12
G	4
F	38
D	8
A	1
R =	141

Abb. 47. Wie die Sonnenflecken-Relativzahl zustandekommt. Auf dieser Aufnahme der Sonne befinden sich 6 einzelne Fleckengruppen mit zusammen 81 einzelnen Flecken und Poren. Nachdem jede Gruppe grundsätzlich die Zahl 10 zugeschlagen bekommt, ergibt das zusammen für diese Beobachtung die Relativzahl 141. Die Buchstabenbezeichnung klassifiziert die Flecken von A-I nach Typ und Erscheinungsbild.

Fleckengruppen, die insgesamt 95 einzelne Flecken und Fleckchen beinhalten, dann erhält man die Relativzahl 60 + 95 = 155.

Natürlich, um die verschiedenen Fleckengruppen zu unterscheiden, richtig zu klassifizieren und einzuordnen, aus der Relativzahl Kurven und Diagramme zu erstellen, braucht man Erfahrung, die sich der aktive Sonnenbeobachter erst erwerben muß. Längere Beobachtung macht deutlich, daß die Sonnenfleckentätigkeit einem etwa 11jährigen Rhythmus unterliegt. Das heißt, daß rund alle 11 Jahre besonders viel Sonnenflecken auf der Sonnenscheibe zu beobachten sind, während es in der Zwischenzeit mitunter auf der Sonne ausgesprochen „ruhig" zugehen kann. Da gibt es Zeiten, wo tage- oder wochenlang kein einziger Sonnenfleck zu erhaschen ist: Relativzahl Null!

Unter günstigen Umständen, also klarer Durchsicht und ruhiger Luft, wird der Beobachter mit Fernrohren ab etwa 6 cm Öffnung und bei nicht zu schwacher Vergrößerung erkennen, daß die Sonnenoberfläche nicht strukturlos und gleichmäßig hell ist, sondern ein eigentümlich gekörntes Aussehen zeigt, das lebhaft an die Oberfläche von Reisbrei erinnert: die *Granulation*. Die scheinbare Größe dieser Granulen liegt bei 1−2 Bogensekunden, das bedeutet, daß jede einzelne Granule etwa die Ausdehnung der Bundesrepublik Deutschland hat. Größere Fernrohre zeigen bei starker Vergrößerung, daß diese Granulen ihre Struktur ständig verändern, so daß der Vergleich mit kochendem Reis durchaus zutreffend ist. Hier erhält der Beobachter in der Tat einen Einblick in das brodelnde Inferno glühender Gase, das an der Sonnenoberfläche herrscht. Noch um runde 1000 Grad heißer als die allgemeine Sonnenoberfläche sind die sogenannten *Fackeln*, die am dunklen Sonnenrand vor allem in der Nähe größerer Fleckengruppen mitunter auftreten und als helle geschlängelte oder geknickte Linien erscheinen. So zeigt sich also, daß der Himmelsfreund schon mit relativ kleinen optischen Mitteln eine ganze Fülle von Erscheinungen auf der Sonne miterleben kann!

Es gibt allerdings Erscheinungen auf der Sonne, die nur unter besonderen Umständen oder mit Hilfe von Spezialinstrumenten beobachtet werden können, obwohl sie zu den eindrucksvollsten und lebhaftesten Vorgängen auf der Sonne zählen: die *Protuberanzen*. Diese Ausbrüche glühender Gase sind ohne Hilfsmittel nur in den kurzen Minuten einer totalen Sonnenfinsternis am Sonnenrand erfaßbar, wenn der Neumond Scheibe auf Scheibe deckend die Sonnenoberfläche verdunkelt. Nachdem dieses großartige Schauspiel ortsgebunden äußerst kurz und selten ist (die nächste totale Sonnenfinsternis für Deutschland ist am 11. August 1999), sind Spezialfernrohre geschaffen worden, mit denen sozusagen eine künstliche Sonnenfinsternis hergestellt wird, so daß die Protuberanzen jederzeit bei klarem Himmel beobachtet und photographiert werden können. Solche „Protuberanzenfernrohre" sind in den vergangenen Jahren schon mehrfach von Amateurastronomen im Selbstbau angefertigt worden.

In neuerer Zeit hat die moderne Filterbedampfungstechnik und Glastechnologie Geräte hervorgebracht, die eine Beobachtung der Sonne in ganz bestimmten Spektralbereichen, also z. B. im Lichte des Wasserstoffs, gestatten, so daß sowohl die Protuberanzen am Sonnenrand als auch die über der Sonnenoberfläche schwebenden Protuberanzen als dunkle Filamente gleichzeitig gesehen werden können. Hier eröffnet sich dem Sonnenbeobachter eine Welt, die ihn jeden Tag stundenlang ans Fernrohrokular fesselt. Freilich: solche Filtergeräte sind nicht gerade billig und erfordern auch bereits einen instrumentellen Aufwand, wie er dann eben nur noch aktiven und gutausgerüsteten Amateuren der Himmelsbeobachtung zur Verfügung steht!

Der Mond

Genau besehen ist der Mond der einzige Himmelskörper, auf dem schon mit bloßem Auge ohne besondere Maßnahmen, wie sie die Sonnenbeobachtung erfordert, Einzelheiten erkennbar sind. Gehört er doch mit einem scheinbaren Durchmesser von rund ½ Grad neben der Sonne zu den einzigen Objekten am Himmel, die dem unbewaffneten Auge scheibenförmig erscheinen. Für kleine und kleinste Fernrohre ist der Mond das dankbarste Beobachtungsobjekt. Schon ab 10facher Vergrößerung kann man alle Großformen der Mondoberfläche studieren und erhält ein eindrucksvolles Bild einer anderen Welt. Selbst bei so schwacher Vergrößerung wird der Beobachter erstaunt sein, wieviele einzelne Ringgebirge, Kraterformen, Kettengebirge und sonstige Einzelheiten zu sehen sind. Ein Fernrohr von 6—8 cm Durchmesser zeigt bei ruhiger Luft und entsprechender Vergrößerung alle Details, die selbst mit den größten Teleskopen photographisch noch darzustellen sind.

Um jedoch die Mondbetrachtung sinnvoll zu gestalten, müssen wir uns zunächst einmal über die hier gebotenen Beobachtungsbedingungen klarwerden. Wie alle größeren Mitglieder unseres Sonnensystems ist auch der Mond eine von der Sonne beleuchtete Kugel mit einem Durchmesser von 3480 Kilometer, die demnach auf einer Seite von Licht

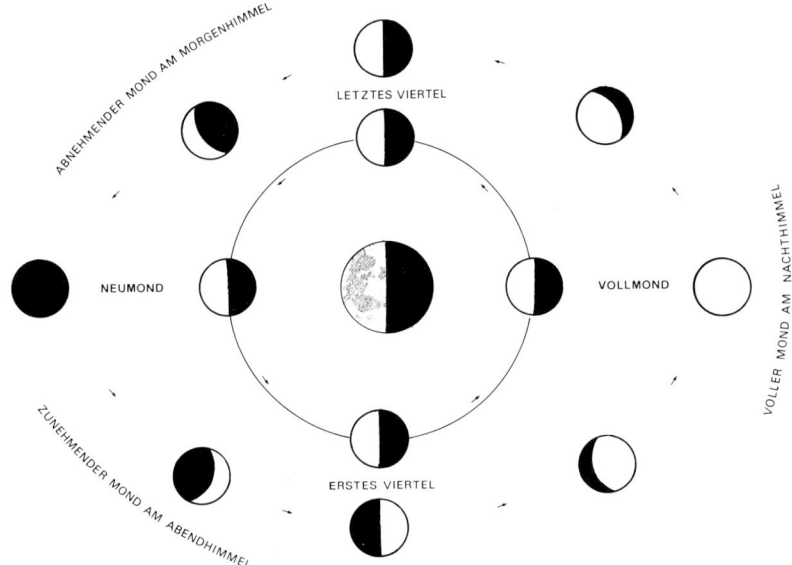

Abb. 48. Der Mond umkreist als eine von der Sonne beleuchtete Kugel die Erde, so daß er dem Beobachter von der Erde aus im Laufe einer solchen Erdumkreisung in seinen verschiedenartigen Beleuchtungsphasen erscheint. Von der der Erde zugewandten Mondoberfläche aus würde ein Beobachter auch die Erde in solchen Lichtphasen sehen – allerdings in umgekehrter Reihenfolge. Bei Neumond auf der Erde steht am Mondhimmel die Vollerde, leuchtet auf die Erde der Vollmond hernieder, dann haben die „Mondbewohner" Neuerde!

überflutet wird, auf der anderen dagegen im Schatten liegt und dunkel ist. Gleichzeitig begleitet diese Mondkugel unsere Erde auf ihrer Jahresbahn um die Sonne und umkreist sie dabei fast 13mal. Das heißt in einem knappen Monat wandert der Mond einmal um die Erde. Er bewegt sich also in diesem Zeitraum von der Erde aus gesehen nicht nur durch sämtliche Sternbilder des Tierkreises, sondern bietet auch verschiedene Beleuchtungssituationen, die im allgemeinen als die *Mondphasen* bezeichnet werden:

Neumond: Der Mond steht von der Erde aus gesehen in Richtung zur Sonne am Taghimmel und wendet uns dabei seine dunkle Nachtseite zu. Er ist also unsichtbar. Mit einer Ausnahme: Bei einer Sonnenfinsternis schiebt sich der schwarze Neumond so genau zwischen Sonne und Erde, daß sein Schatten irgendwo auf die Erdoberfläche trifft und in dieser Gegend den Mond ganz (ringförmige oder totale Sonnenfinsternis) oder teilweise (partielle Sonnenfinsternis) vor der Sonne sichtbar werden läßt. *Zunehmender Mond:* Etwa 2–3 Tage nach Neumond taucht am westlichen Abendhimmel eine schmale Mondsichel auf. Noch wendet uns der Mond den überwiegenden Teil seiner Nachtseite zu; nur ein schmaler Streifen des von der Sonne beschienenen Mondes ist sichtbar. Der Beobachter wird im Fernglas deutlich erkennen, daß auch der dunkle Mondteil gar nicht so völlig dunkel ist, sondern schwach beleuchtet erscheint. Das ist der Widerschein der von der Sonne bestrahlten Erde, die jetzt nahezu als „Vollerde" auf den Mond herniederscheint und seine Landschaften in ein geisterhaftes Licht taucht. Bei günstigen Umständen sind in diesem Erdschein auf dem Monde eine ganze Menge Einzelheiten der Mondoberfläche zu erfassen.

Erstes Viertel: Etwa 7 Tage nach Neumond steht der Mond bei Sonnenuntergang genau im Süden; Sonne, Mond und Erde bilden jetzt einen 90-Grad-Winkel. Nun erscheint der Mond genau zur Hälfte beleuchtet, während seine andere Hälfte (die im Fernglas gut sichtbar ist) noch im Nachtdunkel liegt. Der Beobachter stellt fest, daß an der Linie, die den Mond sozusagen halbiert, wo also Mondtag und Mondnacht sich trennen (dem sog. *Terminator*), die Einzelheiten ganz besonders plastisch hervortreten. Berge und Krater werfen lange schwarze Schatten, während Bergspitzen und Kraterwälle grellweiß aus dem Dunkel strahlen. Das bedeutet also, daß gerade um die Zeit des Halbmondes die beste Gelegenheit zu einer ersprießlichen Mondbeobachtung besteht.

Vollmond: 14 Tage nach Neumond steht der Mond der Sonne genau gegenüber, in *Opposition* zur Sonne. Jetzt geht der Mond bei Sonnenuntergang im Osten auf und bei Sonnenaufgang im Westen unter, er

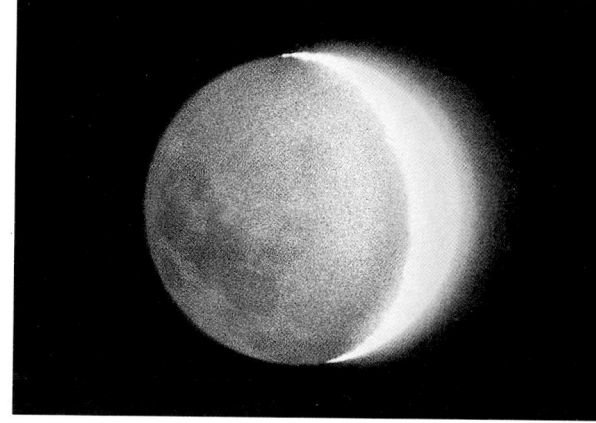

Abb. 49. Das „aschgraue" oder „sekundäre" Mondlicht ist besonders um die Zeit des sichelförmigen, zu- oder abnehmenden Mondes gut zu sehen. Dann nämlich strahlt die fast vollbeleuchtete Erde mit der 100fachen Helligkeit des Vollmondes auf die Mondlandschaften hernieder.

beherrscht also die ganze Nacht. Dem Beobachter wird auffallen, daß auf dem Vollmond außer einem Gewirr heller und dunkler Flecken und den großflächigen dunklen Maregebieten keine plastischen Eindrücke zu erhaschen sind; es gibt keinen Schattenwurf in den Mondlandschaften, sondern nur ein „flaches" Bild. Und daraus erkennt man, daß die Beobachtung des Vollmondes nur wenig bringt. Nachdem der Vollmond immer der Sonne gegenübersteht, ergeben sich auch jahreszeitlich verschiedene Beobachtungsverhältnisse. Im Winter, wenn sich die Sonne durch die tiefsten südlichen Regionen des Tierkreises bewegt, leuchtet der Vollmond 16 Stunden lang hoch vom Himmel auf die nächtliche Winterlandschaft. Im Sommer ist es umgekehrt: Jetzt steht die Sonne auf dem Gipfel ihrer Jahresbahn, während sich der Vollmond in den kurzen Sommernächten nur wenig über den südlichen Horizont erhebt. Dazu kommt, daß die Mondbahn bis zu 5 Grad gegen die Ekliptik abweicht, so daß es hier Extremstellungen mit besonders großen Mondhöhen im Winter oder außergewöhnlich tiefen Lagen im Sommer geben kann.

Letztes Viertel: Nach dem Vollmond ist die Zeit vorbei, wo man den Mond noch am Abendhimmel betrachten konnte. Jetzt geht er zu immer späterer Nachtstunde auf, bis er wieder halb beleuchtet, diesmal bei Sonnenaufgang, im Süden steht. Wie beim ersten Viertel sind die Beobachtungsbedingungen für den Fernrohrbenutzer nun wieder vorzüglich – bloß muß man entweder früh aufstehen oder spät zu Bett gehen. Die nach dem letzten Viertel von Tag zu Tag schmäler werdende Mondsichel rückt jetzt immer mehr auf die Sonne zu, so daß der Mond in diesem letzten Stadium seines Erdumlaufes (der auch als *Lunation* bezeichnet wird) sich zu einem ausgesprochenen Morgenhimmelobjekt für Frühaufsteher entwickelt. 2−3 Tage vor dem nächstfolgenden Neumond schließt sich dann der Kreis, und der Mond wird wieder für einige Tage unsichtbar.

In einer klaren Winternacht, besonders um Vollmond, erscheint der Mond so grellweiß, daß man versucht sein könnte, seine Oberfläche mit einer schneebedeckten Landschaft zu vergleichen. Während frischgefallener Schnee jedoch etwa 90 bis 95 % des auffallenden Sonnenlichtes zurückstrahlt, reflektiert der Mond im Durchschnitt nur 7 %, seine Oberfläche ist also ausgesprochen dunkel, etwa wie Basalt. Wäre der Mond wirklich so hell wie Schnee, dann müßte in Vollmondnächten nahezu Tageslicht herrschen! Daß der Mond tatsächlich ein recht finsterer Brocken ist, kann man jederzeit feststellen, wenn der Mond (etwa um die Zeit des ersten Viertels) am Taghimmel sichtbar ist. Ist der Himmel nicht zu sehr von Dunst erhellt, sondern hinreichend blau, dann fassen wir eine in der Nähe des Mondes stehende weiße Wolke ins Auge, und sofort wird der Kontrast zwischen der tatsächlich weiß erscheinenden

Wolke und dem daneben fast bräunlich aussehenden Mond mit aller Deutlichkeit erkennbar! Als Bruderplanet der Erde ist der Mond der nächstbenachbarte Himmelskörper; seine Entfernung beträgt rund das 30fache des Erddurchmessers, also annähernd 400 000 Kilometer oder 1,3 Lichtsekunden. Seit der ersten Mondumkreisung im Jahre 1968 ist diese Strecke mehrmals von Astronauten bewältigt worden. Der Mond ist bisher die einzige außerirdische Welt, die von Menschen erreicht und betreten werden konnte. Die Zeit der Mondforschung von der Erde aus, wo einzelne

Abb. 50. Beispiel einer Übersichts-Mondkarte zur ersten Orientierung bei der Feldstecher- und Fernrohrbeobachtung. Hier handelt es sich um die Verkleinerung einer Mondkarte, die in der Kuppel der Volkssternwarte München angebracht ist und vor 20 Jahren von der ESSO sozusagen als Werbung verschenkt worden ist.

Beobachter in lebenslanger Arbeit am Fernrohr Mondkarten bis zum letzten noch sichtbaren Detail geschaffen haben, ist längst vorüber. Im Zeitalter der Raumfahrt ist die Mondbeobachtung nahezu völlig zu einer Domäne des Sternfreundes geworden, die aber nach wie vor ein lohnender Zeitvertreib geblieben ist. Im Fernrohr Mondlandschaften zu betrachten ist immer wieder unvergleichliche Augenfreude. Strahlendes Licht erfüllt Ebenen und Bergzüge überall dort, wo Sonnenschein einfällt. Daneben aber breiten die Schatten eine Dunkelheit hin, die nicht minder fasziniert. Fernrohr-„Spaziergänge" auf dem Mond werden allerdings erst dann zu einem vollen Genuß, wenn man sich in den verschiedenartigen Landschaften ein wenig zurechtfindet und die wichtigsten Formationen der Mondoberfläche kennt. Grundlage dazu bietet eine Übersichts-Mondkarte, wie sie heute vielfach angeboten werden; sie enthalten so ziemlich alle Einzelheiten, die mit kleinen Fernrohren gesehen werden können. Fortlaufend mit der zunehmenden Mondphase erfolgt hier eine kurze Beschreibung der wichtigsten Landschaften und Formationen, die der Beobachter mittels einer Mondkarte suchen und vergleichen kann. Entsprechend dem Bild im umkehrenden astronomischen Fernrohr sind die Einzelheiten von unten (Norden) nach oben (Süden) aufgezählt.

2 Tage nach Neumond: westlichster Teil des Mare Crisium, Ringgebirge Gauß, Legendre und Adams (Südwestquadrant).

3 Tage nach Neumond: Endymion, Messala, Cleomedes, Mare Crisium, Langrenus, Vendelinus, Petavius, Furnerius.

4 Tage nach Neumond: Atlas, Macrobius, Mare Foecunditatis, Goclenius, Golombo, Santbech.

5 Tage nach Neumond: Lacus Mortis, Lacus Somniorum, Posidonius, Vitruvius, Mare Tranquillitatis, Mare Nectaris, Fracastor, Piccolomini, Janssen, Hommel.

6 Tage nach Neumond: Ringgebirge Aristoteles, Eudoxus, Mare Serenitatis, Theophilus, Cyrillus und Katharina, drei zusammenhängende große Ringgebirge. Der Wall von Theophilus dringt in Cyrillus ein.

7 Tage nach Neumond (Erstes Viertel): Kaukasus-Gebirge, Nordteil der Apenninen, Ringgebirge Hipparchus.

8 Tage nach Neumond: Mondalpen mit dem scharfen Einschnitt, Alpental genannt. Die Ringgebirge Cassini, Aristillus und Archimedes, nahe beieinander am Westteil des Mare Imbrium aufragend, die Apenninen, schroff zerklüftet mit gleißend hellen Flecken. Nach Süden eine Reihe der größten Wallebenen des Mondes wie Ptolemäus, Alphonsus, Arzachel, Purbach, Regiomontanus, Walter und Maginus. Ganz im Süden löst sich Clavius aus der Mondnacht mit seiner charakteristischen Kraterreihe im Inneren. Zwischen Arzachel und Purbach liegt das Randgebirge

Abb. 51. Die Zeit um den Halbmond, also erstes oder letztes Viertel, ist zur Mondbeobachtung am besten geeignet. Plastisch erscheinen dann die Gebirgs- und Kraterformationen an der Schattengrenze. Gemäß dem Anblick im astronomischen Fernrohr ist Süden oben und Norden unten.

Thebis, östlich (rechts) davon die sog. Lange Wand oder das „Schwert im Monde", ein fast in nordsüdlicher Richtung sich hinziehender geradliniger Wall.

9 Tage nach Neumond: Das Oval der Wallebene Plato erscheint einem steilrandigen Teller gleichend. Das Kratergebirge Timocharis isoliert im Mare Imbrium und das Ringgebirge Eratosthenes mit Zentralberg am Nordausläufer der Apenninen werden sichtbar, östlich davon beginnt schon das mächtige Ringgebirge Kopernikus aufzutauchen. Hoch im Süden ist jetzt Clavius vollständig erkennbar.

10 Tage nach Neumond: Im nordöstlichen Teil des Mare Imbrium und des schon sichtbar werdenden Sinus Iridum taucht die sich hell abhebende Spitze des Kap Laplace auf. Wenn die Lichtgrenze gerade so weit vorgerückt ist, daß die Jura-Höhen im Sonnenlicht erstrahlen, der Sinus Iridum aber noch im Dunkel liegt, ragt der Bogen wie ein

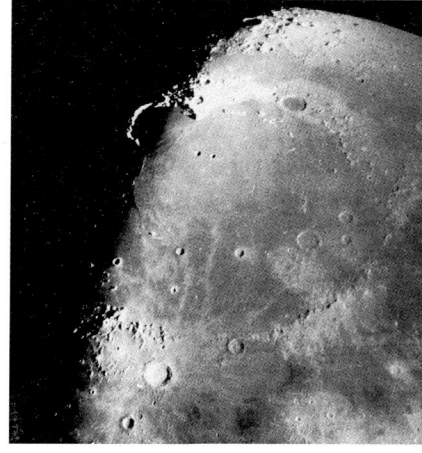

Abb. 52. 10 Tage nach Neumond, wenn das Jura-Gebirge im Sonnenlicht erstrahlt, die weite Ebene des Sinus Iridum aber noch im Dunkel liegt, ragt der Gebirgsbogen wie ein Haken über den Mondrand hinaus. Dieses als „Goldener Henkel" bezeichnete Phänomen kann schon im Feldstecher gut beobachtet werden, dementsprechend ist bei dieser Aufnahme Norden oben und Süden unten.

87

Haken über den Mondrand hinaus. Man kann dieses Phänomen schon im Feldstecher gut erkennen. Kopernikus ist jetzt vollständig beleuchtet. Unterhalb von Kopernikus die stark zergliederten Karpathen.
11 Tage nach Neumond: Der helle Bogen des Sinus Iridum ist jetzt vollständig sichtbar. Auf etwa dem gleichen Breitengrad wie Kopernikus erscheint das Ringgebirge Kepler, nach Süden zu erblicken wir das mit seinem nördlichen Teil im Oceanus Procellarum versunkene große, aber nicht sehr auffallende Ringgebirge Letronne. Südlich davon (also darüber) das sehr ausgeprägte Ringgebirge Gassendi am nördlichen Bogen des Mare Humorum. Nördlich des Clavius wird der durch sein Strahlensystem sehr auffallende Krater Tycho sichtbar.
12 Tage nach Neumond: Das später bei Vollmond auffallend hellglänzende Ringgebirge Aristarch mit Herodot und der tiefen, gezackten Herodotrille (auch Schröter-Tal genannt) sind jetzt sichtbar. Nahe beim Mondrande im Südosten das große Ringgebirge Schickard. Nordöstlich und fast in Berührung die „gefüllte Wanne" Wargentin, eines der merkwürdigsten Mondgebilde. Es gleicht einer elliptischen Platte mit steil abfallendem Rande, ist also gewissermaßen das Negativ eines Ringgebirges. Das Strahlensystem des Kraters Tycho ist jetzt in voller Ausdehnung zu sehen.
13 Tage nach Neumond: Wargentin ist nun hinreichend von der Lichtgrenze entfernt, um bei genügender Vergrößerung (etwa 100fach) gut sichtbar zu sein. In unmittelbarer Nähe des Mondäquators, an der Lichtgrenze, die Ringgebirge Cavalerius, Hevelius, Grimaldi und, dicht daneben, Ricciloi.
14 Tage nach Neumond (Vollmond): Das bemerkenswerteste am Vollmond sind die jetzt deutlich hervortretenden hellen Strahlensysteme um Tycho, Kopernikus und Kepler, die am besten bei schwacher Vergrößerung und Verwendung eines lichtdämpfenden Mondglases zur Geltung kommen.
Nach Vollmond taucht im Westen die Schattengrenze wieder auf, und es werden die gleichen Objekte in gleicher Reihenfolge, jedoch in „Abendbeleuchtung", in der Nähe der Schattengrenze erkennbar. Die Lichtbzw. Schattengrenze wandert täglich um 12,2 Grad auf der Mondkugel dahin. Um also die in der Nähe der Lichtgrenze befindlichen und somit gut sichtbaren Objekte für die Tage nach Neumond zu bekommen, braucht man in obiger Reihenfolge nur 15 Tage zu der jeweiligen Zeitangabe hinzuzuzählen. So ist z. B. 9 Tage nach Neumond für die Beobachtung gleichbedeutend mit 24 Tagen nach Neumond. Die am 9. Mondtag (9 Tage nach Neumond) sichtbar werdende Wallebene Plato beginnt am 24. Tage nach Neumond wieder im Dunkel der Mondnacht zu verschwinden!

Abb. 53. Bei Vollmond ist die uns zugewandte Mondseite absolut von Licht überflutet, so daß kaum Schattenwurf an Kratern und Gebirgen entsteht. Nur die Mare zeigen sich dann als große dunkle Flächen, während die höherliegenden Mondgebiete ein unübersehbares Gewirr heller und dunkler Flecken darstellen.

Wenn der Mond Sterne bedeckt

Bei seiner monatlichen Wanderung rund um den Himmel deckt der Mond natürlich laufend Sterne zu, soweit es sich um schwache und schwächste Sterne handelt. In den astronomischen Jahrbüchern sind demzufolge nur „Sternbedeckungen durch den Mond" angegeben, die Sterne bis zur etwa 7. Größenklasse betreffen – das sind immerhin runde 100 beobachtbare Sternbedeckungen im Jahr! Nachdem freilich die Helligkeit des Mondes enorm blendet – vor allem, wenn die Bedeckung in der Nähe der Vollmondphase stattfindet –, sind mit unseren kleinen Fernrohren Sterne der 6. oder 7. Größe so unmittelbar neben dem Mond nur noch schwer zu erfassen.

Nun kommt es aber auch immer wieder vor, daß helle Sterne oder gar Planeten vom Mond bedeckt werden. Vor allem ekliptiknahe Fixsterne wie Aldebaran im Stier, Regulus im Löwen oder Spika in der Jungfrau sind davon fast jedes Jahr einmal betroffen. Das ist dann für den Sternfreund schon ein Erlebnis, die Bedeckung eines solchen Sternes 1. Größe durch den Mond beobachten zu können. Findet das Ereignis bei zunehmendem Mond statt, wird der Stern von dem noch dunklen Teil des Mondes bedeckt. Dann kann man am Fernrohr verfolgen, wie sich der Mond langsam an den Stern heranschiebt – und plötzlich ist er verschwunden. Das geht so schnell, daß dem überraschten Beobachter die Luft wegbleibt! Der Mond hat ja keine Atmosphäre, die den Stern am Mondrand trüben oder schwächen könnte. Zieht der Mond zentral über den Stern hinweg, taucht dieser nach etwa einer Stunde auf der anderen Mondseite wieder auf. Natürlich ebenso blitzartig! Steht also die Bedeckung eines hellen Sternes durch den Mond auf dem Programm, dann sollte sich der Sternfreund diesen Beobachtungsgenuß nicht entgehen lassen. Man verwende dabei eine möglichst schwache Vergrößerung am Fernrohr, um den Mond in ganzer Größe im Gesichtsfeld zu haben.

Versierte Amateurastronomen versuchen bei Sternbedeckungen, mittels Stoppuhr oder Zeitschreiber den Zeitpunkt des Verschwindens und Wiederauftauchens des Sterns möglichst genau zu erfassen. Die Beobachtungsgenauigkeit sollte dabei im Bereich einer Zehntelsekunde liegen, ebenso müssen zur Auswertung die geographischen Koordinaten des Beobachtungsplatzes bekannt sein. Solche Beobachtungen sind geeignet, unsere Kenntnisse über die Mondbahn zu verfeinern und haben deshalb auch heute noch einen nicht unerheblichen wissenschaftlichen Wert.

Merkur

Nach einer wohl mehr legendären Darstellung soll Kopernikus noch auf seinem Sterbebett bedauert haben, daß er nie in seinem Leben den Merkur gesehen hatte. Für einen Menschen, der sich so sehr für die Sterne interessierte, klingt das recht unwahrscheinlich. Zugegeben, Merkur ist in unseren Breiten ein schwieriges Objekt. Aber wer bewußt nach ihm Ausschau hält, wird ihn kaum übersehen können. Es gibt immer wieder, vor allem in den Frühjahrsmonaten am Abendhimmel oder am Morgenhimmel im Spätsommer und Herbst, Sichtbarkeitsperioden, wo der Planet mit überraschender Deutlichkeit erfaßt werden kann. In solchen Situationen erreicht Merkur zu Zeiten der Elongation eine Helligkeit, die fast an Sirius herankommt, während die Dauer der

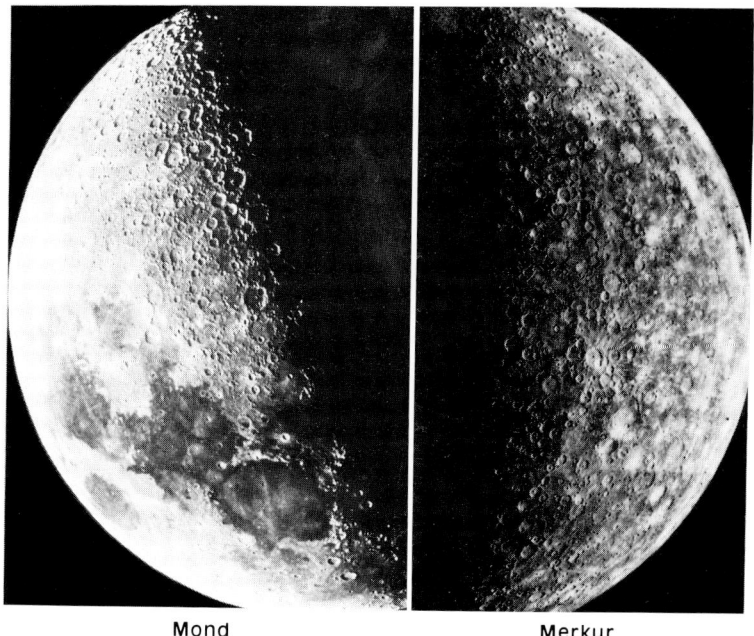

Mond   Merkur

Abb. 54. Auf den ersten Blick kaum zu unterscheiden sind die altvertrauten Kraterlandschaften unseres Mondes und die ebenso kraterbedeckte Oberfläche Merkurs, deren Bild durch Raumsonden übermittelt werden kann.

Sichtbarkeit bis zu einer guten Stunde anhalten kann. Nachteilig ist eben nur, daß sich dieses Geschehen weitgehend am dämmrigen Abend- oder Morgenhimmel abspielt, weil bei Merkur stets die Sonne in nachbarlicher Nähe bleibt.

Seine rasche Umlaufzeit von nur 88 Tagen läßt die Verhältnisse auf diesem sonnennächsten Planeten erahnen. Auf der sonnenbeschienenen Seite eine Temperatur, die Blei ständig flüssig halten würde, und kaum Spuren einer Atmosphäre, so daß solche Zustände lebhaft an den Mond erinnern. Tatsächlich hat die Raumfahrttechnik gezeigt, daß Merkur, mit rund 5000 Kilometer Durchmesser erheblich kleiner als die Erde, eine unserem Mond sehr ähnliche Oberflächenbeschaffenheit aufweist. Legt man eine Mondaufnahme und ein Raumsondenbild des Merkur nebeneinander, dann hat man im ersten Augenblick Schwierigkeiten, beide voneinander zu unterscheiden. Wie unser Mond ist auch Merkur von Tausenden von Kratern und ringähnlichen Gebirgen übersät. Daß diese Tatsache erst im Raumfahrtzeitalter bekannt wurde, läßt erkennen, wie wenig die Fernrohrbeobachtung von der Erde aus über diesen Planeten auszusagen vermochte.

Mit unseren kleinen Amateurfernrohren werden wir also mit höchster Bescheidenheit an Merkur herangehen müssen. Zu Zeiten der größten östlichen oder westlichen Elongation erreicht die Planetenscheibe einen scheinbaren Durchmesser von 6–10 Bogensekunden, so daß man sich bei der Beobachtung damit begnügen muß, ab etwa 80 bis 100facher Vergrößerung die cremefarbige Halbscheibe oder Sichelform des Planeten zu erkennen. Oberflächeneinzelheiten sind mit unseren kleinen Fernrohren kaum zu erwarten, erst Instrumente ab 5 bis 6 Zoll Öffnung lassen bei mindestens 150facher Vergrößerung dunkle Schattierungen erkennen, die so ortsfest sind, daß verschiedene Beobachter nach ihren Fernrohraufzeichnungen regelrechte Karten der bis dahin bekannten Merkuroberfläche angefertigt haben.

Aus diesen Beobachtungen ist für Merkur eine gebundene Rotation abgeleitet worden, wobei der Planet immer die gleiche Seite der Sonne zuwenden sollte, ebenso wie auch unser Mond eine solche gebundene Rotation besitzt und den Bewohnern der Erde stets das gleiche Gesicht zeigt. Moderne Radarmessungen haben jedoch inzwischen bewiesen, daß die Rotationszeit des Merkur 58 Tage oder ⅔ seiner Umlaufzeit beträgt. Das bedeutet also, daß jeder Punkt auf dem Merkur 176 Tage oder zwei Merkurjahre von der glühendheißen Sonne beschienen wird!

Venus

Ganz besonders bescheiden muß der Beobachter sein, wenn er an der Venus Oberflächendetails sehen möchte. Dieser mit 12 110 Kilometern Durchmesser fast erdgroße Planet ist nämlich vollständig von einer dichten und für Fernrohre undurchdringlichen Wolkenhülle umgeben. Dennoch ist Venus für kleine Fernrohre ein dankbares Objekt, weil das Fehlen von Details zumindest von einer scheinbaren Winkelgröße ausgeglichen wird, wie sie kein anderer Planet aufzuweisen hat. Zu Zeiten der östlichen Elongation (Abendstern) oder westlichen Elongation (Morgenstern) erreicht die Halbscheibe des Planeten einen scheinbaren Durchmesser von mehr als 20 Bogensekunden, so daß die halbmondförmige Gestalt bereits ab 30facher Vergrößerung deutlich erkennbar wird. Zu Zeiten unmittelbar vor oder nach der unteren Konjunktion erscheint die dann sichelförmige Venus unter einem Winkel bis zu 50 Bogensekunden, so daß schon ein fest montierter 10fach vergrößernder Feldstecher diese Sichelgestalt zeigt. Zur Zeit der unteren Konjunktion, wenn die Venus sozusagen zwischen Erde und Sonne steht, nähert sie sich uns bis auf 40

Abb. 55 (links). Die Halbmond- oder Sichelgestalt der Venus im kleinen Fernrohr bei 30- bis 40facher Vergrößerung.

Abb. 56 (rechts). Das Bild der Venus in einem mittleren Amateur-Fernrohr, mit den oft hellen übergreifenden „Hörnerspitzen", die durch Dämmerungseffekte in der Venusatmosphäre hervorgerufen werden.

 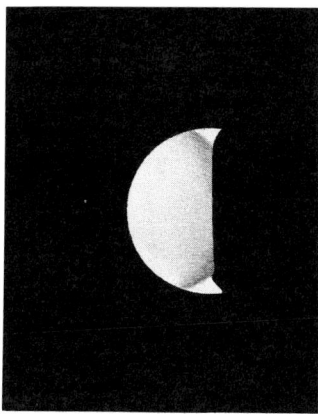

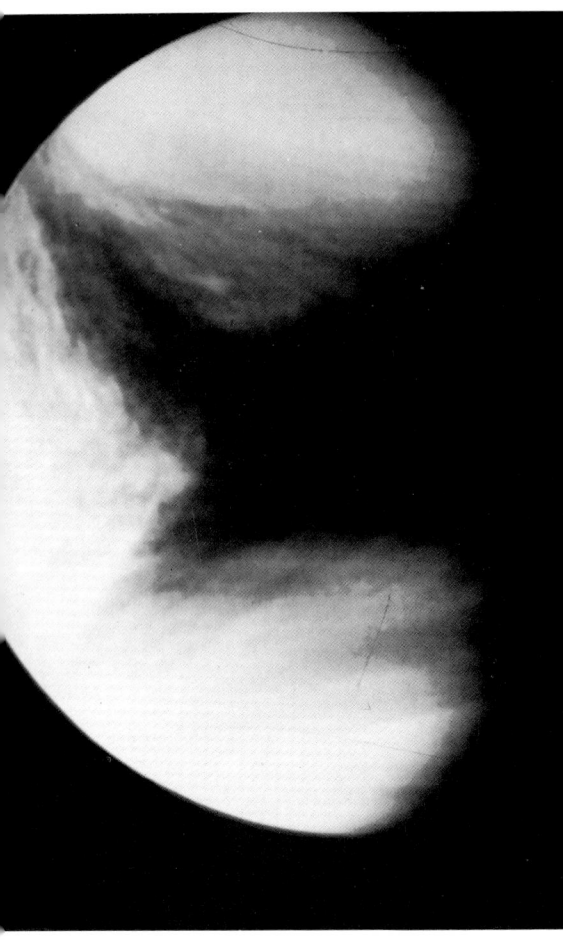

Abb. 57. Nahaufnahme der Venus durch die Raumsonde Mariner 10 aus dem Jahre 1974. Deutlich sind die verschiedenen Schichtungen und turbulenten Strömungen in der Venusatmosphäre erkennbar.

Millionen Kilometer und ist somit der Planet, welcher der Erde am nächsten kommen kann. Die Sichtbarkeitsdauer der Venus kann zur Zeit der Elongationen, also des größten seitlichen Abstandes von der Sonne (bis zu 48 Grad) nahe an 4 Stunden anwachsen, so daß zur Beobachtung nach Sonnenuntergang oder vor Sonnenaufgang genug Zeit zur Verfügung steht. Die Helligkeit liegt durchwegs bei Minus-Größen und kann im größten Glanz bis auf $-4^{m}\!,3$ ansteigen – nach Sonne und Mond das hellste Gestirn! Ein Objekt also, das wahrhaft nicht zu übersehen ist.

Der Fernrohranblick der schneeweiß glänzenden, an ihrem runden Kugelhorizont scharf geschnittenen und an der Lichtgrenze etwas verwaschenen Venushalbscheibe ist immer wieder ein Bild von besonderem Reiz. Venus erscheint im Teleskop so hell, daß ein schwaches Blendglas durchaus empfehlenswert ist, vor allem, wenn nach Einbruch völliger Dunkelheit beobachtet wird. So kann es nicht schaden, den hellen Planeten am Abendhimmel schon in der Dämmerungszeit einzustellen, zumal er dann auch noch höher am Himmel steht und ein ruhigeres Bild zu erwarten ist. Ab etwa 100facher Vergrößerung und wenn die Venus exakt als Halbscheibe erscheint (Dichotomie), wird der aufmerksame Beobachter den unzweifelhaften Eindruck haben, daß die beiden Sichelenden an den „Polen" etwas über die Mitte der Scheibenhalbierung hinausragen. Hier wird die lichtstreuende Wirkung der Venusatmosphäre erkennbar, die das auftreffende Sonnenlicht über die Scheibenhälfte hinausgreifen läßt. Oft erscheinen die beiden „Polgebiete" auch heller als die Mitte der Scheibe, was jedoch auf einen beobachtungsphysiologischen Effekt zurückzuführen ist, ebenso wie mitunter an kleineren Fernrohren auf der Venusscheibe erkennbare streifen- und bänderartige dunkle Schattierungen. In großen Instrumenten erscheint die „Venusoberfläche" wie eine geschlossene Wolkendecke aus großer Höhe, was den tatsächlichen Verhältnissen am nächsten kommt. Nachdem eine Rotationsbestimmung für die Venus mangels sichtbaren Oberflächendetails am Fernrohr nicht möglich war – nicht einmal die Achslage des Planeten konnte festgestellt werden –, hat auch hier erst die Radartechnik in jüngster Zeit bessere Einblicke erlaubt. Demnach rotiert die Venus in 243 Tagen einmal um sich selbst, so daß man fast von einer gebundenen Rotation sprechen kann, da die Umlaufzeit um die Sonne 225 Tage beträgt. Die Ergebnisse amerikanischer und sowjetischer Venussonden, die die Wolkendecke durchstoßen haben und bis zur Oberfläche vorgedrungen sind, lassen eine für Menschen wenig einladende Stätte erkennen. Infolge der stark kohlendioxidhaltigen Lufthülle herrscht dort eine Treibhaustemperatur nahe 500 Grad Celsius; an der Oberfläche ist die Atmosphäre so dicht, daß ein menschliches Wesen zur Unkenntlichkeit zerquetscht werden würde, während ein schwefelsäurehaltiger Regen auf die glutheiße Steinwüste herniederrieselt. Oh du holder Abendstern!

Mars

Kälter und kleiner als die Erde ist Mars, der Planet, angesichts dessen sich die Menschen lange Zeit gefragt haben, ob sie allein im All sind. Nun, der Traum von möglichem Leben auf dem Mars ist längst ausgeträumt. Schon in den 20er Jahren unseres Jahrhunderts wurde offenkundig, daß die Verhältnisse auf diesem Nachbarplaneten für höheres organisches Leben kaum geeignet erscheinen. Und auch die letzten Hoffnungen, dort wenigstens einfache Lebensformen anzutreffen, sind durch die Ergebnisse der Raumfahrtforschung endgültig zunichte gemacht worden.

Schon allein die größere Entfernung des Mars von der Sonne läßt dort erheblich kühlere Temperaturen als auf der Erde erwarten, während die vorhandene Atmosphäre fast keinen Sauerstoff enthält und so dünn ist, daß künftige Mars-Astronauten (oder Kosmonauten) ebenso wie auf dem Mond einen Raumanzug tragen müssen. Und die einstmals mit einem Netz von „Kanälen" überzogen erscheinenden Marslandschaften sind von den Fernsehaugen der Marssonden als bizarre Gebirgs- und Kraterlandschaften, als öde Wüsten, völlig unirdisch wirkende Täler und gigantische Schluchten enttarnt worden. Kaum ein Planet hat die irdischen Fernrohrbeobachter mehr zu täuschen vermocht als gerade der Mars. Wenn man die von Planetenbeobachtern früherer Zeiten am Teleskop erarbeiteten Marskarten mit den heutigen Ergebnissen der Marssonden vergleicht, dann muß man sich fragen, was ihnen dieser Planet eigentlich am Fernrohrokular vorgegaukelt hat. Hier wird deutlich, wie schwierig es eben ist, einem im Fernrohr sichtbaren Planetenscheibchen erkennbare Einzelheiten abzuringen.

Zumal gerade bei Mars der scheinbare Durchmesser des im Fernrohr sichtbaren Scheibchens ganz erheblich schwankt. Die Marsbahn weicht so stark von der Kreisform ab, daß die Entfernung des Mars von der Sonne zwischen 205 und 250 Millionen Kilometer variiert. Dementsprechend ist auch die Entfernung zu der auf einer fast kreisförmigen Ellipse laufenden Erde bei den einzelnen Marsoppositionen recht unterschiedlich. In günstigen Fällen schrumpft der Abstand Erde – Mars bis auf 55 Millionen Kilometer – dann hat das von uns aus sichtbare Marsscheibchen einen scheinbaren Durchmesser von 25 Bogensekunden. Solche „nahen" Oppositionen, die im Sommer (August/September) des betreffenden Jahres stattfinden, nennt man Perihel-Oppositionen, weil sich Mars dann im sonnennächsten Punkt seiner Bahn, dem *Perihel*, befindet. Marsoppositionen aber, bei denen der Planet im *Aphel*, also im sonnenfernsten Punkt seiner Bahn steht, lassen dann ein nur 14 Bogensekunden kleines Marsscheibchen erkennen, weil in diesem Falle zwischen Erde und Mars runde 100 Millionen Kilometer klaffen. Ausgeglichen wird dieser Nachteil allenfalls dadurch, daß sich solche Aphel-Oppositionen im Winter (Januar/Februar) ereignen, wo der Planet hoch im Tierkreis steht und somit bessere Beobachtungsbedingungen zu erwarten sind. Natürlich gehen solche Entfernungsunterschiede Hand in Hand mit starken Helligkeitsschwankungen. In Perihel-Oppositionen leuchtet Mars wie eine Fackel vom Himmel und erreicht bis -3^m, so daß er schon beinahe mit der strahlenden Venus konkurriert, während bei Aphel-Oppositionen die Marshelligkeit auf -2^m kommt, so daß er es immerhin noch mit Jupiter

aufnehmen kann. Seine
leuchtende rote Farbe, die
ihm ja auch die Bezeich-
nung „roter Planet" einge-
bracht hat, macht ihn so-
wieso zu einem auffallen-
den und unübersehbaren
Objekt. Diese Rotfärbung
ist auf eine entsprechende
Rückstrahlung des Mars-
Oberflächenmaterials zu-
rückzuführen.

Von der reichen Oberflä-
chenstruktur, die Mars in
größeren Fernrohren er-
kennen läßt, sind die markantesten Einzelheiten
schon mit verhältnismäßig
einfachen optischen Mit-
teln zu sehen. Wenngleich
freilich der Beobachter an
einem kleinen Fernrohr
sich bei der Marsbetrach-
tung in Genügsamkeit
üben muß. Zunächst wird
der erste Anblick an ei-
nem 60-mm-Rohr bei 80-
bis 100facher Vergröße-
rung nicht viel mehr zei-

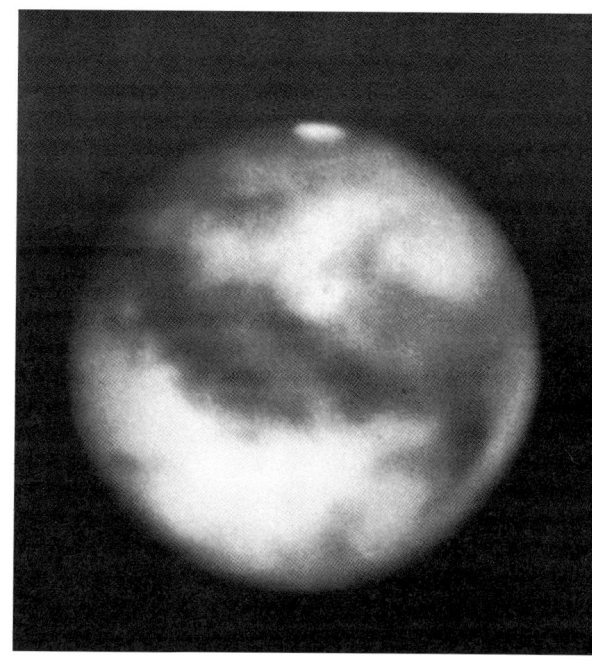

Abb. 59. Das detailreiche Bild des
Mars im Großteleskop einer Fachsternwarte.

Abb. 60. Mars im Zeitalter der Raumfahrt: Aufnahme der Oberfläche des Planeten von der amerikanischen Mars-Landesonde Viking I aus dem Jahre 1976. Links im Bild der Greifarm der Sonde, mit welchem Bodenproben an Bord des Raumfahrzeuges geholt wurden.

gen als eine orangefarbige Scheibe. Ist die Luftunruhe nicht zu groß und der Planet etwa 18 bis 20 Bogensekunden im Durchmesser, so wird man eine der beiden Polkappen (bei einer Periheloposition die südliche) als weißen Flecken erkennen. Je nach Größe und Ausdehnung dieses Gebildes der Polarzone des Mars wird die Kalotte weniger gut zu sehen sein oder blendend weiß, fast sternartig aufleuchtend. Der Kontrast des weißen Polflecks gegen die orangefarbige, oft goldrote Scheibe des Planeten ist für den Beobachter immer ein faszinierendes Erlebnis.
Nach einiger Übung und Empfänglichkeit des Auges wird die Planetenscheibe nicht mehr eintönig erscheinen, sondern Flecken und Streifen, hellere und dunkle Gebiete zeigen. Es gibt auf Mars einige großflächige Landschaftsformen, die sich ausgesprochen dunkel, ja mitunter nahezu grauschwarz von der hellroten Marsscheibe abheben. Da ist vor allem die „Große Syrte" in der Äquatorgegend des Planeten zu nennen, die als langgestrecktes spitz zulaufendes Dreieck ein beachtliches Areal der im Fernrohr sichtbaren Planetenfläche beherrscht. Instrumente über 2 Zoll Öffnung, also Fernrohre mit 80 oder 100 mm Öffnung, werden schon eine erheblich größere Ausbeute an Einzelheiten ergeben. Gerade mit dem 4-Zöller sind von geübten Beobachtern in früheren Jahren schon sehr

detailreiche Marskarten erarbeitet worden. Vor allem wird der Beobachter dann auch die Möglichkeit haben, mittels markanter Marsdetails die Rotation des Planeten zu erkennen. Dies kann allerdings nicht sozusagen von heute auf morgen geschehen. Mars dreht sich nämlich nur etwa 40 Minuten langsamer um seine Achse als die Erde, so daß der Beobachter, wenn er täglich das Fernrohr zur gleichen Zeit zum Mars richtet, nur eine geringfügige Verschiebung feststellen kann. Es wird schon einige Tage dauern, bis die Veränderung auffällt. Man kann die Sichtbarkeit der Marsrotation freilich beschleunigen, wenn man in einer oppositionsnahen Nacht im Abstand von fünf oder sechs Stunden zum Mars schaut – dann sieht der Beobachter sofort, wie sich die Einzelheiten zum Westrand des Planeten verschoben haben. Bleibt schließlich noch die Frage, wie es mit der Beobachtung der beiden Marsmonde bestellt ist. Hier muß der Sternfreund mit den ihm zur Verfügung stehenden optischen Mitteln passen. Diese Miniaturmonde sind erst im Jahre 1877 entdeckt worden – an einem Fernrohr mit 80 cm Durchmesser!

Jupiter

Mit 11 Erddurchmessern ist Jupiter der größte Planet im Sonnensystem. Seine Umlaufzeit um die Sonne beträgt fast 12 Erdenjahre, so daß der Planet von Jahr zu Jahr bei jeder Opposition in das nächste Tierkreissternbild wechselt. Trotz der mit rund 700 Millionen Kilometer schon recht großen Entfernung von der Erde bietet Jupiter infolge seiner Größe schon im kleinen Fernrohr eine deutliche Scheibe. Bereits ein 10fach vergrößernder Feldstecher läßt Jupiter als winziges Scheibchen erkennen. Freilich sollte zu solchen Beobachtungen das Fernglas auf einem Stativ fest aufgestellt sein. Der scheinbare Durchmesser der Jupiterscheibe steigt bei der Opposition bis auf über 40 Bogensekunden an, von Pol zu Pol bemessen, am Äquator werden es sogar 45 Bogensekunden. Auch die Leuchtkraft des Planetenriesen ist enorm. Zur Zeit seiner Opposition erreicht Jupiter die Helligkeit von -2^m, so daß er als strahlendes Gestirn wohl kaum übersehen werden kann.
Die an Details reiche und in ihrer feineren Struktur rasch veränderliche Atmosphäre des Planetenriesen verrät ihre gröbere Gestaltung schon ab

40facher Vergrößerung. Dominierend sind zwei dunkle, beiderseits des Äquators angeordnete Streifen, das nördliche und das südliche Äquatorialband (NEB und SEB). Und schon beim ersten Blick ist unübersehbar, daß der Planet nicht exakt rund erscheint, sondern an den Polen eine deutliche Abplattung erkennen läßt. Nachdem die gewaltige Riesenkugel bereits in knapp 10 Stunden eine volle Rotation hinter sich bringt, ist Jupiter von Pol zu Pol um ¹⁄₁₆ kleiner als am Äquator.

Besonders faszinierend und schon im ruhig aufgestellten Feldstecher

sichtbar sind die vier großen, bereits von Galilei entdeckten Jupitermonde. Jeden Abend erscheinen sie in einer anderen Formation. Manchmal schön verteilt je zwei auf beiden Seiten der Planetenscheibe, manchmal aber auch alle vier auf einer Seite versammelt. Vor allem der dem Jupiter nächststehende Mond hat es so eilig, daß man seine Ortsveränderung schon im Verlauf einer Stunde erkennen kann. Hier hat der Beobachter wahrhaft die Möglichkeit, direkt in das wechselvolle Spiel eines planetarischen Weltsystems hineinzuschauen!

Abb. 61. Jupiter im kleinen Fernrohr bei etwa 30- bis 40facher Vergrößerung.

Wer außer den beiden Hauptwolkenbändern und dem Spiel der vier großen Monde noch weitere Einzelheiten in der Jupiteratmosphäre erkennen möchte, muß dann freilich schon zu größeren optischen Mitteln greifen. Ab etwa 10 cm Fernrohröffnung und 100facher Vergrößerung kann sich der Sternfreund damit beschäftigen, die Rotation des Planeten zu verfolgen, großflächige Veränderungen in der atmosphärischen Struktur zu erfassen und den sogenannten Großen Roten Fleck zu beobachten. Und noch etwas kommt dazu: Immer wieder wirft einer der großen Monde einen Schatten auf die atmosphärische Hülle des Planeten, so daß auf dem Jupiter sozusagen eine Sonnenfinsternis stattfindet.

Bei vier Monden und dem großen Durchmesser des Jupiter gehören dort Sonnenfinsternisse zu alltäglichen Erscheinungen. Für den Fernrohrbesitzer sind solche Schattendurchgänge immer wieder ein besonderer beobachterischer Leckerbissen. Wie mit dem Locheisen ausgeschlagen

100

erscheint dann der pechschwarze Schattenpunkt auf der hellen Planetenscheibe. Trifft jedoch der Mondschatten auf ein dunkles Gebiet der Jupiteratmosphäre, etwa direkt auf einen der dunklen Wolkenstreifen, dann kann die Beobachtung an einem kleinen Fernrohr schon schwieriger werden. Auch die Beobachtung der Monddurchgänge vor der Jupiterscheibe bietet interessante Effekte. Vor dem Hintergrund dunkler Jupiterdetails erscheinen die Monde als winzige helle Scheibchen, während sich vor hellen Partien Jupiters die Monde mitunter dunkel abheben. Nachdem die scheinbaren Winkeldurchmesser der großen Jupitermonde bei 1 bis 2 Bogensekunden liegen, gehören solche Wahrnehmungen allerdings schon in den Bereich von Fernrohren ab mindestens 10 cm (4 Zoll) optisch wirksamer Öffnung. Besitzer jener weitverbreiteten Newton-Teleskope mit 110 mm Spiegeldurchmesser und 900 mm Brennweite können sich bereits an solche Beobachtungen heranwagen und dabei die Leistungsfähigkeit ihrer Geräte prüfen!

Abb. 62. Jupiter in einem Amateurfernrohr mittlerer Größe.

Abb. 63. Jupiter im Großteleskop einer Fachsternwarte.

Abb. 64. Und so hat die amerikanische Raumsonde Voyager 1 Jupiter gesehen!

Beim Umlauf der vier großen Monde um den Jupiter treten für den irdischen Beobachter eine Reihe von zeitlich genau vorherberechenbaren Erscheinungen auf, deren Beobachtung für den Sternfreund immer wieder reizvoll ist. Die Eintrittszeiten dieser Vorgänge können astronomischen Jahrbüchern entnommen werden, in welchen gerade den Jupitermonden stets ein großer Raum gewidmet wird. Folgende Erscheinungen sind zur Beobachtung zu empfehlen:

1. Bedeckung eines Mondes durch die Jupiterscheibe. Je näher der Mond an den Jupiter herankommt, um so schwieriger wird der Vorgang zu verfolgen sein, da die große Helligkeit des Planeten blendet.

2. Der Vorübergang eines Mondes vor der Jupiterscheibe wird am deutlichsten in der Phase zu verfolgen sein, in welcher der Mond vor dem dunklen Rand des Planeten erscheint. Der Jupitermond III (Ganymed) ist groß genug, um sich schon im 80-mm-Rohr quer über die Scheibe hinweg als heller Punkt verfolgen zu lassen. Dagegen verschwindet der Mond IV (Kallisto) stets vor der Jupiterscheibe, seine Flächenhelligkeit muß also sehr gering sein.

3. Bei der Verfinsterung eines Mondes durch den Eintritt in den Schatten des Jupiter (analog einer irdischen Mondfinsternis) haben wir es mit einem Vorgang zu tun, der sich nicht plötzlich, sondern allmählich abspielt. Der Mond III zum Beispiel legt in jeder Minute 650 Kilometer seiner Umlaufbahn zurück. Da er einen Durchmesser von mehr als 5000 Kilometer hat, dauert der Eintritt in den Jupiterschatten von der ersten Berührung bis zum völligen Eintauchen in den Schatten etwa 8 Minuten – der Mond wird also für den Beobachter am Fernrohr in diesem Zeitraum langsam „verdämmern". Der gleiche Vorgang – jedoch in umgekehrter Reihenfolge – erfolgt, wenn der Mond aus dem Schatten des Planeten austritt.

4. Der Schatten eines Mondes fällt auf die Jupiterscheibe und wandert über sie hinweg.

Schließlich sei noch auf eine Erscheinung hingewiesen, die zu beobachten man nicht vergessen sollte: Wenn ein Mond hinter der Jupiterscheibe verschwindet oder in sie einwandert, scheint er manchmal am Rande zu „kleben". In diesem Augenblick läßt sich der Farbunterschied zwischen Mond und Jupiter deutlich erfassen.

Saturn

Auch Saturn ist mit seinen 10 Erddurchmessern ein Riese im Planetenreich. Er ist der letzte der sog. „klassischen" Planeten, die schon im Altertum bekannt waren, der letzte Planet, der noch ohne Einsatz optischer Mittel mit freiem Auge sichtbar ist – wenn man davon absieht, daß Uranus unter günstigen Umständen gerade an der Grenze der mit unbewaffnetem Auge noch erkennbaren Sterne steht. In nahezu 30 Erdenjahren vollendet Saturn einen Umlauf um die Sonne, so daß er schon recht gemächlich dahinwandert und sich mehr als zwei Jahre lang in einem Tierkreissternbild aufhalten kann. Seine Oppositionshelligkeit liegt im Mittel bei der 0. Größenklasse; sie schwankt um eine ganze Größenklasse, je nach Stellung seines Ringsystems. Wie alle äußeren Großplaneten ist auch Saturn eine große Gaskugel aus Wasserstoff, Ammoniak und Helium mit einem relativ kleinen verdichteten Kern, wo die Gase unter gewaltigem Druck metallisch verflüssigt werden.

Der scheinbare Winkeldurchmesser der Planetenkugel von Pol zu Pol erreicht zur Zeit der Opposition fast 20 Bogensekunden. Saturn erscheint also im Fernrohr beinahe so groß wie Mars bei einer günstigen Erdnähe.

Die Abplattung ist bei Saturn noch auffälliger als bei Jupiter, sie beträgt ein Zehntel, weil auch dieser Planetenriese in rund 10 Stunden um seine Achse rotiert. Und was die Entfernung Saturns von der Erde betrifft: Sie beträgt mit etwa 1 Milliarde Kilometer ziemlich genau 1 Lichtstunde. Hier haben wir also ein gutes Beispiel für planetarische Entfernungen, wenn sie in Lichtlaufzeiten ausgedrückt werden.

Was jedoch den Beobachter fesselt und Saturn zu einem der beliebtesten Beobachtungsobjekte macht, ist zweifellos sein Ringsystem. Die Ringe können in Oppositionsstellung des Planeten insgesamt unter einem

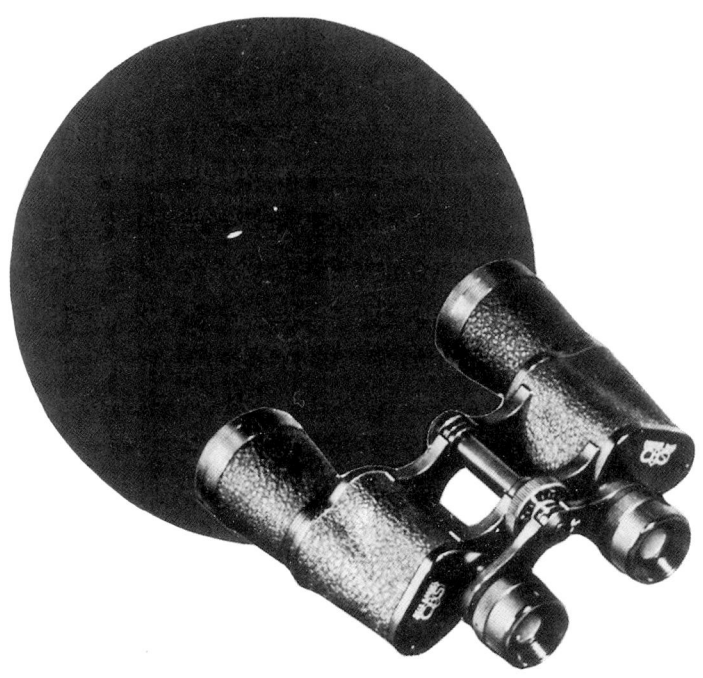

Abb. 65. Ein 10fach vergrößernder Feldstecher läßt Saturn bei großer Ringöffnung bereits als Oval und den hellsten Saturnmond Titan erkennen, wenn er weit genug entfernt vom Planeten steht.

Winkel von mehr als 40 Bogensekunden erscheinen, so daß beobachtungsmäßig etwa die gleichen Verhältnisse wie bei Jupiter herrschen. Das bedeutet, daß Saturn bei großer Ringöffnung in einem 10fachen Feldstecher länglich oder als Oval sichtbar wird, der Ring als solcher ist allerdings im Feldstecher noch nicht in seiner wahren Gestalt auszumachen. Um den Ring vollständig zu erkennen, also den Zwischenraum zwischen Ring und Saturnkugel eindeutig zu erfassen, muß als unterste Grenze eine etwa 30fache Fernrohrvergrößerung angesetzt werden. In einem 60-mm-Rohr ab rund 50facher Vergrößerung ist dieser Planet ein Anblick, der den Beobachter immer wieder gefangen nimmt. Ab 100facher Vergrößerung ist bereits zu erkennen, daß der Ring aus einem matten äußeren Ring und einem sich dicht anschließenden, hellen inneren Ring besteht. Die Trennungslinie der beiden Hauptringe, die sog. Cassinische Teilung, ist nur etwa 1 Bogensekunde breit und darum erst in Fernrohren ab mindestens 80 mm Öffnung (Drei-Zöller) bei etwa 100facher Vergröße-rung zu sehen. Dann wird man auch erkennen, daß die Südpolarkappe der Planetenkugel dunkler ist als die Äquatorialzone.

Weitere Einzelheiten auf Saturn sehen zu wollen, ist ein schwieriges Unterfangen. Man muß zufrieden sein, wenn der Drei- oder Vier-Zöller einen der dunklen Äquatorstreifen andeutet. Allerdings wird man in Fernrohren dieser Größe ein zusätzliches Phänomen beobachten kön-nen, nämlich den Schatten des Planeten auf dem Ring; und zwar vor der Opposition auf der Westseite (links im umkehrenden Fernrohr), nach der Opposition auf der Ostseite (rechts). Während der Oppositionszeit wird der Schatten unsichtbar, um ihn unter günstigen Verhältnissen zu sehen, muß man Saturn 2 bis 3 Monate vor und nach der Opposition beobachten. Dabei wird man bei einiger Aufmerksamkeit die Wahrnehmung machen, daß auch auf der „falschen" Seite ein „Schatten" sichtbar wird. Gerade um die Zeit der Opposition, zu welcher ein Schatten eigentlich kaum erkennbar sein sollte, ist das Phänomen des Schattens auf der falschen Seite sehr auffällig. Die Ursache dieser Erscheinung liegt darin, daß Saturn am Rande einen ganz außerordentlich starken Helligkeitsabfall aufweist. Er ist so stark, daß der Planetenrand vor dem hellen Ring infolge der Kontrastwirkung schwarz erscheint – und somit ein Schatten vorgetäuscht wird!

Von den Saturnmonden ist der größte und hellste, nämlich Titan (Hellig-

Abb. 66 (links). Saturn bei mittlerer Ringöffnung in einem kleinen Fernrohr bei 30- bis 40facher Vergrößerung.

Abb. 67 (rechts). Saturn in einem mittleren Amateurteleskop.

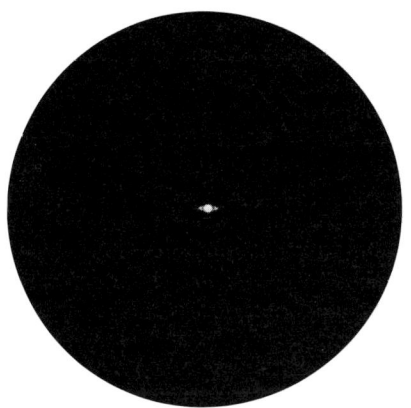

Abb. 68. Saturn in einem professionellen Großteleskop.

Abb. 69. Nahaufnahme Saturns durch Voyager 1.

keit $+8^m,3$), schon im Feldstecher zu sehen, wenn er genügend Abstand vom Saturn hat, also in Zeiten seiner größten westlichen oder östlichen Elongation. Nachdem ein Zwei-Zöller (60-mm-Rohr) einen Helligkeitsgewinn von etwa 5 Größenklassen ergibt, werden für so ein Instrument schon vier Saturnmonde erkennbar sein, und zwar die Monde Titan, Rhea ($+9^m,7$), Tethys ($+10^m,3$) und Dione ($+10^m,5$). Ein Grenzfall ist der Mond Japetus, der veränderlich ist und in seiner Helligkeit zwischen $+10^m$ und $+12^m$ schwankt – er kann also gelegentlich auch einmal im Zwei-Zöller sichtbar werden.

Wie schon mehrmals angedeutet, erscheint das Ringsystem des Saturn von der Erde aus nicht immer unter dem gleichen Neigungswinkel. Wie bereits HUYGENS im 17. Jahrhundert erkannt hatte, sind die Saturnringe gegen die Ebene der Ekliptik geneigt. Es kann also vorkommen (etwa alle 15 Jahre), daß wir von der Erde aus direkt auf die Kante des Ringes schauen. Dann erscheint Saturn ringlos. Dazwischen gibt es die beiden Extremstellungen mit einer Ringneigung bis zu 26 Grad. Dann überragen die Ringe sogar die Pole der Planetenkugel. Es ist klar, daß gerade bei möglichst voller Ringöffnung die Phänomene am Saturnring und die Cassiniteilung am besten zu beobachten sind. Ebenso wie dann auch die Helligkeit Saturns am größten erscheint!

Abb. 70. Die Saturnringe sind um 26 Grad gegen die Ekliptik geneigt. Der Beobachter auf der Erde sieht also die Ringe während eines 30jährigen Saturnumlaufes um die Sonne 2mal von der Kante, 2 mal in voller Öffnung von oben und von unten und während der Zwischenzeiten in halber bis schmaler Öffnung.

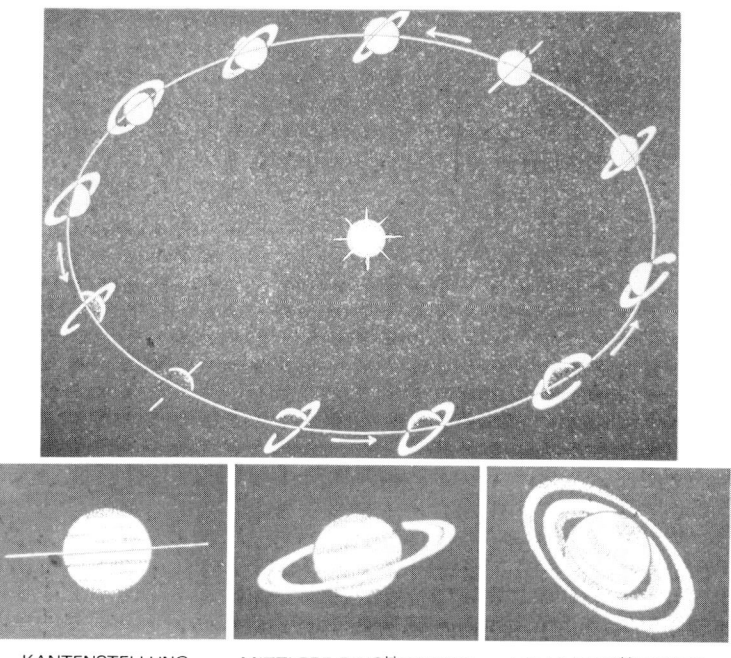

KANTENSTELLUNG   MITTLERE RINGÖFFNUNG   VOLLE RINGÖFFNUNG

Die Planeten Uranus, Neptun und Pluto

Besitzer kleiner Fernrohre müssen bei der Beobachtung dieser sonnenfernen Wandelsterne die Erwartungen schon sehr zurückschrauben. Während Uranus zur Zeit der Opposition seine Helligkeit noch bis an die 6. Größenklasse heran steigern kann und somit bei günstigen Umständen (klare Luft, dunkler Himmel) bis in den Bereich des unbewaffneten Auges gelangt, bleibt Neptun mit einer Oppositionshelligkeit von $+7^m,5$ nur dem Feldstecher vorbehalten. Ganz zu schweigen von Pluto, der im Mittel nur noch $+15^m$ „hell" werden kann, so daß zu seiner visuellen Beobachtung schon ein Teleskop ab etwa 40 cm optisch wirksamer Öffnung nötig ist. Gegenwärtig ist Pluto zwar etwas günstiger, weil er von 1979 bis ins Jahr 2000 näher an der Sonne steht als Neptun, aber auch in diesem Falle mit rund $+14^m$ ein schwieriges Objekt darstellt. Noch weniger ermutigend sind die scheinbaren Winkelgrößen, unter denen diese fernen Planeten für uns sichtbar werden. Bei Uranus sind das nur 4 Bogensekunden, so daß er im kleinen Fernrohr ab 100facher Vergrößerung gerade eben als winziges grünlichbläuliches Scheibchen von den Fixsternen zu unterscheiden ist. Viel ist da also nicht geboten! Noch weniger bringt Neptun mit 2 Bogensekunden scheinbarer Größe; um ihn noch als Scheibchen zu erkennen, muß schon mindestens 200fach vergrößert werden. Bei Pluto schließlich können wir alle Hoffnung fahren lassen: Sein scheinbarer Durchmesser liegt bei 0,2 Bogensekunden, so daß selbst Großteleskope kaum mehr als ein sternartiges Pünktchen zeigen.

Das Aufsuchen der sonnenfernen Planeten, zumindest Uranus und Neptun, muß schon anhand der Angaben im astronomischen Jahrbuch und mittels einer geeigneten Sternkarte vorgenommen werden. Zumeist befinden sich in der Umgebung des jeweiligen Planetenortes Fixsterne, die in der Sternkarte eingetragen sind, so daß sich der Beobachter über diese „Wegweiser" an den Planeten herantasten kann. Wenn auch wie gesagt beobachtungsmäßig nicht viel zu erwarten ist, mag es doch reizvoll sein, Planetenlicht aus den fernen Raumtiefen unseres Sonnensystems zu empfangen. Wenn man dabei noch bedenkt, daß dieses Licht schon einige Stunden „alt" ist – z. B. beim Neptun runde 8 Stunden, nämlich 4 Stunden von der Sonne bis zum Planeten und von diesem wieder zurück zur Erde noch einmal 4 Stunden –, dann erscheint die Betrachtung dieser fernen Planetenwelten möglicherweise doch nicht so ganz uninteressant! Noch interessanter sind sie freilich für die wissenschaftliche Forschung gerade in den letzten Jahren geworden. Während bei Uranus ebenfalls ein Ringsystem ähnlich dem des Saturn, nur erheblich zarter und schwächer, festgestellt werden konnte, ist bei Pluto ein Mond entdeckt worden, der ihn in etwa 6 Tagen umkreist. Wie Jupiter und Saturn sind auch Uranus und Neptun gewaltige atmosphärische Gasbälle mit mehrfachem Erddurchmesser, während dagegen Pluto mit nur 3000 Kilometer Durchmesser als ausgesprochener Zwerg in ewigem Dämmerlicht und bei Temperaturen um −200 Grad Celsius am Rande des Planetensystems dahingleitet. Ungeklärt ist noch, ob Pluto wirklich den letzten Planet des Sonnensystems darstellt. Es gibt verschiedene Indizien für einen oder sogar zwei weitere Planeten. Freilich, entdeckt sind sie bis heute noch nicht!

Sternschnuppen, Meteore und Meteoriten

Viele Menschen machen keinen Unterschied zwischen Sternschnuppen, Meteoren und Kometen. Vor allem helle Meteorerscheinungen, die aufblitzend über den nächtlichen Himmel zucken und vielleicht sogar im Sturz einen leuchtenden Schweif hinter sich herziehen, werden immer wieder als „Komet" angesprochen. Dabei ist ein Komet etwas völlig anderes und hat nur ganz bedingt mit Sternschnuppen und Meteoren zu tun.

Was wir in jeder klaren Nacht als leuchtende Striche oder helle Lichtkugeln über den Himmel sausen sehen, geradeso, als stürze ein Stern ab, sind in Wirklichkeit winzig kleine Staub- und Materialsplitter, die auf ihrer rasenden Fahrt durchs Sonnensystem mit der Erde zusammenstoßen. Wäre unsere Erde luftlos, dann würden diese Teilchen auf die Erdoberfläche stürzen und mehr oder weniger große Kraterchen hinterlassen – genauso, wie der atmosphärelose Mond neben seinen großen Ringgebirgen von unzähligen solcher winziger Einschlagspuren übersät ist. Nun ist aber unsere Erde von einem nach unten immer dichter werdenden Luftmantel umgeben, der sich diesem aus dem Weltraum einfallenden Kleinzeug wie eine Bremse entgegenstellt. Und ebenso wie eine Bremse immer heißer wird, je länger sie betätigt bleibt, um so mehr werden diese meteoritischen Teilchen durch die Reibung an der Luft aufgeheizt, bis sie schließlich hoch über uns verdampfen. Mehr noch, die sie umgebende Luft wird ebenfalls so stark erhitzt, daß letztlich der ganze Zauber in einem Lichtblitz geradezu explodiert. Und irgendwo da drunten auf der nachtdunklen Erde stockt ein Menschenkind in seinem Schritt – und wünscht sich etwas!

Der Raum zwischen den Planeten in unserem Sonnensystem ist nicht leer, sondern erfüllt von Staub und Rohstoff, der nach der Entstehung der Planeten sozusagen übriggeblieben ist. Daß es früher noch viel mehr solches Material gegeben haben muß, lassen die Mondkrater sowie die in jüngster Zeit durch die Raumfahrt auch auf anderen Monden und Planeten entdeckten Einschlagkrater erkennen. Stellenweise ist dieser interplanetarische Schutt dichter angesammelt, was dann zu einer verstärkt auftretenden Sternschnuppentätigkeit führt, wie das z. B. im August der Fall ist. Da geht es dann der Erde wie einem Radfahrer, der durch einen Mückenschwarm hindurchfährt und besonders viele Mücken an den Kopf bekommt. Die Fahrtrichtung der Erde wird dabei sogar angedeutet: Wie auf einen Autofahrer im Schneegestöber die Schneeflocken alle von vorne zuzukommen scheinen, um dann nach der Seite auseinanderzuspritzen, sieht es auch bei den Sternschnuppen so aus, als würden sie aus einem ganz bestimmten Gebiet des Himmels gewissermaßen herausströmen. So ziehen beispielsweise die August-Sternschnuppen ihre Bahnen aus dem Sternbild des Perseus heraus und werden somit Perseiden genannt, während im November das Sternbild Löwe die Hintergrundkulisse bietet, so daß dieser Sternschnuppenstrom als Leoniden bezeichnet wird. Der scheinbare Ausstrahlungspunkt am Himmel, aus dem die Sternschnuppen kommen, trägt im Fachjargon die Bezeichnung *Radiant*. Insgesamt gibt es fast zwei Dutzend periodischer Meteorströme, die immer wieder zu bestimmten Zeiten für lebhafte Sternschnuppenaktivität sorgen, während die dazwischen auftretenden, unregelmäßigen Erscheinungen als sporadische Sternschnuppen gelten.

Gerade bei den periodischen Meteorströmen kommen wir den Kometen schon etwas näher. Es hat sich nämlich erwiesen, daß es sich bei solchen Strömen oft um die Überreste von Kometen handelt, auf deren einstmaligen Bahnen heute nur noch ein Pulk von meteoritischen Splittern und Staub um die Sonne zieht. Stellenweise – vor allem im August und November – überkreuzen solche „alte" Kometenbahnen die Bahn der Erde, so daß es gerade dann gehäuft zu Zusammenstößen kommt. So kann beispielsweise im Maximum der August-Meteore pro Stunde mit etwa 60 Sternschnuppenfällen gerechnet werden.

Das ist dann auch die Zeit, wo es auch heute noch viele Sternfreunde aus den lichtüberfluteten Städten aufs dunkle Land oder ins Gebirge zieht, um dort sozusagen auf Sternschnuppen-Pirsch zu gehen. Die systematische Beobachtung von Meteorströmen ist nach wie vor ein Gebiet, wo

auch Amateure noch Beiträge für die Wissenschaft leisten können. Meistens handelt es sich um Gruppen von Beobachtern, von denen jeder einzelne ein ausgewähltes Himmelsareal überwacht und jede Sternschnuppenerscheinung nach Zeit, Helligkeit, Farbe und vor allem Flugbahn registriert. Das Ergebnis dieser oft nächtelangen Bemühungen sind dann mit hunderten von Strichen, die die Laufbahnen der Meteore wiedergeben, verunzierte Sternkarten. Und wenn dann bei der Auswertung diese Striche verlängert werden, dann zeigt sich, daß sie sich an einem bestimmten Punkt der Sternkarte überkreuzen: dem Radianten. Jahrelange systematische Beobachtung von Meteorströmen läßt erkennen, daß diese Radianten nicht stets an den gleichen Punkt des Himmels gebannt bleiben, sondern Schwankungen unterliegen und sogar im Laufe der Jahre ihren Ort verändern können. Man erhält auf diese Weise aufschlußreiche Einblicke in die Bahnabweichungen der Auslöser-Kometen oder Störungen des Meteorstromes, hervorgerufen durch die Anziehungskräfte der Planeten. Kein Wunder, daß die einschlägigen Fachleute den Sternfreunden für solche Mitarbeit recht dankbar sind! Wer sich also mit Hingabe und Ausdauer diesem Zweig der Himmelsbeobachtung widmet, dem wird seine Mühe durch das Bewußtsein belohnt, der Wissenschaft einen Dienst erweisen zu können. Zumal gerade bei der Meteorbeobachtung keinerlei instrumentelle Ausrüstung nötig ist. Ein gutes Auge, rasche Auffassungsgabe und eine Uhr – mehr ist für diese Beobachtungen nicht nötig!
Der Anblick einer hellen Meteorerscheinung ist so faszinierend, daß es wahrhaft einer gewissen Schulung bedarf, die Beobachtung mit der nötigen Sachlichkeit durchzuführen. Meteore, die minus-Helligkeiten erreichen, werden auch als Feuerkugeln oder Boliden bezeichnet. Der Verfasser erinnert sich an eine Feuerkugel vom 1. Juni 1977, die wie eine Leuchtrakete über den Himmel raste und so hell wurde, daß die Beobachtungsstation einen deutlichen Schatten warf. Hier handelt es sich schon um größere meteoritische Teilchen, die bis zu mehreren Gramm Masse enthalten.
Was ist bei der Beobachtung einer Meteorerscheinung zu beachten und möglichst schriftlich festzuhalten?
1. Die Zeit der Erscheinung (Genauigkeit wenigstens auf die Minute).
2. Schätzung der Helligkeit nach der üblichen Größenklassenskala (Überschätzungen möglichst vermeiden).
3. Verlauf der scheinbaren Bahn am Himmel zwischen den Sternen und Sternbildern. Nach Möglichkeit in eine Sternkarte eintragen (das setzt freilich voraus, daß man sich am Himmel auskennt).
4. Farbe der Erscheinung und evtl. Funken oder Schweifbildung.
Bei sehr hellen Boliden, die in einem Explosionsblitz enden, ist u. U.

nach einer gewissen Zeit ein ferner Donner ähnlich einem „plop" wahrzunehmen. Wer die Geistesgegenwart besitzt, vom Aufblitzen bis zur Geräuschwahrnehmung die Sekunden auszuzählen, kann sich (wie bei Blitz und Donner beim Gewitter) über die Höhe der Meteorexplosion seine Gedanken machen. Natürlich funktioniert das nur in einer völlig stillen nächtlichen Landschaft, der lärmumrauschte Beobachter in einer Großstadt wird den zarten Donnerklopf eines in der Hochatmosphäre explodierten Meteors wohl kaum zu hören vermögen!

Es kann allerdings auch vorkommen, daß ein solcher meteoritischer Brocken groß genug ist und so steil in die Atmosphäre einschlägt, daß er nicht völlig verbrennt, sondern bis in die tieferen Luftschichten gelangt. Dann bleibt er trotz seiner ursprünglichen Geschwindigkeit von bis zu 70 Kilometern in der Sekunde in der immer dicker werdenden Luft geradezu stecken und fällt aus etwa 20 Kilometer Höhe wie ein frei fallender Stein zur Erdoberfläche. Solche „Trümmer aus dem Weltall" werden als *Meteoriten* bezeichnet. Sie bestehen aus recht verschiedenartigem Material. Steinmeteorite enthalten neben Sauerstoff auch Silicium, Magnesium, Eisen und Kohlenstoff, während die selteneren Eisenmeteorite tatsächlich bis zu fast 90 % aus nickelhaltigem Eisen bestehen und dementsprechend schwer sind.

Wenn Eisenmeteorite plan angeschliffen und mit Salpetersäure angeätzt werden, erhält man ein eigenartiges Muster, die nach ihrem Entdecker benannten Widmannstättenschen Figuren – und untrügliches Kriterium für meteoritisches Material! Altersbestimmungen an Meteoriten bestätigten die Vermutung, daß es sich dabei um Material aus der Frühzeit des Sonnensystems handelt. Es wurden Meteorite gefunden, die schon mehr als 4 Milliarden Jahre durch das Planetenreich gereist waren, ehe sie schließlich auf der Erde ihren Bestimmungsort gefunden hatten.

Besteht eigentlich, wie ängstliche Gemüter befürchten mögen, die Gefahr, von einem Meteoriten erschlagen zu werden? Zweifellos hat die Erde im Laufe ihrer Geschichte schon etliche Male ganz beachtliche Treffer aus dem Weltall einstecken müssen. Das lassen eine Reihe von Einschlagkratern auf unserem Planeten ebenso erkennen wie tonnenschwere Meteorbrocken, die an verschiedenen Stellen gefunden wurden. Auch in jüngerer Zeit hat es solche Vorgänge gegeben, wie z. B. die gigantische Meteorexplosion vom 30. Juni 1908 über Sibirien oder den Meteorfall am 12. Februar 1947, wo zwischen Wladiwostok und Chabarowsk in Sichote Alin mehrere Tonnen meteoritischen Materials zur Erde stürzten. Trotzdem ist die Wahrscheinlichkeit, durch eine solche kosmische Bombe ums Leben zu kommen, äußerst gering – nach der Statistik soll nur alle 900 Jahre ein Mensch von einem Meteoriten erschlagen werden. Da ist der alltägliche Straßenverkehr erheblich gefährlicher!

Abb. 71. Einen solchen Meteoriten zu finden muß für den Sternfreund ein Wunschtraum bleiben. Er ist fast einen Zentner schwer, fiel bereits im 15. Jahrhundert und befindet sich im Museum.

Kann man vielleicht selbst einmal einen Meteoriten finden? Wenn man in Betracht zieht, daß die Erde täglich runde 10 Tonnen meteoritisches Material aus dem Weltraum zugeladen bekommt, dann möchte man doch annehmen, daß solche Brocken allerorten herumliegen. Nun ist es freilich so, daß die weitaus meisten Meteoriten ins Meer oder auf unzugängliche Gegenden fallen, so daß schließlich doch nur ein minimaler Rest übrigbleibt, der eventuell gefunden werden könnte. Wer auf Meteoritensuche gehen möchte, muß ganz besonders auf ortsfremdes Material achten. Findet man z. B. im Gebirge zwischen Felsen und Granit einen Stein, der absolut und überhaupt nicht in diese Landschaft paßt, dann ist das immerhin verdächtig. Den endgültigen Nachweis, ob es sich dabei um einen Meteoriten handelt, sollte man sich an einer Sternwarte holen, wo es zumeist Experten gibt, die das feststellen können. Noch einfacher freilich wäre es, sich bei einem Mineralienhändler einen Meteoriten zu kaufen!

Die Kometen

Zu den interessantesten Erscheinungen am Sternenhimmel gehören zweifellos die Kometen. Das oft überraschende Auftreten eines helleren Kometen bringt nicht nur Schlagzeilen in die Presse und Unruhe in die

Reihen abergläubisch veranlagter Zeitgenossen, es läßt auch fast jeden neugierig zum Himmel schauen. Leider sind helle Kometen mit langem glänzendem Schweif nicht allzu häufig, wenngleich in den vergangenen Jahren einige recht schöne Kometenerscheinungen zu verzeichnen waren. Wohl werden durchschnittlich im Jahr nahezu ein Dutzend Kometen sichtbar, aber die Mehrzahl kann nur mit großen Teleskopen erfaßt und photographiert werden. Überwiegend handelt es sich dabei um periodische Objekte, die in Abständen von einigen Jahren oder Jahrzehnten wiederkehren.

Wesentlich aufregender sind unerwartet auftauchende Kometen, vor allem wenn sie mit freiem Auge sichtbar werden und möglicherweise sogar einen Schweif entwickeln. Im Gegensatz zu den blitzartig aufleuchtenden und nur sekundenlang sichtbaren Meteoren – und das ist eben der gravierende Unterschied – sind Kometen tage- und mitunter sogar wochenlang am Himmel erkennbar und ziehen ihre Bahn durch die Sternbilder. Sie halten sich dabei auch nicht an die Fahrstraße der Ekliptik, sondern können alle nur denkbaren Sternbilder berühren.

Kometen sind selbständige Mitglieder des Sonnensystems und wie die Planeten an die Anziehungskraft der Sonne gebunden. Lediglich ihre Bahnen sind überwiegend anders gestaltet: Während sich die Planeten in fast kreisförmigen Bahnen um die Sonne bewegen, sind die Bahnen der meisten Kometen als langgestreckte Ellipsen ausgebildet, in deren einem Brennpunkt die Sonne steht. Und während die Planeten nahezu in einer Ebene die Sonne umlaufen, gibt es Kometen, deren Bahnen fast senkrecht dazu stehen.

Nach den heutigen Erkenntnissen sind Kometen gewaltige Klumpen gefrorener Gase, durchsetzt von meteoritischem Material und interplanetarischer Staubmaterie, also riesige schmutzige Schneebälle mit Durchmessern von einigen hundert Metern bis zu mehreren Kilometern. Sie strahlen kein eigenes Licht aus, wie irrtümlich immer wieder angenommen wird, sondern sind voll und ganz von der Energie der Sonne abhängig. Weit draußen in der kalten Dunkelheit des fernen Planetensystems sind Kometen sozusagen leblos und tot – wie in einem Winterschlaf befangen. Erst in der Nähe der Sonne beginnt das gefrorene Gas aufzudampfen und erweitert sich mitunter zu einer gigantischen Wolke mit bis zu mehreren tausend Kilometern Ausdehnung. Aufgeheizt durch Sonnenenergie beginnen die Gasatome der Kometenwolke zu leuchten, während der von der Sonne abstrahlende Teilchenwind aus dieser Wolke Gas- und Staubmassen herausbläst und als Kometenschweif bis zu mehreren Millionen Kilometer weit ins Planetensystem hinausträgt. Es liegt also auf der Hand, daß ein Kometenschweif immer von der Sonne weggerichtet ist. Je mehr „schmutzigen Schnee" so ein Komet enthält und

Abb. 72. In Sonnenferne sind Kometen unsichtbare Ansammlungen von Gestein, Eis, Gas und Staub. Erst in der Nähe der Sonne wird ein Komet sozusagen zum Leben erweckt. Die Sonnenwärme bringt das Eis zum Verdampfen, Staub und Gas reflektieren und leuchten, während ein Teil des Kometenmaterials vom Energiedruck der Sonne aus dem Kometen weggeblasen wird und als Kometenschweif immer von der Sonne weggerichtet ist.

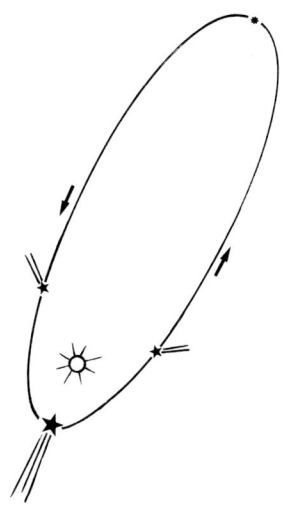

je näher er an die Sonne herankommt, um so gewaltiger wird er aufgebläht. Steht dann auch noch die Erde in der Nähe dieses Schauspiels, dann freuen sich die Himmelsgucker! Überwiegt jedoch der „Schmutz", dann gibt es zwar viel Staub, aber weniger leuchtendes Gas, und der Komet kann zu einer Enttäuschung werden. So war das mit dem berühmt-berüchtigten Kometen *Kohoutek* der Jahre 1973/74!

Gerade die Kometenbeobachtung ist eine Domäne für kleine und kleinste Fernrohre, denn dann sind schwache Vergrößerung und großes Gesichtsfeld ein Vorteil; große Fernrohre lassen ja nur ein enges Feld überblicken. Vor allem bei der Betrachtung eines Kometenschweifes, der sich über mehrere Grad am Himmel erstrecken kann, ist ein lichtstarker Weitwinkelfeldstecher jedem größeren Fernrohr überlegen. Besucher von Sternwarten sind zumeist enttäuscht, wenn sie im großen Teleskop nur noch den Kopf des Kometen sehen, nicht dagegen den Schweif.

Es gibt fast jedes Jahr einige Kometenerscheinungen, die in den Sichtbereich des Feldstechers geraten, also etwa zwischen der 6. und 10. Größenklasse liegen. Will man wissen, wo sie zu erwarten sind, muß man freilich ein astronomisches Jahrbuch studieren, in dem periodische Kometen dieser Helligkeit angegeben sind. Dann kann sich der Beobachter auf die Suche machen, um das Objekt zu „entdecken". Meistens erscheinen solche Kometen als verwaschene Lichtflecken mit einem sternartig leuchtenden Kern, während ein Schweif nicht immer versprochen werden kann.

Der größte Wunsch eines jeden Sternfreundes ist es freilich auch heute noch, einmal einen Kometen zu entdecken und damit seinen Namen sozusagen ans Firmament zu schreiben. Die wichtigste Voraussetzung für „Kometen-Jäger" ist eine tiefgehende Kenntnis des Sternenhimmels und vor allem gerade jener Objekte, die durch ihr kometenähnliches Aussehen irreführen können: kleine schwache Sternhaufen, planetarische Nebel oder Nebelflecken. Diese Tatsache hat schon vor 200 Jahren den französischen Kometenforscher Charles Messier veranlaßt, einen Katalog aller Objekte zusammenzustellen, die leicht mit Kometen verwechselt werden können. Daraus ist der heute noch, gerade in Sternfreundekreisen, gebräuchliche Messier-Katalog entstanden, der über 100 Objekte enthält. Bei der Beschreibung der Beobachtungsobjekte am Fixsternhimmel werden wir öfters auf diese M-Nummern stoßen. Der passionierte Kometen-Sucher sollte also schon einmal diese Objekte kennen, um somit bereits 100 Irrtums-Möglichkeiten auszuschalten.

Entscheidend ist, daß der Beobachter den Himmel so gut kennt, daß er sofort aufmerksam wird, wenn da oben „etwas nicht stimmt". Dann ist die Phase erreicht, wo die systematische Suche nach Kometen oder anderen neuen Objekten aufgenommen werden kann. Natürlich hat die Suche

Abb. 73 (links). Helle Kometen mit schöner Schweifbildung, wie hier der Komet Bennet im März 1970 am Morgenhimmel, sind nicht allzu häufig.

Abb. 74 (rechts). Im Entdeckungsstadium zeigen sich Kometen zumeist als verwaschene Lichtflecken ohne Schweif und sind so leicht mit Nebelflecken zu verwechseln. Erst die Bewegung unter den Sternen läßt ihren planetarischen Charakter erkennen.

nach neuen Kometen nur dann einen Sinn, wenn sie weitab von irdischen Lichtquellen vorgenommen werden kann. Der Beobachter in einer lichtüberfluteten Großstadt hat in dieser Beziehung wohl kaum Chancen. Die Praxis zeigt, daß alle Kometenentdeckungen der letzten Jahre vorwiegend in dunklen Gegenden bei klarem und ungestörtem Himmel gemacht wurden.

Nachdem Kometen in ihrer Entdeckungsphase stets unter der Sichtbarkeitsgrenze für das freie Auge liegen, ist die Verwendung optischer Geräte bei der Kometensuche absolut notwendig. Keinesfalls darf der Kometen-Jäger erwarten, sozusagen auf Anhieb von einem hellen und mit langem Schweif ausgerüsteten Kometen überrascht zu werden. Und gerade hier kommt der lichtstarke Feldstecher mit großen Blickfeld zu seinem besonderen Recht. Die meisten Kometen-Jäger verfügen über mehrere Feldstecher mit verschiedenen Vergrößerungen und Objektivöffnungen. Besonders vorteilhaft sind Feldstecher in der optischen Größenordnung ab etwa 10 x 50 (10fache Vergrößerung, 50 mm Objektivdurchmesser, geometrische Lichtstärke 25); es gibt aber auch Feldstecher 11 x 80 oder gar 14 x 100: das sind vorzügliche Kometensucher! Solche Gläser reichen noch zu Objekten bis zur 12. und 13. Größenklasse, das ist ziemlich genau die Größenordnung, mit welcher neue Kometen aufzuwarten pflegen.

Kometen entwickeln im allgemeinen ihre größte Helligkeit in der Nähe der Sonne. Das bedeutet also, daß viele Kometen in Sonnennähe entdeckt werden. Das hat dazu geführt, Kometen in erster Linie nach Sonnenuntergang am abendlichen Westhimmel oder vor Sonnenaufgang am östlichen Morgenhimmel zu suchen. Die bekannten japanischen Kometen-Jäger Ikeya und Seki (beide Amateure!) suchen mit ihren lichtstarken Teleskopen systematisch den abendlichen Westhimmel und den Osthimmel am Morgen nach verdächtigen Objekten ab und haben auf diese Weise in den vergangenen Jahren schon nahezu ein Dutzend Kometen gefunden. Es steht außer Zweifel, daß hier nur jahrelange Ausdauer, Geduld und Erfahrung zum Erfolg führen können.

Bei der Kometensuche ist Sicherheit das oberste Gebot. Nämlich die Sicherheit, daß es sich bei einem solchen verdächtigen Objekt wirklich um einen Kometen handelt. Da ist zunächst das optische Erscheinungsbild: meistens ein nebliger Fleck mit einem sternartigen, helleren Kern. Ein Schweif ist bei solchen „neuen" Kometen in der überwiegenden Zahl der Fälle kaum zu erwarten. Und dann freilich die Gewißheit, daß an dieser Stelle des Himmels kein Sternhaufen oder Nebelfleck vorhanden ist, also ein wirklich fremdes Objekt, das nicht in diese Gegend paßt. Der sicherste Beweis für die kometarische Natur ist jedoch die Eigenbewegung unter den Sternen. Diese läßt sich allerdings bei noch weit entfernten Kometen erst nach Stunden oder gar erst am darauffolgenden Beobachtungstag feststellen. Um sich jedoch auf jeden Fall die Entdekker-Priorität zu sichern, kann man nun ein kurzes Telegramm loslassen. Anlaufstelle für alle Arten astronomischer Entdeckungen ist das

Central-Bureau für Astronomical-Telegrams
Smithsonian Astrophysical-Observatory
Cambridge, MA 02138 USA
TWX: 710-320-6842, Tel. 617 846 5758

Dieses Büro verständigt alle angeschlossenen Sternwarten. Damit ist die Entdeckung sozusagen veröffentlicht.

Das Telegramm bzw. die Mitteilung sollte etwa folgendermaßen abgefaßt sein: „Kometenverdächtiges Objekt bei (zum Beispiel) AR (Rektaszension) $20^h,15^m$, D (Deklination) $+16°10'$, ca. $+10^m,5$ (geschätzte Helligkeit)". Und natürlich Name und Anschrift nicht vergessen. Die absolute Gewißheit, daß es sich um einen Kometen handelt, erhält man am nächsten Tag, wenn man feststellt, daß sich das Objekt tatsächlich unter den Sternen weiterbewegt hat. Dann läßt man ein weiteres Telegramm los: „Kometennatur des Objektes gesichert, neue Position . . ., geschätzte Helligkeit . . .".

Wenn man bis zu diesem Zeitpunkt der einzige Beobachter geblieben ist, hat man es geschafft, seinen Namen am Himmel zu verewigen. Hat jedoch nach der ersten Bekanntgabe ein weiterer Beobachter dieses Objekt ebenfalls aufgefunden, bekommt der Komet einen Doppelnamen, nämlich die Namen beider Entdecker. Der Komet erhält als Erstnamen immer den Namen desjenigen, dessen Entdeckungsmeldung zuerst beim Astronomischen Zentralbüro eingelaufen war. Laufen noch vor der Verbreitung der Meldung weitere unabhängige Entdeckungsmitteilungen von anderen Beobachtern ein, dann werden auch die Namen des zweiten und manchmal sogar des dritten Entdeckers angefügt, wobei die zeitliche Reihenfolge des Meldungseinganges die Namenfolge bestimmt. Ein vierter Entdecker kann nicht mehr berücksichtigt werden. Zusätzlich zum Namen des Entdeckers (oder den Namen der Entdecker) bekommt der Komet auch die Jahreszahl seiner Entdeckung zugesprochen und einen Buchstaben des Alphabets, entsprechend der Reihenfolge der in dem betreffenden Jahr erfolgten Kometenentdeckungen. Der erste in einem Jahr entdeckte neue Komet erhält neben der Jahreszahl also den Buchstaben a, der zweite den Buchstaben b usw. Das bedeutet, daß zum Beispiel der Komet Kohoutek 1973 f als sechster Komet des Jahres 1973 aufgefunden worden war.

Und weil wir jetzt schon bei mehr oder weniger exotischen Beobachtungsobjekten sind, schließlich noch eine Frage, die oft an den Verfasser gestellt wird: „Was halten Sie von UFOs?" Die Antwort: „Nichts!" Ist es doch bemerkenswert, daß Berichte und Meldungen über UFOs überwiegend von Leuten kommen, die von den Vorgängen am Himmel und im Weltall nicht die geringste Ahnung haben und zumeist nicht einmal die wichtigsten Sternbilder kennen oder die Planeten voneinander zu unterscheiden vermögen. Noch bemerkenswerter aber ist, daß in dem weltumspannenden Netz fachlicher Observatorien und Meteorstationen UFOs weitgehendst unbekannt sind. Der Verfasser kennt keinen einzigen Berufsastronomen, der jemals in seiner lebenslangen nächtlichen Himmelsarbeit ein solches Objekt zu Gesicht bekommen hätte. Wenn die UFO-Vorgänge so selbstverständlich wären, wie das von den Anhängern und Gläubigen dieser ufologischen Heilslehre immer behauptet wird, dann müßten sie auch im Beobachtungsweltbild der Astronomie vorhanden sein. Und ebenso müßten sie dann wie alle übrigen astronomischen Objekte mit den Möglichkeiten moderner Beobachtungstechnik untersucht und erforscht werden können. Obwohl beispielsweise helle Meteorerscheinungen mitunter blitzschnell und völlig überraschend auftreten, geschieht es immer wieder, daß solche Erscheinungen nach allen Regeln spektralphotographischer und positionsbestimmender Beobachtungskunst analysiert und berechnet

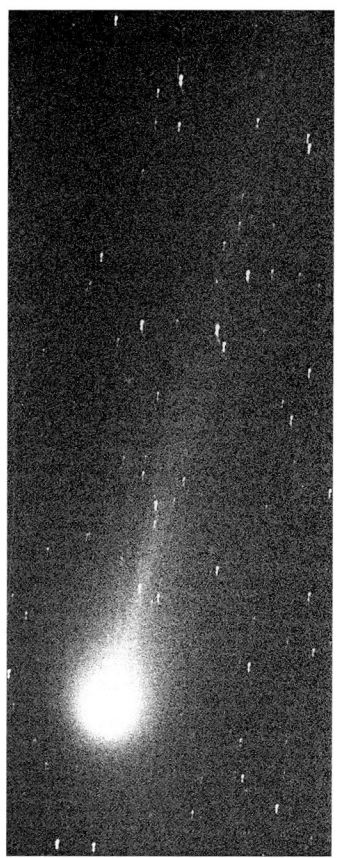

Abb. 75. Das Erscheinungsbild des für 1986 erwarteten Kometen Halley dürfte dem des etwas enttäuschenden Kometen Kohoutek aus dem Jahre 1973 sehr nahekommen.

werden können. Das müßte auch bei UFOs außerirdischer Herkunft längst schon möglich gewesen sein – wenn es solche gäbe! Eine einzige Spektralaufnahme von einem UFO würde ausreichen, alle wesentlichen Merkmale über diese Objekte in Erfahrung zu bringen.

Finsternisse

Große Ereignisse werfen ihre Schatten voraus. Bei Sonnen- und Mond-finsternissen trifft dies wahrhaft zu, da es sich dabei tatsächlich um Schattenspiele handelt. Hauptakteur ist in jedem Falle der Mond. Entweder stellt er sich bei Neumond so exakt zwischen Sonne und Erde, daß sein Schatten irgendwo die Erdkugel trifft, oder er wandert bei Vollmond durch den Schattenkegel der Erde, um seinerseits verfinstert zu werden.

Wann Sonnen- oder Mondfinsternisse stattfinden, steht zumeist in der Zeitung; noch besser freilich entnimmt man solche Termine einem astronomischen Jahreskalender. Nachdem die Mondbahn um 5 Grad gegen die Ebene der Erdbahn geneigt ist, kann es nur dann zu Finsternis-sen kommen, wenn sich der Mond bei Neu- oder Vollmond in dieser Ebene befindet – auf einem sogenannten Bahnknoten, wie die Schnitt-punkte zwischen Erdbahn und Mondbahn genannt werden. Meistens fällt bei Neumond der Mondschatten an der Erde vorbei, oder der Vollmond zieht oberhalb oder unterhalb des Erdschattens vorüber; dann kommt auch keine Finsternis zustande. Und ebenso erkennen wir dabei eine grundsätzliche Regel: Sonnenfinsternisse kann es allenfalls bei Neumond

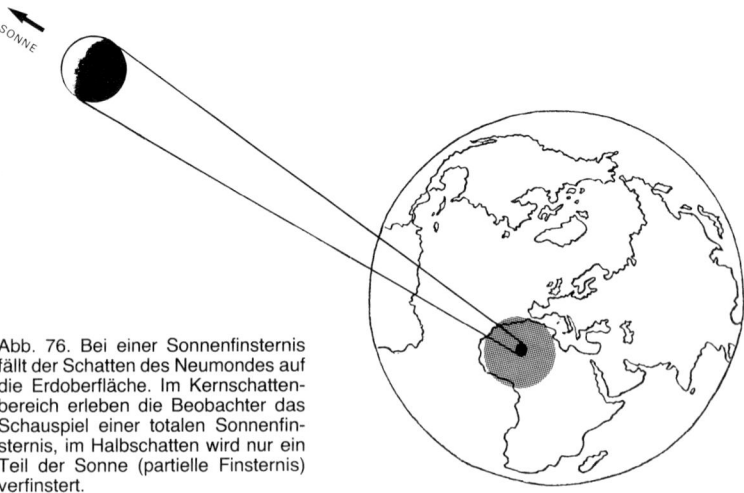

Abb. 76. Bei einer Sonnenfinsternis fällt der Schatten des Neumondes auf die Erdoberfläche. Im Kernschatten-bereich erleben die Beobachter das Schauspiel einer totalen Sonnenfin-sternis, im Halbschatten wird nur ein Teil der Sonne (partielle Finsternis) verfinstert.

120

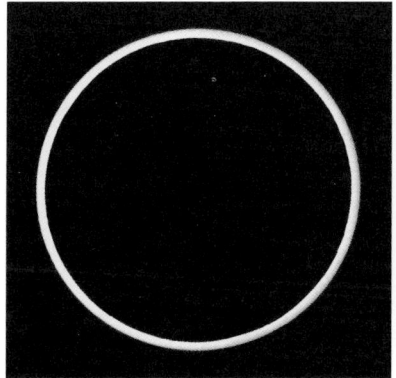 

Abb. 78. Bei einer ringförmigen Sonnenfinsternis ist der Mond in Erdferne und erscheint kleiner als die Sonnenscheibe, so daß von der Sonne ein Lichtring übrigbleibt. Auch dieser Lichtring blendet noch so stark, daß zur Beobachtung Dämpfgläser nötig sind.

Abb. 77. Bei einer partiellen Sonnenfinsternis wird nur ein mehr oder weniger großer Teil der Sonne vom Neumond verdeckt. Die blendende Helligkeit der Sonnenscheibe bleibt fast unverändert, so daß eine solche Finsternis mit Blendgläsern beobachtet werden muß.

geben, während Mondfinsternisse dem Vollmond vorbehalten bleiben! Bei Sonnenfinsternissen gibt es drei Möglichkeiten:
1. Der Neumond verdeckt nur einen mehr oder weniger großen Teil der Sonnenscheibe. Wir sprechen dann von einer *partiellen* Sonnenfinsternis.
2. Der Mond befindet sich im erdfernen Punkt seiner elliptischen Umlaufbahn und erscheint somit kleiner als die Sonnenscheibe. Trotz zentraler Bedeckung der Sonne bleibt ein Lichtring übrig. Das ist dann eine *ringförmige* Sonnenfinsternis.
3. Der Neumond geht zentral vor der Sonne vorbei und erscheint, näher an der Erde stehend, groß genug, um die Sonne völlig zu verdecken. Dann erleben wir das überwältigende Schauspiel einer *totalen* Sonnenfinsternis.
Bei der Beobachtung partieller oder ringförmiger Sonnenfinsternisse gelten die gleichen Vorsichtsmaßnahmen wie bei der Sonnenbeobachtung: Verwendung dunkler Dämpfgläser oder Projektion der Sonne auf einen Schirm. Letztere ist günstiger, da man bei einer Sonnenfinsternis immer einige Zuschauer hat, die so das Schauspiel gemeinsam auf dem Projektionsschirm verfolgen können.
Eine totale Sonnenfinsternis kann während der Totalität, also der zentralen Bedeckung der Sonne, unbeschadet mit Auge und Fernrohr

121

Abb. 79. Das überwältigende Schauspiel einer totalen Sonnenfinsternis entsteht dann, wenn der Neumond die Sonne vollständig verdeckt. Dann leuchtet rings um die Sonne der Strahlenkranz der Korona auf und am Sonnenrand werden Protuberanzen sichtbar, die in kräftigem Rot über den Rand der pechschwarzen Mondscheibe zu quellen scheinen. Während der Totalität wird der Himmel so dunkel, daß helle Sterne sichtbar werden.

verfolgt werden. Das Licht der Sonnenkorona und der evtl. sichtbaren Protuberanzen ist zart und ohne Schutzmaßnahmen dem Auge erträglich. Auch der Mond hat drei Finsternis-Varianten anzubieten:

1. *Halbschattenfinsternis*. Der Vollmond streift nur die äußeren Regio-

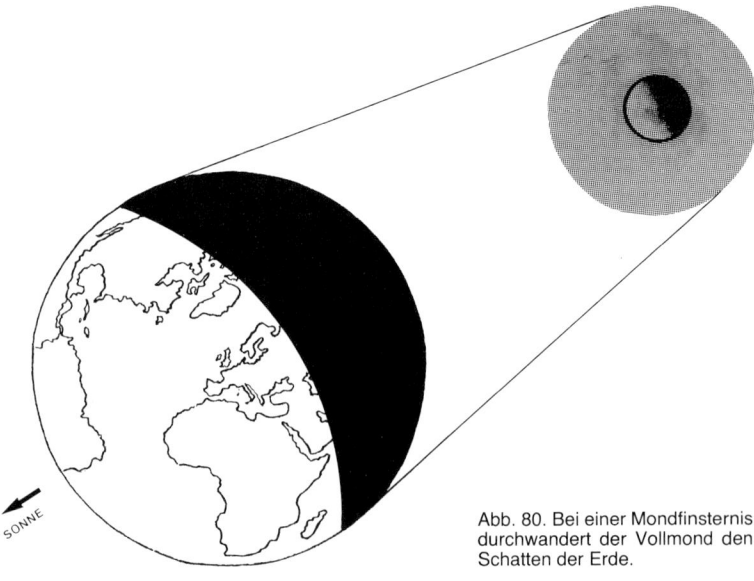

Abb. 80. Bei einer Mondfinsternis durchwandert der Vollmond den Schatten der Erde.

nen des Erdschattens, so daß sein Licht lediglich wie von einem zarten Rauch geschwächt erscheint.

2. Bei einer *partiellen* Mondfinsternis taucht der Vollmond zu einem mehr oder weniger großen Teil seines Durchmessers in den Kernschatten der Erde.

3. Der Vollmond taucht völlig in den Kernschatten der Erde ein: Wir erleben eine *totale* Mondfinsternis. Da der Durchmesser des Erdkernschattens in mittlerer Mondentfernung etwa 3 mal größer ist als der Mondscheibendurchmesser, dauert eine Mondfinsternis verhältnismäßig lang, vor allem, wenn der Mond den Erdschatten zentral durchquert. Die Totalität kann maximal über anderthalb Stunden betragen. Zählt man noch die Zeit dazu, die der Mond braucht, um in den Erdschatten hineinzuwandern und ihn wieder zu verlassen, dann kann eine totale Mondfinsternis insgesamt nahezu vier Stunden in Anspruch nehmen.

Bei totalen Mondfinsternissen, aber auch schon bei partiellen Verfinsterungen, wenn ein größerer Teil des Mondes in den Erdschatten tritt, breitet sich auf dem verfinsterten Mond eine tiefrote Verfärbung aus – das ist Sonnenlicht, welches in der Erdatmosphäre gebrochen und in den Erdschatten gestreut wird. Es gibt totale Mondfinsternisse, wo der Mond nahezu völlig am Himmel verschwindet, vor allem bei etwas trüber Luft oder im Sommer, wenn der Vollmond tief in den horizontnahen Dunstschichten steht. Ein besonderes Erlebnis ist es immer wieder, wenn sich mit dem fortschreitenden Grad der Mondfinsternis der Nachthimmel zusehends mit Sternen füllt, bis sich dann während der Totalität ein strahlender Sternenhimmel über die dunkel gewordene nächtliche Landschaft spannt!

Abb. 81. Auch eine totale Mondfinsternis ist ein faszinierendes Beobachtungserlebnis, wenn sich der eben noch glänzende Vollmond langsam kupferrot verfärbt und in den Kernschatten der Erde schiebt, während sich der vorher mondhelle Nachthimmel zusehends mit Sternen füllt.

Beobachtungen am Fixsternhimmel

Nach Einbruch völliger Dunkelheit leuchtet eine so unübersehbare Zahl von Sternen verschiedener Helligkeit vom Himmel, daß jeder Versuch, sich anhand einer Sternkarte zurechtzufinden, größte Mühe macht oder gar scheitert. Vor allem mondlose Nächte außerhalb des Lichtkreises von Großstädten vermitteln nahezu den Eindruck eines „Sternenteppichs", in dem sogar die markanten Figuren bekannter Sternbilder untergehen. Selbst Sternfreunde, die sich am Stadthimmel mühelos zurechtfinden, stehen mitunter dieser vermehrten Sternenpracht fast „erdrückt" gegenüber.

Wesentlich leichter ist eine erste Orientierung in der Dämmerung, wenn etwa 10 bis 15 der hellsten Hauptsterne gerade sichtbar geworden sind. Die drehbare Sternkarte ist dann gut einsetzbar, weil sie nur bis knapp zur 5. Größenklasse reicht und infolgedessen diese hellen Hauptsterne deutlicher erkennen läßt. Man könnte sogar eine drehbare Sternkarte in eine ausgesprochene Dämmerungskarte umwandeln, indem man mit Tusche alle Sterne schwächer als 2. Größenklasse unsichtbar macht. Man bekäme so ein hervorragendes Hilfsmittel zum raschen Kennenlernen der wichtigsten Sterne und Sternbilder.

In der Astronomie werden sowieso zwei verschiedene Dämmerungen unterschieden. Da ist zunächst die *bürgerliche Dämmerung*, die mit dem Augenblick des Sonnenunterganges beginnt; sie endet, wenn die Sonne 6½ Grad unter dem Horizont steht. Die Dauer dieses Vorgangs hängt sowohl von den Jahreszeiten als auch von der geographischen Breite des Beobachtungsortes ab. Am Ende der bürgerlichen Dämmerung ist mit freiem Auge noch kein einziger Stern zu sehen. Jetzt erst beginnt die *astronomische Dämmerung*, die so lange dauert, bis sich die Sonne 18 Grad unter dem Horizont befindet. Am Ende der astronomischen Dämmerung sind alle dem unbewaffneten Auge erreichbaren Sterne sichtbar geworden. Das bedeutet, daß sich keiner dieser beiden Zeitpunkte für die Orientierung am Himmel eignet: Zuerst ist noch überhaupt kein Stern da, und nachher sind es zu viele. Als günstigste Dämmerungsphase kann also das Mittel aus dem Ende der bürgerlichen und der astronomischen Dämmerung angenommen werden, was einem Sonnenstand von rund 12 Grad unter dem Horizont entspricht. Wer gelernt hat, mit der drehbaren Sternkarte umzugehen, kann sogar die Zeit der einzelnen Dämmerungsphasen am Rande der drehbaren Deckscheibe ablesen, wenn er den Standort der Sonne richtig eingestellt hat.

Als ersten Schritt ins Reich der Stellarastronomie gibt es nichts Besseres, als in einer mondlosen sternklaren Nacht aus der Stadt hinaus aufs freie Feld oder auf einen Berg zu gehen und die Beobachtungen mit bloßem Auge zu beginnen. Zuerst lassen wir den Blick von Horizont zu Horizont und dann hoch hinauf zum Zenit wandern und machen dabei die ersten grundsätzlichen Erfahrungen: Die Sterne sind verschieden hell; je heller sie sind, um so geringer ist ihre Anzahl, während die schwächsten am zahlreichsten sind. Hier tauchen schon die ersten Fragen auf: Sind die hellen Sterne näher, die schwachen weiter entfernt? Sind die Helligkeitsunterschiede also bedingt durch die Verteilung der Sterne im Weltraum? Oder aber sind sie durchschnittlich in der gleichen Entfernung von uns, so daß die helleren die größten, die schwachen dagegen die kleineren Sterne sind?

Rein instinktiv wird man der Vorstellung einer räumlichen Verteilung der Sterne den Vorzug geben. Tatsächlich haben Untersuchungen über die Verteilung der Sterne im Raum die Annahme einer weitgehend gleichen mittleren Leuchtkraft der Sterne erbracht. Alle Sterne, die wir mit freiem Auge sehen und aus deren zufälliger Anordnung die menschliche Phantasie Sternbilder zusammengefügt hat, bilden sozusagen das „Sternenstadtviertel", zu dem auch unsere Sonne mit ihren Planeten gehört. Die Astronomen nennen diese Sternansammlung das „lokale Sternsystem".
Forschen wir nun mit freiem Auge weiter, dann sehen wir quer über den Himmel ein breites schimmerndes Lichtband, in welchem die Sterne offenbar zu einer nebelhaft leuchtenden Straße verschmelzen und auf welcher die hellen Hauptsterne wie Diamanten blitzen: die Milchstraße.
Hier tut sich vor uns eine Erscheinung auf, die keiner übersehen kann, der sich mit der Theorie vom Bau des Fixsternraumes beschäftigen möchte. Gehen wir von unserem „Stadtviertel"-Modell aus, dann können wir annehmen, daß es sich bei der Milchstraße um andere, weiter entfernte „Sternenstadtviertel" handelt. Mehrere Stadtviertel zusammen ergeben zwangsläufig eine Großstadt. Tatsächlich befinden wir uns in einer gigantischen Sternengroßstadt aus Milliarden Sonnen, die von der Seite gesehen die Gestalt einer flachen Linse aufweist, von oben aber als spiralig gewundenes Feuerrad erscheint. Irgendwo am Rande dieser Sternspirale, die wir *Galaxis* nennen, glimmt unsere Sonne, von deren drittem Planeten aus wir den Blick zu den Sternen erheben.
Neben den verschiedenen Helligkeiten der Sterne fällt aber auch auf, daß sie verschiedene Farben zeigen. Unter den rund 100 hellsten Sternen bis zur 3. Größenklasse sehen wir allenfalls 10, die einander in ihrer weißlichen Färbung gleichen; alle anderen sind verschiedenfarbig oder bilden Gruppen gleicher Färbungen. Bei genauerer Analyse werden wir zu folgender Farbskala gelangen: blauweiß, weiß, hellgelb, gelb, orange,

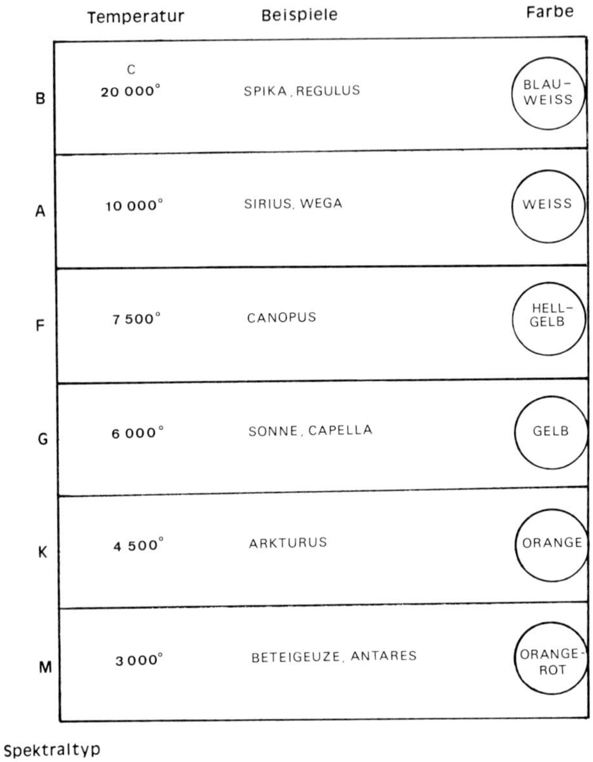

Temperatur	Beispiele	Farbe

	C		
B	20 000°	SPIKA, REGULUS	BLAU–WEISS
A	10 000°	SIRIUS, WEGA	WEISS
F	7 500°	CANOPUS	HELL–GELB
G	6 000°	SONNE, CAPELLA	GELB
K	4 500°	ARKTURUS	ORANGE
M	3 000°	BETEIGEUZE, ANTARES	ORANGE-ROT

Spektraltyp

Abb. 82. Die Darstellung zeigt den Zusammenhang zwischen Spektraltyp, Temperatur und Farbe der Sterne, so daß der Sternfreund schon mit bloßem Auge anhand der am Himmel sichtbaren Sternfarben entsprechende Überlegungen anstellen kann.

orangerot. Aus dieser Reihenfolge spricht eine Gesetzmäßigkeit. Wenn wir einem Schmied zusehen, wie er ein Stück Eisen aus dem Feuer holt, dann sehen wir während des Schmiedens die gleiche Skala der Farben, von der Weißglut anfangend bis zum tiefen Orangerot abklingend. Die Schlußfolgerung in Verbindung mit unserer Sternbetrachtung ist jetzt nicht mehr schwer: Diese Farbenskala von Weiß bis zum Orangerot ist eine Temperaturskala! Je weißer die Sterne leuchten, um so höher ist die Temperatur an ihrer Oberfläche; die orangeroten dagegen sind die Sterne mit der niedrigsten Temperatur. Die Spanne reicht von 20 000 Grad

Celsius bei den bläulichweißen bis zu 3000 Grad bei den orangeroten. Gelbe Sterne – auch unsere Sonne ist ein gelber Stern – liegen bei 5000 bis 6000 Grad Celsius. Wir sehen also, daß wir schon mit freiem Auge überraschende Erkenntnisse gewinnen können.

Am Winter- und Frühjahrshimmel fallen einige rötliche Sterne auf, die zu den hellsten Sternen des Himmels gehören: Beteigeuze im Orion, Kapella im Fuhrmann und Arkturus im Bootes. Sie sind gemäß ihrer Farbe zu denjenigen mit niedrigen Temperaturen zu rechnen. Trotzdem erscheinen sie uns so enorm hell. Warum? Es gibt nur zwei Möglichkeiten: Entweder sind sie uns sehr nahe oder aber sie sind – wenn sie weit entfernt stehen – riesengroß. Tatsächlich hat die Forschung erkannt, daß es sich um Riesensterne handelt. Hier wird also geringe Energie über eine so große Fläche abgestrahlt, daß der Gesamteindruck an unserem Himmel einen Stern 1. Größe ergibt! Dagegen ist der Winterstern Sirius im Großen Hund nicht nur deswegen der hellste Fixstern überhaupt, weil er fast 30mal heller als unsere Sonne leuchtet, sondern auch weil er zu den nächsten Sternen in der Umgebung der Sonne zählt.

Schauen wir uns nun einmal die Verteilung der Sterne an. Dabei kann uns nicht entgehen, daß sie sich an einzelnen Stellen auffallend häufen. So taucht z. B. im Herbst während der späten Abendstunden ziemlich hoch im Nordosten das sogenannte Siebengestirn auf, ein prachtvoller offener Sternhaufen, auch Plejaden genannt, der uns im Verbund mit dem Sternbild Stier den ganzen Winter über als stets sehenswertes Objekt treu bleiben wird. Manche dieser Sternhaufen sind so dicht, daß wir den Eindruck eines glitzernden Nebelflecks empfangen; andere Haufen sind weiter gestreut, gewissermaßen „offener", daß man den Charakter eines Sternhaufens gar nicht auf Anhieb erkennt, wie z. B. die Hyaden im Stier. Bei intensiver Betrachtung des Himmelsgebietes direkt unterhalb der drei Gürtelsterne im Orion werden wir uns des Eindrucks nicht erwehren können, daß hier die Sterne etwas verschwommen erscheinen, als ob dort der Himmel nicht richtig klar wäre. In der Tat ist dort der Weltraum getrübt durch eine gigantische Wolke leuchtender Gase, die über Lichtjahre hinweg den Raum zwischen den Sternen einnimmt und als der „Große Orionnebel" bekannt ist. Dagegen erscheint in der Milchstraße der nebelige Sternenschimmer stellenweise unterbrochen; wir erkennen deutlich dunkle Flecken, sog. Sternleeren oder „Kohlensäcke", wie z. B. am Sommerhimmel im Sternbild des Schwans. Aufnahmen lassen erkennen, daß an diesen Stellen dunkle kosmische Wolken im Sternenraum schweben, die das Licht der dahinterstehenden Sterne verschlucken. Wir sehen also schon mit bloßem Auge, daß der Weltraum von leuchtender und von dunkler Materie erfüllt sein muß.

Schließlich werden wir mitten im Sternbild der Andromeda, das im

Herbst als langgestreckte Sternenkette hoch am Osthimmel steht, schon mit freiem Auge einen länglichen, spindelförmigen Lichtfleck entdecken, den wir nicht als Sternhaufen zu deuten vermögen. Dies ist der berühmte Spiralnebel in der Andromeda, das einzige außergalaktische Sternsystem, das ohne optische Mittel noch erfaßbar ist. Hier haben wir also den Blick zur Nachbar-„Sternenstadt" im All, auf eine Welteninsel wie unser eigenes Milchstraßensystem, aus Milliarden Sonnen, aus Sternhaufen, Gasnebeln, Dunkelwolken und allen sonstigen Einzelheiten und Objekten gebildet, wie sie auch in unserer Galaxis vorhanden sind. Und wenn wir dann noch überlegen, daß das Licht dieses Sternsystems über 2 Millionen Jahre durchs All reisen mußte, ehe es in unserem Auge einen zarten Eindruck hervorrufen konnte, dann wird uns sicher bewußt, daß sich dieser Weltraumspaziergang mit bloßem Auge wahrhaft gelohnt hat!

Sternbilder und ihre Beobachtungsobjekte

Der Fixsternhimmel bietet jedem Instrument lohnende und sehenswerte Beobachtungsobjekte in so reichhaltiger Anzahl, daß man jahrelang beschäftigt sein kann, will man sie alle kennenlernen und eingehend studieren. Einzelne unter ihnen sind so auffallend und immer wieder interessant, daß der Sternfreund im jahreszeitlichen Wechsel stets nach ihnen Ausschau halten wird. Das Auffinden und Kennenlernen der Objekte des Fixsternraumes erfordert freilich zunächst einmal eine Kenntnis der wichtigsten Sternbilder, in denen sich diese Sehenswürdigkeiten verbergen.

Schon auf der drehbaren Sternkarte sind einige der wichtigsten Objekte eingezeichnet, während zum Aufsuchen weiterer Einzelheiten ein Sternatlas gute Dienste leisten wird. Dem Anfänger wird das Auffinden von bestimmten Objekten am Himmel zuerst Schwierigkeiten machen, besonders dann, wenn er ein Fernrohr mit stärkerer Vergrößerung benutzt. Um sich in der betreffenden Himmelsgegend leichter zurechtzufinden, nehme man zur Orientierung ein schwach vergrößerndes Okular oder betrachte das Sternengebiet zuvor im Sucherfernrohr oder mit dem Feldstecher.

Auch im Erkennen besonderer Feinheiten am Himmel macht Übung den

Meister! Ein erfahrener Beobachter sieht oft schon am kleinen Instrument, bei schwacher Vergrößerung, was der Anfänger selbst in einem größeren Teleskop nicht zu erkennen vermag. Oft kann auch die Unruhe der Luft so stören, daß man beispielsweise eng nebeneinanderstehende Doppelsterne nicht trennen kann. Besonders windiges Wetter und Abende, an denen die Sterne so herrlich „funkeln", sind für feinere Beobachtungen meist völlig unbrauchbar. Dann wird der Beobachter feststellen, daß die Sterne im stark vergrößernden Fernrohr wie Lichtfunken hin- und hertanzen, sich aufblähen und manchmal geradezu „explodieren". Das Funkeln der Sterne, von den Astronomen als *Szintillation* bezeichnet, wird nämlich durch die Strömungen und Turbulenzen in der Lufthülle der Erde hervorgerufen. Je mehr Unruhe in der Atmosphäre vorhanden ist, um so mehr wird das aus dem Weltraum einfallende Sternenlicht auf seinem Weg zur Erdoberfläche gestört und verzerrt, während hellere, horizontnahe Gestirne dadurch sogar ständig ihre Farbe zu ändern scheinen und in allen Spektralfarben sprühen.

Besonders schlechte Luftverhältnisse sind in Föhnnächten zu erwarten, wo die aus dem Süden über die Berge einfallende Warmluft allerhand Unruhe in die Atmosphäre bringt. Der Föhnwind reinigt allerdings auch die Luft von Staub und Schmutz, so daß klare Föhnnächte oft einen pechschwarzen Himmel und eine hervorragende Durchsicht bescheren. Da lohnt es sich dann, mit schwachen Vergrößerungen nach lichtschwachen Objekten wie Gas- und Spiralnebeln Ausschau zu halten. Es gibt aber auch Nächte, wo selbst helle Sterne durch einen Dunstschleier in der Luft geschwächt erscheinen, während im Fernrohr Planeten und Doppelsterne sogar bei starken Vergrößerungen ein fabelhaftes Bild bieten und minutenlang wie ein Diapositiv scharf und völlig ungestört im Gesichtsfeld stehen. Hier wird durch eben diese Dunstschicht die vertikale Turbulenz in der Atmosphäre sozusagen ruhiggestellt. So muß der Sternfreund auch lernen, für seine Beobachtungen die passenden Abende und Nächte auszuwählen!

Doppelsterne

Es gibt am Fixsternhimmel Hunderte von Doppelsternen, die für Feldstecher und kleines Fernrohr lohnende und sehenswerte Objekte darstellen. Doppelsterne erscheinen dem freien Auge zumeist als ein Stern und werden erst beim Einsatz optischer Mittel in zwei und manchmal sogar mehr Komponenten aufgelöst. Abgesehen davon, daß hier die Möglichkeit zu einer Leistungsprüfung des benutzten Fernrohres besteht, bieten viele Doppelsternsysteme einen faszinierenden Anblick; mitunter erscheinen die beiden Einzelsterne in verschiedenen Farben. Gerade bei der Doppelsternbeobachtung soll und kann die Vergrößerung bei guten Luftverhältnissen bis an die Leistungsgrenze des Fernrohres getrieben werden, d. h. also, die Vergrößerung kann gut doppelt so hoch sein wie die Öffnung des Objektiv- oder Spiegeldurchmessers in Millimetern. Entscheidend für die Auflösung eines Doppelsternpaares ist neben dem Winkelabstand auch die Helligkeit der beiden Komponenten. Sind beide Sterne etwa gleich hell, haben wir sozusagen den Idealfall, um mit der bereits im Kapitel „Himmlische Maßstäbe" genannten Formel die Trennleistung des Teleskops prüfen zu können.

Kritischer wird die Sache schon, wenn beide Sterne in der Helligkeit recht weit auseinanderliegen. Dann kann der schwache Nebenstern von der hellen Hauptkomponente so stark überstrahlt werden, daß selbst ein relativ großer Abstand für das vorhandene Instrument nicht mehr ausreicht. Ein typisches Beispiel dafür ist der strahlende Winterstern Sirius im Großen Hund. Der Siriusbegleiter ist gegenwärtig (1984) fast 8 Bogensekunden von Sirius entfernt, was normalerweise schon ein 60-mm-Fernrohr mühelos trennen müßte. Dennoch kann der Begleitstern nur mit verhältnismäßig leistungsstarken Teleskopen beobachtet werden, weil der Helligkeitsunterschied zwischen den beiden Sternen (Sirius $-1^m,4$, Siriusbegleiter $+8^m,7$) mehr als 10 Größenklassen beträgt. Dagegen ist der Doppelstern Castor in den Zwillingen mit nur 2 Bogensekunden Abstand für kleine Fernrohre leicht trennbar, da die beiden Sterne mit $+2^m,0$ und $+2^m,8$ einen unerheblichen Helligkeitsunterschied aufweisen. Bei den Angaben über Doppelsterne im Bereich der einzelnen Sternbilder wird jeweils auf die zu einer guten Auflösung nötige Fernrohröffnung hingewiesen.

Sternhaufen

Es gibt Stellen am Himmel, an denen die Sterne besonders dicht gedrängt stehen und die, besonders wenn es sich um hellere Sterne handelt, im Feldstecher und kleinen Fernrohr einen ungewöhnlich schönen Anblick bieten. Das eindrucksvollste Objekt dieser Art sind zweifellos die Plejaden (Siebengestirn) im Stier, der wohl prachtvollste offene Sternhaufen an unserem Himmel. Wie überhaupt gerade der Winterhimmel eine ganze Reihe solcher offener Sternhaufen zu bieten hat, wenn auch freilich nicht in dieser Helligkeit. Aber auch der Sommerhimmel läßt im Bereich der Milchstraße einige recht schöne Sternhaufen erkennen, während im Herbst zwischen Perseus und Kassiopeia der wunderschöne Doppelsternhaufen h und chi mitten im Zuge der Milchstraße dominiert.

Es leuchtet ein, daß zu einer genußvollen Sternhaufenbeobachtung nur dunkle mondlose Nächte mit klarer und ungestörter Durchsicht in Frage kommen. Man wähle gerade bei großflächigen Objekten wie den Plejaden eine möglichst schwache Vergrößerung (etwa 20fach), um den Sternhaufen in seiner vollen Pracht im Gesichtsfeld zu haben.

Anders liegen die Verhältnisse bei der Beobachtung von Kugelsternhaufen. Hier stehen die Sterne so eng und geballt, daß es nur einige wenige Vertreter dieser Art gibt, die auch im kleinen Fernrohr sehenswert sind. Da sei vor allem der Kugelsternhaufen im Herkules genannt, während auch im Bereich der sommerlichen Milchstraßen-Sternbilder einige recht schöne Kugelsternhaufen geboten werden.

Bei der Beobachtung von Kugelsternhaufen sollte man schon etwas stärker vergrößern, um dem Objekt zumindest seinen kugelförmigen Charakter abzugewinnen. Eine Auflösung in Einzelsterne ist mit kleinen Fernrohren freilich nicht möglich, dazu bedarf es schon größerer optischer Dimensionen!

Nebelflecke

Verschwommen leuchtende, nebelartige Gebilde am nächtlichen Sternenhimmel können verschiedener Natur sein. Entweder haben wir es dabei mit sehr weit entfernten Sternansammlungen zu tun, eigenen Milchstraßensystemen aus Milliarden Sternen, oder wir finden wirkliche Nebel am Himmel, die aus riesigen Wolken leuchtender kosmischer Gase bestehen. Diese Gasnebel gehören noch dem System unserer eigenen Milchstraße an.

Der hellste und schönste Nebelfleck des ganzen Himmels ist der große Gasnebel im Wintersternbild Orion, der unterhalb der drei Gürtelsterne im kleinsten Opernglas als verschwommene Lichttrübung erkennbar ist. In einem guten Feldstecher kann man schon einige seiner zarten Ausläufer bemerken, im Fernrohr bieten die leuchtenden, scheinbar wallenden Nebelmassen einen wundervollen Anblick.

Ebenso hell ist der Nebelfleck mitten im Sternbild der Andromeda, den schon das bloße Auge als längliche Lichtspindel wahrnehmen kann. Schon im Opernglas und noch besser im Feldstecher oder kleinen Fernrohr erkennt man die flache Nebelscheibe, die in Wirklichkeit aus Milliarden Sternen besteht und ein fernes Milchstraßensystem darstellt.

Allerdings: Die Anzahl der mit unseren kleinen Instrumenten sichtbaren Weltinseln und Spiralnebel ist nicht übermäßig groß. Wer hier tiefer in die extragalaktischen Räume jenseits unserer Milchstraße hinausgreifen möchte, muß dann schon stärkere optische Mittel zur Verfügung haben.

Die Serie der im folgenden vorgestellten Sternbilder umfaßt nicht alle Sternbilder, die an unserem Himmel sichtbar sind, sondern nur jene, in denen für den Anfänger-Sternfreund interessante und schon mit kleinen Fernrohren sehenswerte Objekte winken. Die Reihenfolge ist dem Wandel der Jahreszeiten entsprechend gewählt.

Frühling

Der Große Bär oder Himmelswagen

Das bekannteste und populärste Sternbild ist ohne Zweifel der Große Bär, auch Großer Wagen oder Himmelswagen genannt. Seine sieben hellen Sterne sind in ihrer Konstellation so auffallend, daß man dieses Bild auch als Wegweiser zum Aufsuchen anderer Sternbilder benutzen kann. Vier Sterne bilden den Kasten des Wagens und drei die Deichsel. Zum Frühlingsanfang finden wir gegen Mitternacht den Großen Wagen senkrecht über uns im Zenit. Am Anfang des Sommers steht das Sternbild zur Mitternachtsstunde bereits eine Vierteldrehung des Himmels weiter in nordwestlicher Richtung; die Deichsel ist steil nach oben gerichtet. Wieder ein Vierteljahr später, wenn der Herbst beginnt, hat der Große Wagen seine tiefste Stellung erreicht und liegt nun gegen Mitternacht flach über dem Nordhorizont, die Deichsel nach Westen

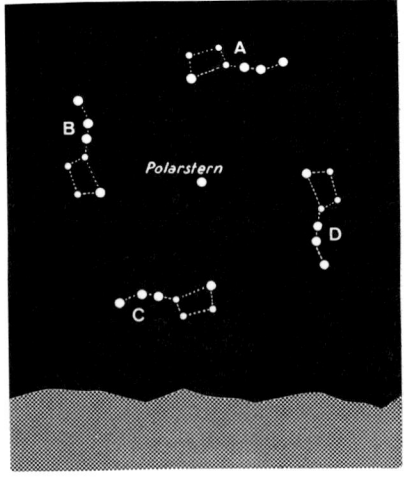

Abb. 83. Die vier jahreszeitlichen Grundstellungen des Großen Wagens.
A Frühling. Der Große Wagen steht senkrecht über uns im Zenit, die Deichsel zeigt nach Osten. Am südlichen Himmelsabschnitt, fast genau im Meridian, dominiert der Löwe.
B Sommer. Der Große Wagen befindet sich im Nordwesten, die Deichsel ist nach Westen gestreckt. Am Südabschnitt des Himmels steht das Sommerdreieck Deneb-Wega-Atair.
C Herbst. Der Große Wagen liegt tief über dem Nordhorizont, die Deichsel zeigt nach Nordwest. Am südlichen Himmelsabschnitt stehen die Sternbilder Pegasus und Andromeda.
D Winter. Der Große Wagen klettert im Nordosten nach oben, die Deichsel hängt zum Nordhorizont. Der südliche Himmelsteil wird vom Orion beherrscht.

132

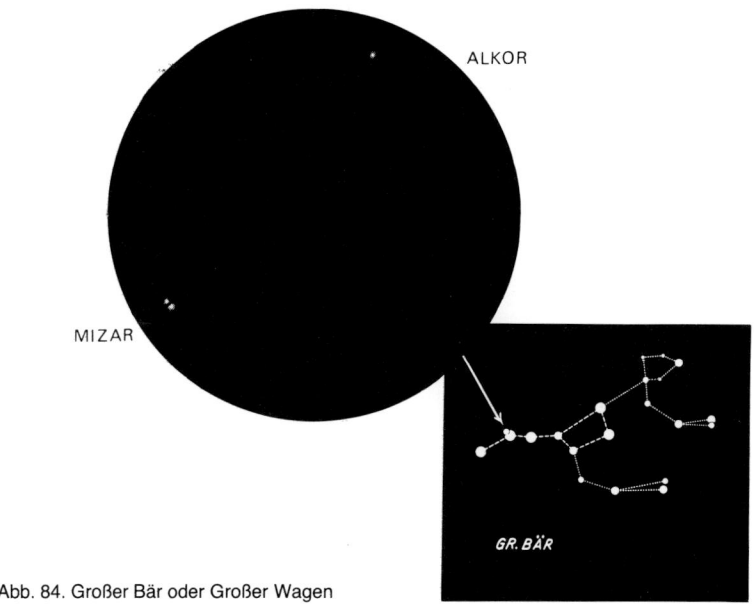

ALKOR

MIZAR

GR. BÄR

Abb. 84. Großer Bär oder Großer Wagen

gestreckt. Zum Winteranfang und um die Weihnachtszeit schließlich, beginnt der Große Wagen wieder nach oben zu klettern; die Deichsel hängt nach unten zum Horizont. Diese vier Grundstellungen des Großen Bären oder Großen Wagens geben an, welche Jahreszeit am Himmel gerade herrscht.

Da der Große Wagen mitsamt dem Himmelsgewölbe in 24 Stunden eine volle Umdrehung macht, rückt natürlich im Laufe der Nacht das Sternbild jeweils in 6 Stunden von einer Stellung in die andere. So wird man den Großen Wagen zur Weihnachtszeit abends nach Einbruch der Dunkelheit noch in seiner Herbststellung finden, gegen Mitternacht dominiert dann die Winterposition, während am Morgenhimmel vor dem Hellwerden schon die Frühlingsstellung erkennbar ist. So kann der Beobachter in einer langen Winternacht vom Abend bis zum frühen Morgen am Sternenhimmel drei Jahreszeiten an sich vorbeiziehen lassen! Es ist immer wieder faszinierend, am Himmel die Jahreszeiten sozusagen im Vorgriff zu erleben, wie beispielsweise den aufgehenden Orion an einem sommerlichen Augustmorgen oder das bekannte Sommerdreieck am Osthimmel nach einer klirrkalten Winternacht. Gerade solche Beobachtungsnächte, die mehrere Jahreszeiten hintereinander vereinen, sind eine gute Gelegenheit zu einem raschen Kennenlernen der Sternbilder, während der Abendbeobachter nur jeweils einen Viertelausschnitt des Himmels erfaßt und somit auf den jahreszeitlich sichtbaren Teil eingeschränkt bleibt.

Der mittlere Deichselstern des Großen Wagens, da wo die Deichsel abgeknickt erscheint, ist aus zwei Gründen interessant: Runde 12 Bogenminuten von ihm entfernt steht ein Stern +5. Größe, Alkor, das Reiterlein, auch Augenprüfer genannt. Ein scharfes Auge erkennt ihn mühelos, sonst ist er schon im kleinsten Theaterglas leicht zu erkennen. Der Stern selbst, Mizar, ein Doppelstern, ist $+2^m$, 4. Größe, der Begleiter $+4^m$, 2. Größe. Der Abstand der beiden Sterne voneinander beträgt 14 Bogensekunden. Ab etwa 20facher Vergrößerung sind beide Sterne zu trennen. Bei dieser Vergrößerung sind alle drei Sterne im Gesichtsfeld: der helle Mizar mit seiner knapp nebendran stehenden Komponente und fast am Gesichtsfeldrand das jetzt weit abgetrennte Reiterlein. Gerade für den Anfänger zählt Mizar zu den ersten sehenswerten und leicht auffindbaren Fixsternobjekten.

Polarstern und Kleiner Wagen

Wenn man die Entfernung zwischen den beiden Hinterradsternen des Großen Wagens runde 5mal nach Norden verlängert, trifft man direkt auf den Polarstern, der in dieser sternarmen Gegend um den nördlichen Himmelspol sofort ins Auge fällt. Mit einer Helligkeit von $+2^m_{\cdot}1$ ist der

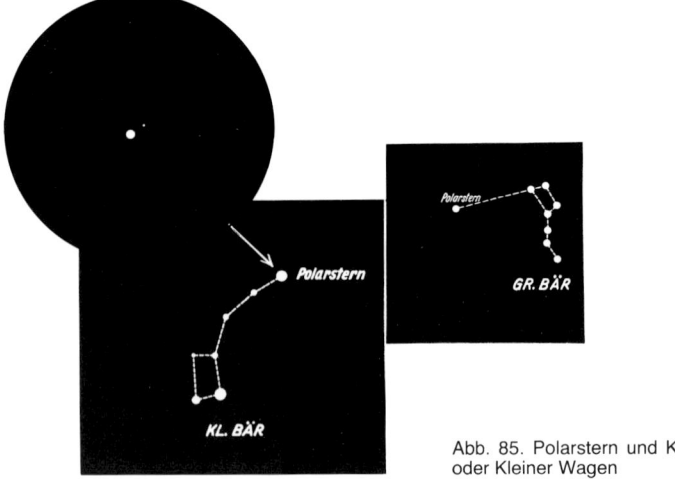

Abb. 85. Polarstern und Kleiner Bär oder Kleiner Wagen

Polarstern der Hauptstern des Sternbildes Kleiner Wagen oder Kleiner Bär. Legt man das Bild des Kleinen Wagens zugrunde, bildet der Polarstern oder Polaris den letzten Deichselstern. Der Polarstern ist ein Überriese vom Spektraltypus F 8 mit 2000facher Sonnenleuchtkraft und 8facher Sonnenmasse; seine Entfernung beträgt 470 Lichtjahre. Er ist auch sozusagen der Mittelpunkt zwischen den Sternbildern Großer Wagen und Kassiopeia, die einander diametral gegenüberstehen. Damit stehen sich gewissermaßen auch zwei Jahreszeiten gegenüber: Im Herbst, wenn der Große Wagen tief am Nordhorizont liegt, dominiert die W-förmige Kassiopeia hoch oben im Zenit, im Frühjahr ist es genau umgekehrt.

Den Fernrohrbeobachter wird interessieren, daß auch der Polarstern ein Doppelstern ist: 18 Bogensekunden von dem $+2^m_.1$ hellen Hauptstern entfernt steht der nur $+9^m_.0$ helle Begleiter. Trotz des enormen Helligkeitsunterschiedes läßt bei guten atmosphärischen Bedingungen der relativ große Abstand diesen schwachen Nebenstern schon im 60-mm-Fernrohr erkennen!

Löwe

Es ist nicht schwierig, aus den durchwegs hellen Sternen die Gestalt eines liegenden Löwen zu erkennen. Der Löwe erscheint bereits im Osten, wenn Orion und die gesamte Gruppe der Wintersternbilder am Südabschnitt des Himmels versammelt sind. Während der Frühjahrsmonate steht der Löwe im Süden und begleitet sozusagen als südlicher Anschluß den Großen Wagen zum Frühlingshimmel. Der Hauptstern des Löwen, Regulus, liegt direkt an der Ekliptik, hat eine Helligkeit von $+1^m_.3$ und ist 85 Lichtjahre entfernt. Er ist 100mal heller und 4mal größer als unsere Sonne. Bei einem Spektraltyp von B 8 hat der Stern eine Oberflächentemperatur von nahezu 14000 Grad Celsius und erscheint uns fast strahlendweiß. In einem Abstand von 176 Bogensekunden kann schon mit einem 60-mm-Fernrohr ein Begleiter von der Größe $+7^m_.6$ gesehen werden, während der engere Begleiter mit 4 Bogensekunden Distanz und 13. Größe schon stärkere optische Mittel erfordert.

Der hintere Schwanzstern des Löwen, Denebola (Helligkeit $+2^m_.2$),ist ein schon im Feldstecher leicht zu trennender Doppelstern. Der $+6^m$ helle Begleiter steht in einem Abstand von mehr als 18 Bogenminuten (1134 Bogensekunden) so weit weg, daß er ohne weiteres mit freiem Auge zu sehen sein müßte – wenn er nur ein wenig heller wäre!

Nahe der Mitte auf der Linie zwischen Regulus und Denebola liegt der Spiralnebel M 96, mit einer Helligkeit von $+8^m_.7$ bereits im Feldstecher als matter Lichtfleck erkennbar. Im 60-mm-Fernrohr und noch besser mit

Abb. 86. Löwe

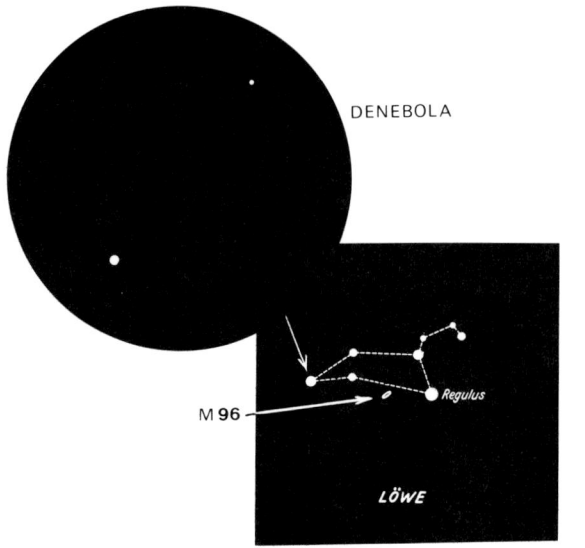

einem 110-mm-Spiegelteleskop sieht man schon ab 50facher Vergrößerung die rundlich-ovale Gestalt dieser Weltinsel, deren Entfernung über 5
Millionen Lichtjahre beträgt.

Jungfrau und Haar der Berenike

Dem Frühlingssternbild Löwe folgt auf dem Fuße die Jungfrau, deren
Hauptstern Spika mit einer Helligkeit von $+1^{m}_{.}2$ fast genau an der
Ekliptik steht. Spika ist 220 Lichtjahre entfernt und erscheint in einer
bläulichweißen Farbe, der Spektraltyp ist B 2, mit mehr als 1000facher
Leuchtkraft unserer Sonne beträgt die Oberflächentemperatur der Spika
an die 20 000 Grad Celsius.

Ein schöner Doppelstern für kleine Fernrohre ist Gamma (γ) in der
Jungfrau mit zwei gleich hellen Komponenten ($+3^{m}_{.}7$ und $+3^{m}_{.}7$) und
einem Abstand von 6 Bogensekunden; ab etwa 50facher Vergrößerung ist
das Sternenpaar klar und deutlich zu trennen.

Nördlich der Jungfrau, in Richtung zum Löwen, stehen die vielen
schwachen Sterne vom Haar der Berenike. In dieser Gegend gibt es
zunächst einmal den offenen Sternhaufen M 53, der mit einer Gesamthelligkeit von $+6^{m}_{.}9$ eine sehr locker verteilte Gruppe schwacher Sterne

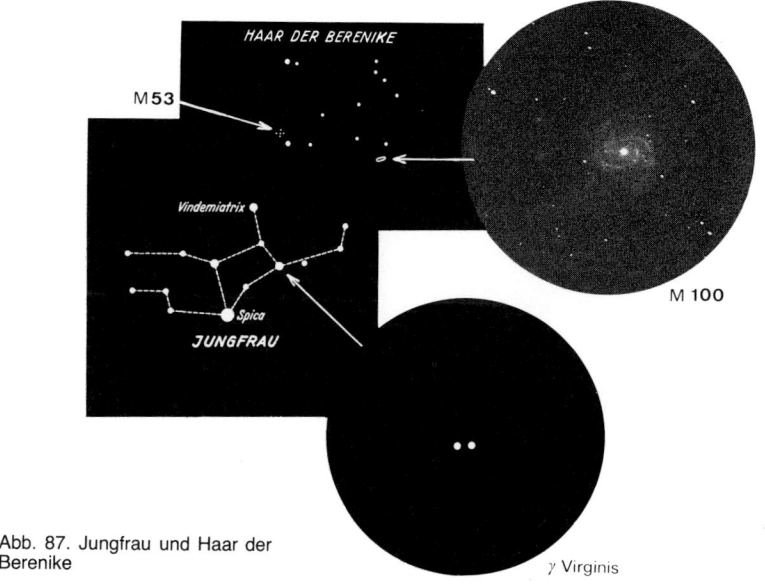

Abb. 87. Jungfrau und Haar der Berenike

darstellt. Im Feldstecher als nebliger Fleck erkennbar, zeigen Fernrohre ab 60 mm Durchmesser hier etwa 40 bis 50 Sterne von der 8. bis zur 10. Größenklasse. Schon etwas schwieriger für kleine Instrumente ist der Spiralnebel M 100, der mit einer Helligkeit von $+9^m,7$ im 60-mm-Refraktor und noch besser im 110-mm-Spiegelteleskop als matter Lichtfleck erscheint. M 100 ist eine typische mehrarmige Spirale, auf deren Hauptebene wir fast senkrecht schauen. Wer mit einem lichtstarken Feldstecher oder mit dem Fernrohr bei schwacher Vergrößerung den Himmelsabschnitt im Haar der Berenike in dunkler Nacht durchmustert, wird in diesem Bereich immer wieder auf zarte Lichtflecken stoßen, die sich durch ihre nebelhafte Verwaschenheit von den üblichen Sternen unterscheiden. Hier befindet sich eine der eindrucksvollsten Galaxien-Ansammlungen des Himmels und ein Fenster in sagenhafte Fernen. Freilich sind selbst die hellsten Spiralnebel dieser Gegend bei der 10. Größenklasse, so daß schon einige Beobachtungsgeduld nötig ist, sie mit kleinen Teleskopen aufzustöbern. An manchen Stellen stehen drei bis vier Weltinseln gleichzeitig im Gesichtsfeld!

Sommer

Herkules und Kugelsternhaufen

Herkules ist eines der ausgedehntesten Sternbilder; es steht im Übergangsgebiet vom Frühlings- zum Sommersternhimmel in der Gegend westlich der Leier. Der Anfänger wird zunächst Schwierigkeiten haben, diese Figur aus weitverstreuten Sternen 3. und 4. Größe zu erfassen. Man halte sich am besten an die viereckige Zentralpartie, von der aus die weitverzweigten Ausläufer zu finden sind. Der Hauptstern Ras Algethi steht allerdings nicht im Zentrum, sondern am äußersten Ende des südlichen Sternenastes. Er ist nicht nur ein roter Riesenstern mit 680fachem Sonnendurchmesser, sondern auch ein Veränderlicher, dessen Helligkeit zwischen $+3^m_,0$ und $+4^m_,0$ um eine volle Größenklasse schwankt. Im Fernrohr ab 60 mm Öffnung ist er außerdem noch doppelt; der gelbliche Begleiter ist ein Stern $+5^m$, 4. Größe in knapp 5 Bogensekunden Abstand.

Von besonderem Interesse aber ist der berühmte Kugelsternhaufen im Herkules (M 13), der als der glänzendste Kugelhaufen des nördlichen Himmels gilt. Mit einer Helligkeit von $+4^m$ müßte er eigentlich im Bereich des freien Auges liegen, wenn dieses Licht auf einen Punkt konzentriert wäre. Es handelt sich jedoch um eine flächenhafte Helligkeit, so daß wir schon den Feldstecher holen müssen, um das Objekt auszumachen. Neben den scharfen Nachbarsternen im Gesichtsfeld fällt der „unscharfe Stern" sofort ins Auge. Im Fernrohr ab 60 mm Durchmesser und bei nicht zu schwacher Vergrößerung (ab etwa 50fach) erweitert sich der „Nebelstern" allmählich zu einem matten Lichtball, so daß die Kugelgestalt erkennbar wird. Recht viel mehr werden wir freilich mit unseren kleinen Fernrohren diesem Objekt nicht abtrotzen können. Die wahre Pracht dieses Kugelsternhaufens wird erst in größeren Rohren sichtbar, wenn es gelingt, die Randpartien in Einzelsterne aufzulösen. Nachdem diese Sterne bei der 11. und 12. Größenklasse liegen, bedarf es schon 6 bis 8-zölliger Instrumente, um sie im einzelnen wahrnehmen zu können. In einem Fernrohr mit 30 oder 40 cm Durchmesser bietet M 13 in dunkler Nacht ein überwältigendes Bild!

Die Kugelsternhaufen sind geballte Sternansammlungen außerhalb unseres Milchstraßensystems, sozusagen die Vororte und Villenkolonien am Rande unserer Sternenstadt. Der Kugelhaufen im Herkules ist 24 000 Lichtjahre entfernt und besteht aus Zehntausenden von Sonnen, die im Zentrum des Haufens nicht mehr Lichtjahre, sondern möglicherweise nur noch Lichtmonate weit auseinanderliegen – man stelle sich den Sternenhimmel vor, den die Bewohner eines hypothetischen Planeten im

Abb. 88. Herkules und Kugelsternhaufen

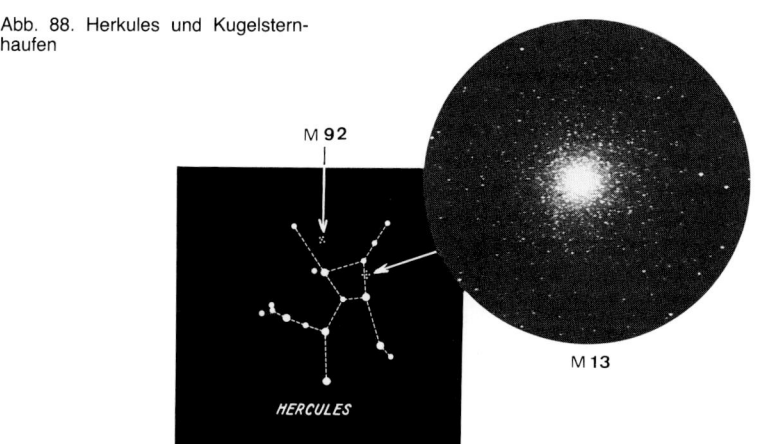

M 92

M 13

HERCULES

Zentralgebiet eines solchen Kugelhaufens haben! Die Kugelsternhaufen gehören zu den ältesten Gebilden unseres Sternsystems und wahrscheinlich des ganzen Kosmos überhaupt, nachdem auch bei anderen Weltinseln solche Kugelhaufen festgestellt worden sind.

Und weil wir jetzt schon auf der Kugelsternhaufen-Pirsch sind, können wir auch noch nach dem Kugelhaufen M 92 im Herkules Ausschau halten. Er steht etwa oberhalb des Herkules-Zentralvierecks und ist mit der Helligkeit von $+5^m_{\cdot}1$ natürlich nicht so eindrucksvoll wie M 13. Aber immerhin kann der Anfänger-Beobachter auch hier seine „Entdecker"-Freude auskosten!

Leier mit Ringnebel

Der Sommersternhimmel wird von drei Leuchtfeuern beherrscht, die als das große Sommerdreieck bezeichnet werden: Atair im Adler, Deneb im Schwan und Wega in der Leier. Die Leier ist ein rautenförmiges kleines, aber dennoch markantes Sternbild, enthält sie doch mit Wega den hellsten Stern des nördlichen Himmels. Während der Sommermonate schiebt sich die Leier, westlich des Milchstraßenbandes liegend, durch die zenitnahe Himmelsregion, so daß wir zur Betrachtung des Sternbildes steil nach oben schauen müssen. Der Hauptstern Wega hat die Helligkeit $0^m_{\cdot}1$ und ist 26 Lichtjahre entfernt, gehört also sozusagen zu den Nachbarsonnen unseres Planetensystems. Die Leuchtkraft dieses Sterns ist 45mal mächtiger als die unserer Sonne, die gelblichweiße Farbe läßt

139

Abb. 89. Leier mit Ringnebel

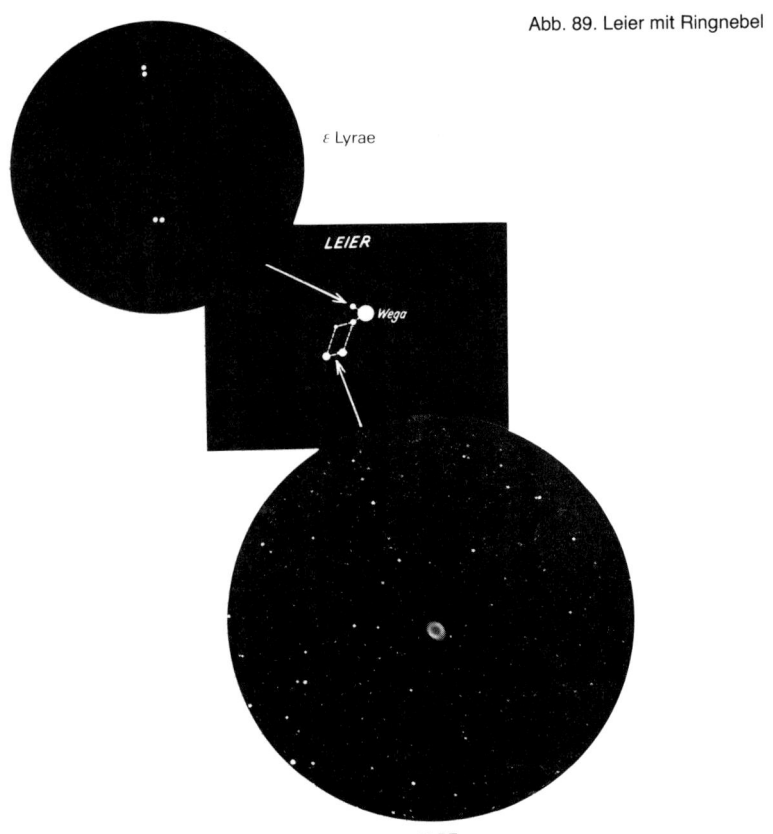

ε Lyrae

LEIER

Wega

M 57

den Spektraltyp A 1 erkennen. Dementsprechend liegt die Oberflächentemperatur bei 12 000 Grad Celsius.

Für den Fernrohrbeobachter hat die Leier einige Paradeobjekte zu
bieten. Da ist zunächst das sehenswerte Doppelsternsystem Epsilon (ε),
das knapp östlich Wega leicht aufzufinden ist. Die beiden Hauptsterne
dieses Doppelpaares, Epsilon 1 und Epsilon 2, haben die 5. Größenklasse
und stehen rund 3 Bogenminuten auseinander, so daß sie von einem
guten Auge und mühelos mit dem kleinsten Operngucker getrennt
werden können. Überraschend ist der Blick durch ein Fernrohr ab 60 mm
Durchmesser und ab etwa 50facher Vergrößerung. Dann zeigt sich

nämlich, daß jeder dieser beiden Sterne wieder doppelt ist. Epsilon 1: $+5^m_{.}1$ und $+6^m_{.}1$, Abstand 3 Bogensekunden; Epsilon 2: $+5^m_{.}1$ und $+5^m_{.}4$, Abstand 2 Bogensekunden. Ein vierfaches System also, das den Beobachter immer wieder zu fesseln vermag. Und gleichzeitig ein ideales Prüfobjekt für unser Fernrohr: Ein guter 2-Zöller und erst recht größere Optiken müssen die beiden Paare bei guten atmosphärischen Bedingungen scharf und klar trennen!

Ein Objekt ganz anderer Art ist ziemlich genau zwischen den beiden hinteren Sternen des etwas verschobenen Leier-Vierecks zu finden. Hier kann man schon mit dem Feldstecher nach dem berühmten Ringnebel (M 57) suchen, der bei klarem, dunklem Himmel als winziges mattes Lichtscheibchen mit einer Flächenhelligkeit von $+9^m$ festgestellt werden kann. Fernrohre ab 60 mm lassen die Ringgestalt erkennen, wenn die Vergrößerung nicht zu schwach ist (etwa ab 80fach). Dann hat der Beobachter den Eindruck eines zarten Rauchringes vor dem schwarzen Himmelshintergrund. Dieser Ringnebel ist in Wirklichkeit eine über 5000 Lichtjahre entfernte Gaskugel, die als Folge einer Sternexplosion (einer sog. Nova) mit 38 Kilometer pro Sekunde auseinanderstrebt. Der Stern, von dem diese Explosion einstmals ausgegangen war, steht ziemlich genau im Zentrum des Rings. Mit einer Helligkeit von fast $+15^m$ ist er freilich unseren kleinen Fernrohren nicht zugänglich.

Schwan

Mitten im Zuge der nördlichen Milchstraße liegend gehört das kreuzförmige Sternbild Schwan zu den Sommersternbildern und wandert von Mai bis in den Herbst hinein durch das zenitnahe Himmelsgebiet. Der Hauptstern Deneb (Helligkeit $+1^m_{.}2$) ist ein Lichtgigant mit der 10 000fachen Helligkeit unserer Sonne und leuchtet aus 1500 Lichtjahren zu uns herüber. Der Spektraltyp A 2 läßt den Stern gelblichweiß erscheinen. Deneb gehört zu den charakteristischen Sommerdreieck, das aus den Sternen Deneb, Wega in der Leier und Atair im Adler gebildet wird.

In einer klaren dunklen Sommernacht lohnt es sich, mit dem Feldstecher durch die hier besonders sternreichen Gegenden der Milchstraße zu spazieren – in einem lichtstarken Glas erscheinen Tausende nadelfein glänzender Sterne im Gesichtsfeld.

Ein schönes Objekt für Feldstecher und Fernrohr ist der Doppelstern Albireo, der Kopfstern des Schwans. Der Hauptstern ist $3^m_{.}2$ hell und erscheint orange, der Begleiter hat die Helligkeit $+5^m_{.}4$ und ist bläulich, der Abstand der beiden Komponenten beträgt 35 Bogensekunden. Der offene Sternhaufen M 39 nordöstlich Deneb, mit einer Helligkeit von

+5^{m}3, zeigt im kleinen Fernrohr etwa 30 Sterne, die sich hier aus dem zarten Sternenhintergrund der Milchstraße hervorheben.
Ein bemerkenswertes Objekt ist der wegen seiner Form sogenannte „Nordamerika"-Nebel (NGC 7000) knapp östlich von Deneb. Dieser Gasnebel wurde erst um die Jahrhundertwende auf photographischen Aufnahmen entdeckt, was den Schwierigkeitsgrad dieses Objekts erahnen läßt. Der Nebel besitzt eine äußerst schwache Flächenhelligkeit, und ein lichtstarker Feldstecher, von etwa 50 mm Öffnung an aufwärts, ist durchaus dazu geeignet, ihn sichtbar zu machen. Das erste Aufsuchen gestaltet sich infolge der sternreichen Gegend nicht einfach. Wenn man ihn aber einmal gefunden hat, wird man überrascht sein, wie gut sich die markante Nebelfigur aus dem Sternengewimmel herauslöst. Der Himmel muß freilich zu solchen Beobachtungen ganz dunkel, ohne Mondlicht und sehr durchsichtig sein; ebenso kann auch hier das „Stäbchensehen" mit Erfolg eingesetzt werden. Dies mag als Ansporn dienen, sich in einer klaren Sommernacht nach dem Nordamerika-Nebel auf die Pirsch zu machen!

Abb. 90. Schwan

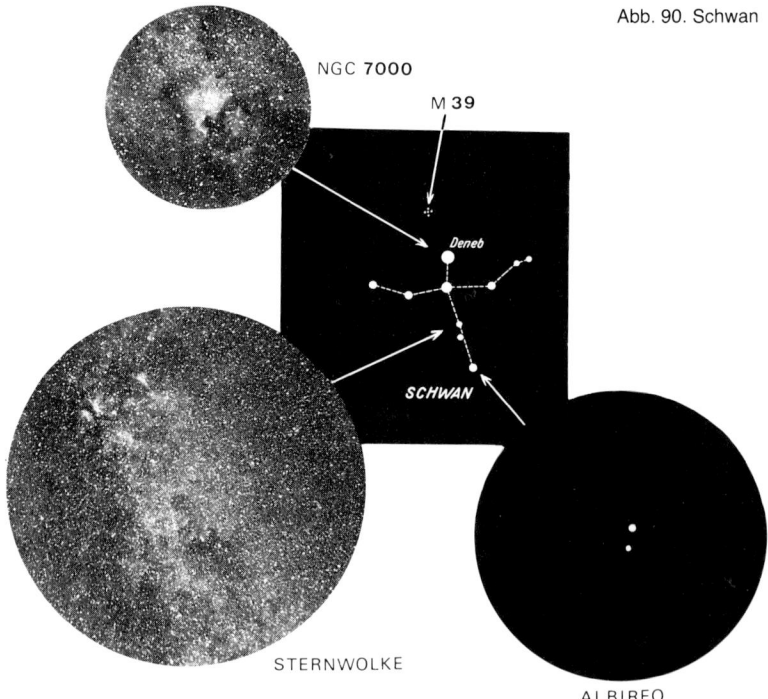

NGC 7000

M 39

Deneb

SCHWAN

STERNWOLKE

ALBIREO

Adler mit Atair

Einem fliegenden Vogel mit ausgebreiteten Schwingen ähnlich schwebt der Adler im Laufe der Sommermonate am südlichen Himmelsabschnitt entlang und birgt mit seinem Hauptstern Atair (Helligkeit $0^m\!,8$) den dritten hellen Stern des großen Sommerdreiecks. Atair ist mit 16 Lichtjahren Abstand ein „Nachbar" unserer Sonne, übertrifft sie jedoch an Leuchtkraft um das 8fache und hat als A 7-Stern eine Oberflächentemperatur von 8500 Grad Celsius.

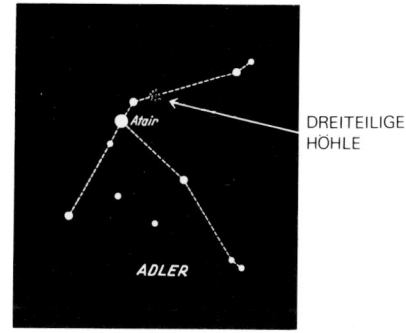

Abb. 91. Adler

Die sommerliche Milchstraße ist im Bereich des Adlers schon sehr hell und zeigt insbesondere im lichtstarken Weitwinkelfeldstecher einen faszinierenden Reichtum an Sternen. Gerade zur Urlaubszeit sollte sich der Natur- und Sternfreund einmal den nächtlichen Beobachtungsgenuß verschaffen, sich mit einem Feldstecher bewaffnet in den Liegestuhl zu strecken und mit dem Fernglas an der sommerlichen Milchstraße entlangzuwandern. Er wird diesen Spaziergang durch ein Meer von nadelfein glänzenden Sternen, stellenweise bizarr zerklüftet durch kosmische Dunkelwolken, so rasch nicht vergessen. Bei einer solchen Gelegenheit kann auch nach der dreiteiligen „Höhle" im Adler Ausschau gehalten werden, einer dreizackähnlichen Dunkelwolke, die sich knapp westlich des Atair vom leuchtenden Sternenhintergrund der Milchstraße abhebt.

Skorpion

Dieses Sommersternbild ist in unseren Breiten nur zum Teil sichtbar; der ausgedehnte südliche Teil mit dem „Stachel" des Skorpions liegt für Mitteleuropa schon unter dem Horizont, so daß wir uns sozusagen mit dem „Vorderleib" des himmlischen Ungeziefers begnügen müssen. Hier allerdings befindet sich das „Herz" des Skorpions mit dem rötlichen Hauptstern Antares, dessen Helligkeit in einem Zeitraum von 1733 Tagen zwischen $+1^m\!,2$ und $+1^m\!,8$ schwankt. Die rote Farbe und die Veränderlichkeit lassen schon erkennen, daß es sich hier um einen pulsierenden Riesenstern handelt, der 330 Sonnendurchmesser aufweist und als M 1-Stern eine Oberflächentemperatur von 3000 Grad Celsius

Abb. 92. Skorpion

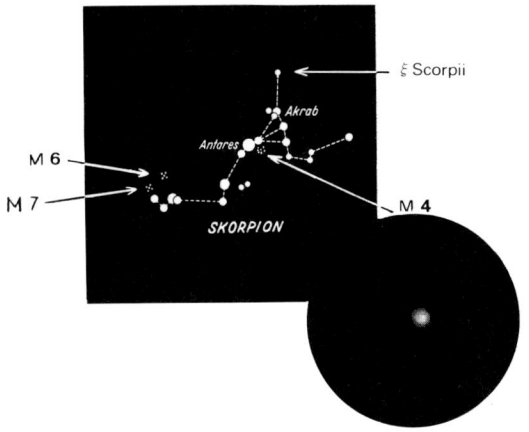

besitzt. Seine 10 000fache Sonnenhelligkeit wird aus 360 Lichtjahren zu uns herübergestrahlt. Antares ist außerdem ein Doppelstern; die Helligkeit des nur 3 Bogensekunden abstehenden Begleiters liegt bei $+6^m,5$, so daß schon ein 80 bis 100-mm-Rohr erforderlich ist, um ihn sicher erfassen zu können. Und auch hier haben wir den Fall, daß der Begleitstern eine erheblich höhere Temperatur hat als Antares und infolgedessen neben dem roten Hauptstern deutlich blau erscheint. Leichter zu trennen ist der Stern Xi (ξ) oberhalb Akrab im „Scherenteil" des Skorpions; die Helligkeit der beiden Komponenten beträgt $+4^m,2$ und $+6^m,2$, der Abstand 6 Bogensekunden, von einem 60-mm-Fernrohr ab 50facher Vergrößerung mühelos aufzulösen. Noch leichter zu trennen ist Akrab selbst ($+2^m,9$), der in 14 Bogensekunden Abstand einen $+5^m,0$ hellen Nebenstern anzubieten hat.

Für Feldstecher und kleine Fernrohre zeigt der Skorpion mit M 6 und M 7 zwei offene Sternhaufen, die mit je etwa 50 Sternen recht schön anzuschauen sind, während der Kugelsternhaufen M 4 direkt unterhalb Antares mit einer Gesamthelligkeit von $+5^m,2$ im Feldstecher als nebelartiger Stern und ab 50facher Vergrößerung im kleinen Fernrohr wie ein zarter Lichtball erscheint.

Schütze

Ihren Höhepunkt erreicht die sommerliche Milchstraße im Bereich des horizontnahen Sternbildes Schütze in dunklen klaren Sommernächten. Hier leuchtet die Milchstraße so hell, daß sie sich deutlich im schwarzen

Wasser stiller Gewässer widerspiegelt. Warum eigentlich ist die Sommer-milchstraße eindrucksvoller als der winterliche Milchstraßenabschnitt? Das kommt von der Lage unseres Sonnensystems in unserer Galaxis. Bekanntlich befindet sich die Sonne in einem seitlichen Spiralarm, also schon nahe dem Rand der Weltinsel, runde 30 000 Lichtjahre vom Zentrum entfernt. Bei Sommer auf der Nordhalbkugel ist die Nachtseite der Erde zum Milchstraßenzentrum gerichtet, also dorthin, wo sich die meiste leuchtende Materie in Form von Sternen befindet. Allein im Zentrum des Milchstraßensystems befinden sich etwa 50 Milliarden Sonnen! Im Winter dagegen blicken wir bei Nacht in die entgegengesetzte Richtung zu den äußeren Partien des Milchstraßensystems, wo die Anzahl der Sterne immer geringer wird, die sich allmählich im leeren Raum jenseits der Milchstraße verlieren. Kein Wunder also, daß die Wintermilchstraße nur wenig an Leuchtkraft zu bieten hat.

Während das Sternbild Schütze durch seine weithin verstreuten Sterne 2. und 3. Größe nur schwer als einprägsame „Figur" zu erfassen ist und in unseren Breiten in der tiefsten Ekliptikgegend knapp am Südhorizont

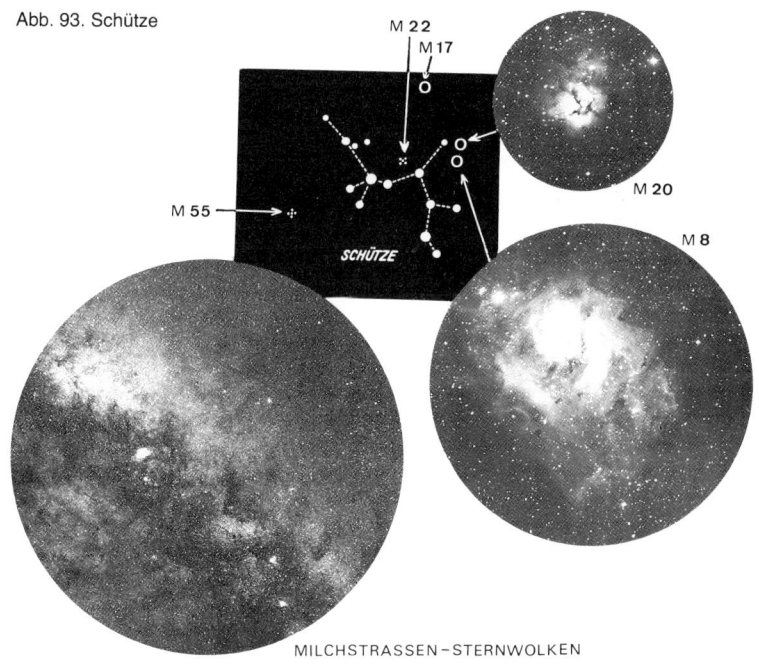

Abb. 93. Schütze

M 22
M 17

M 55

M 20

M 8

SCHÜTZE

MILCHSTRASSEN-STERNWOLKEN

steht, enthält es viele interessante Sternhaufen und Nebel, so daß sich ein Feldstecher- und Fernrohr-Spaziergang durch diesen Himmelsabschnitt allemal lohnt. Da sind insbesondere die Kugelsternhaufen M 22 und M 55 erwähnenswert. M 22 ist $+5^m_.7$ hell und mit insgesamt 70 000 Sternen in 22 000 Lichtjahren Abstand nach M 13 im Herkules der schönste bei uns noch sichtbare Kugelsternhaufen. M 55 ist mit $+6^m_.4$ und größerer Entfernung (29 000 Lichtjahre) schon nicht mehr so eindrucksvoll und außerdem so horizontnah, daß nur eine völlig freie Sicht nach Süden seine Beobachtung möglich macht. Etwa auf gleicher Höhe wie M 22 liegt M 8, ein großer Nebel-Sternhaufen mit der Helligkeit $+5^m_.8$, in den mehrere Sterne diffus und verschwommen eingebettet erscheinen. Ebenfalls in dieser Gegend liegen die schönen Gasnebel M 17 (Omeganebel) und M 20 (Trifidnebel), die der Himmelsspaziergänger mühelos schon mit dem Feldstecher aufstöbern wird, um sie dann mit dem 60-mm-Refraktor oder dem 110-mm-Spiegelteleskop bei schwacher Vergrößerung noch eingehender bewundern zu können.

Herbst

Kassiopeia und Perseus

Schon während des Spätsommers klettert im Nordosten die aus fünf hellen Sternen gebildete W-förmige Gruppierung des Sternbildes Kassiopeia empor, um im Herbst steil im Zenit als markante und unübersehbare Sternenfigur zu dominieren. Eigentlich ist die Kassiopeia als zirkumpolares Sternbild das ganze Jahr über am Himmel, die einzelnen Positionen werden lediglich von den Jahreszeiten bestimmt. Den Hintergrund zu den Sternen durchschnittlich 2. Größe, aus denen die Kassiopeia zusammengesetzt ist, bildet die Milchstraße, die sich in diesem Himmelsgebiet in mittlerer Helligkeit darstellt, sozusagen als Verbindungsstück der hellen Sommermilchstraße und des schwächeren Milchstraßenabschnittes am Winterhimmel.
Hauptstern der Kassiopeia ist Schedir mit einer Helligkeit von $+2^m_.2$ und wegen seines Spektraltyps K O orangefarben. Die Entfernung beträgt 160 Lichtjahre, die Leuchtkraft ist 200mal größer als die der Sonne.
Ein Beobachtungsobjekt für Fernrohre ab 60 mm Öffnung bei Vergrößerungen von 80 bis 100fach ist der Doppelstern Eta (η) knapp neben Schedir. Die Helligkeit der Hauptkomponente liegt bei $+3^m_.7$, der Begleiter hat $+7^m_.6$; der Abstand beträgt 6 Bogensekunden.
Östlich an Kassiopeia anschließend erstreckt sich das Sternbild Perseus, eines der sternreichsten Sternbilder, das einer geöffneten Astgabel ähnelt

und sich ebenfalls vor dem Zuge der herbstlichen Milchstraße abzeichnet. Ganz besonderes Interesse beanspruchen hier, etwa zwischen Perseus und Kassiopeia stehend, die beiden prächtigen offenen Sternhaufen h und chi (χ), die schon mit bloßem Auge als milchiger Lichtfleck zu erkennen sind. Gerade für den Feldstecher bei schwacher Vergrößerung und großem Gesichtsfeld bildet dieses Sternhaufenpaar eines der schönsten Objekte an unserem Himmel. Etwa 700 Sterne von der 7. bis 12. Größenklasse geben den beiden Sternhaufen eine Gesamthelligkeit von $+4^m,0$ bzw. $+4^m,5$; die Entfernung dieser Sternansammlungen liegt bei 7000 Lichtjahren. Am Fernrohr, gleich welcher Größe, sollte man bei der Beobachtung darauf achten, die Vergrößerung gering zu halten, um beide Sternhaufen gleichzeitig ins Gesichtsfeld zu bekommen. In dunkler Nacht wird sich dann der Beobachter des Eindrucks nicht erwehren können, sozusagen direkt vor diesem Heer von Sternen in den Tiefen des Alls zu schweben!

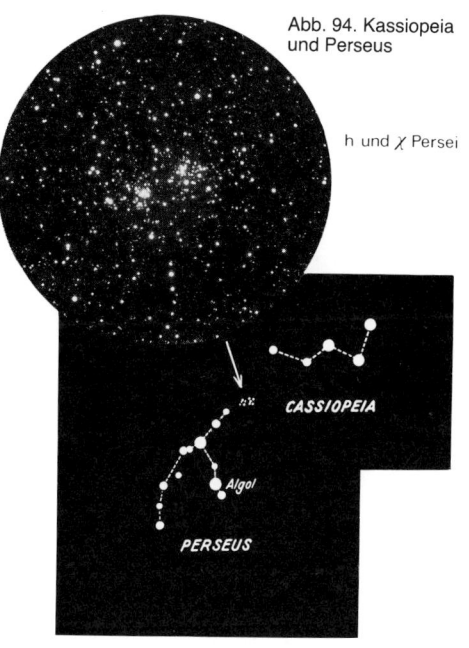

Abb. 94. Kassiopeia und Perseus

h und χ Persei

CASSIOPEIA

Algol

PERSEUS

Gerade im Perseus steht auch der Prototyp eines veränderlichen Sterns, an dem schon der Anfänger einen geradezu handfesten Lichtwechsel verfolgen kann. Es gibt bekanntlich am Himmel eine große Anzahl von Sternen, die ihre Helligkeit regelmäßig oder unregelmäßig verändern. Bei vielen dieser Sterne kennen wir die Ursache des Lichtwechsels: Vorgänge im Innern des Sterns und in seiner Atmosphäre oder aber die Bedeckung durch einen dunklen Begleiter. Zur letzten Klasse gehört Algol im Perseus, dessen Licht mit einer Periode von 2 Tagen, 20 Stunden und 48 Minuten wie ein Blinkfeuer regelmäßig wechselt. Dabei sinkt die Helligkeit Algols ($+2^m,2$) in 4 ½ Stunden auf $+3^m,5$, nimmt aber schon 20 Minuten später wieder zu und hat nach weiteren 4 ½ Stunden den normalen Stand wieder erreicht. Die Ursache dieser Erscheinung ist ein dunkler Begleiter, der Algol wie ein Planet umkreist und ihn in seinem Umlauf verfinstert.

Die Beobachtung veränderlicher Sterne ist für viele Amateurastronomen zu einem interessanten Arbeitsgebiet geworden, das sogar wissenschaftlich wertvolle Ergebnisse bringen kann. Der Arbeitsaufwand ist dabei allerdings schon ganz enorm, während auch an die instrumentelle Ausrüstung und die entsprechenden Meßeinrichtungen bei den heutigen Anforderungen ziemlich hohe Ansprüche gestellt werden müssen. Aber jeder dieser versierten Veränderlichenbeobachter, der heute ernsthafte Arbeit auf diesem Gebiet leistet, hat irgendwann einmal mit dem Bedeckungsveränderlichen Algol im Perseus als Lern- und Studienobjekt angefangen!

Pegasus, Andromeda und Andromedanebel

Die Zweier-Sternbildformation Pegasus und Andromeda herrscht am Herbsthimmel in ihrer dominierenden Beobachtungslage hoch im Süden bis hinauf zum Zenit. Beide Sternbilder, das große Pegasus-Viereck und die langgezogene Andromeda-Kette, sind durch den gemeinsamen Stern Sirrah miteinander verbunden. Im Pegasus sind fürs kleine Fernrohr keine besonders eindrucksvollen Objekte zu vermelden, allenfalls der Kugelsternhaufen M 15 nahe des Sterns Epsilon (ε), der mit einer Helligkeit von $+5^m_{.}2$ Fernrohren ab 60 mm Öffnung als zarter Lichtball zugänglich wird.

Das Paradeobjekt in dieser Himmelsgegend ist freilich der große Andromedanebel (M 31), der mit einer Gesamthelligkeit von $+4^m_{.}6$ über der Mitte des Sternbildes Andromeda im Anschluß an eine kleine Sternkette schon mit freiem Auge in dunkler Nacht als länglicher Lichtfleck erkennbar ist. Feldstecher und Fernrohr zeigen eine elliptische Lichtspindel, die von einem zarten Schimmer umgeben erscheint. Je größer das Fernrohr, um so weiter wird dieser Lichtschein ausgreifen. Der helle Kern ist das Zentralgebiet des Nebels, während der Umgebungsschimmer die Spiralarme andeutet. Dieses Erscheinungsbild hält sich ziemlich konstant bis zu Fernrohren mittlerer Größe; ab 6 Zoll Öffnung eines lichtstarken Spiegelteleskops beginnt sich die Spiralstruktur in Form dunkler Striemen längs des elliptischen Lichtfeldes abzuzeichnen. Die wahre Pracht des Andromedanebels vermögen erst langbelichtete Aufnahmen an Teleskopen größerer Brennweite aus dem Dunkel zu zaubern.

Der Andromedanebel ist ein Sternsystem ähnlich unserer Milchstraße, mit einem Abstand von 2,2 Millionen Lichtjahren die nächstgelegene große Weltinsel und überhaupt die einzige Galaxis, die noch mit unbewaffnetem Auge erfaßbar bleibt. Wie unser eigenes Milchstraßensystem

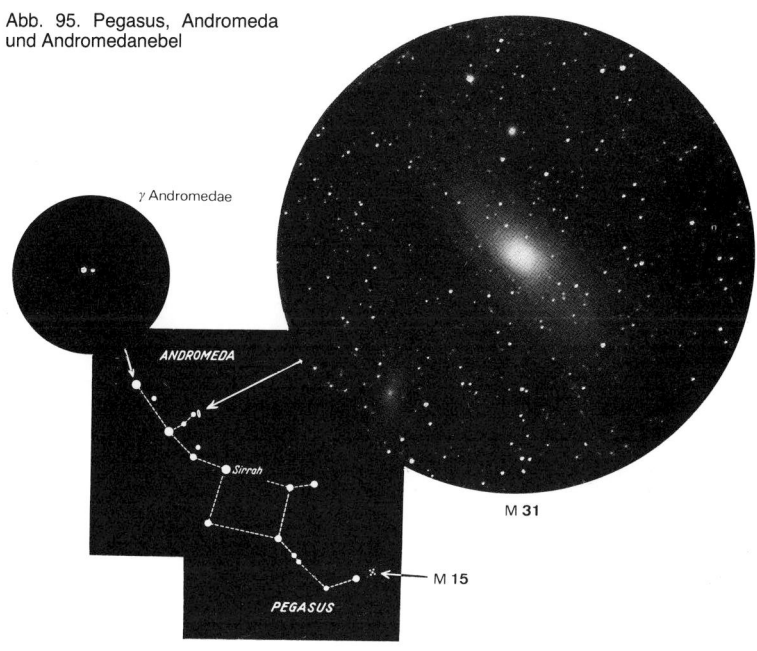

Abb. 95. Pegasus, Andromeda
und Andromedanebel

ist auch der Andromeda-Spiralnebel aus etwa 200 Milliarden Sternen
aufgebaut, deren unvorstellbare Lichtenergie sich bei uns nur noch als
verwaschener Lichteindruck am Himmel zeigt. Dies sollte den Beobachter in erster Linie beeindrucken, wenn er möglicherweise vom Bild des
Andromedanebels im kleinen Fernrohr zunächst enttäuscht ist.
Ein schöner Doppelstern ist schließlich noch Gamma (γ) Andromeda,
der linke Abschlußstern der Andromedakette. Die Helligkeiten der
beiden Komponenten liegen bei $+2^m\!,3$ und $+5^m\!,1$, der Abstand beträgt 10
Bogensekunden, für ein 60-mm-Fernrohr also ein leichtes Objekt. Faszinierend für den Beobachter jedoch der Farbunterschied der beiden
Sterne: Der Hauptstern ist gelblichrot, während der Begleiter in blaugrü-
nem Licht erstrahlt!

149

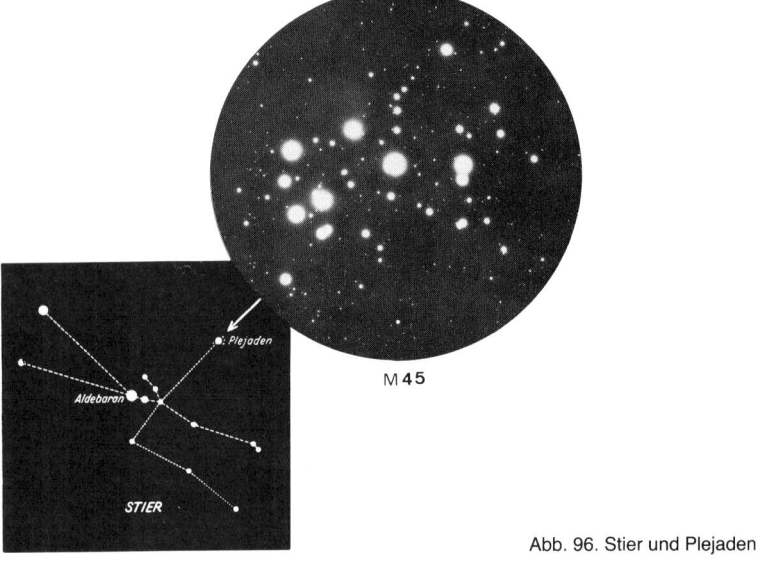

M 45

Abb. 96. Stier und Plejaden

Winter

Stier und Plejaden

An klaren Spätherbstabenden steigt im Nordosten eine Sternengruppe über den Horizont, die dem Beobachter zunächst wie eine geballte Lichtwolke erscheint, sich bei näherer Betrachtung mit freiem Auge jedoch in 6 bis 8 Sterne aufzulösen beginnt: die Plejaden (M 45), auch Siebengestirn und in Norddeutschland Gluckhenne genannt. Als Vorbote des Winters gehört dieser schöne offene Sternhaufen zum Sternbild Stier, das bis ins Frühjahr hinein den Winterhimmel beherrscht. Der rötliche Hauptstern Aldebaran ist ein 50 Lichtjahre entfernter Riesenstern mit dem 35fachen Durchmesser unserer Sonne; seine fast 100fache Sonnenleuchtkraft wird für uns als Stern $+1^m$, 1. Größe dargestellt.

Die durchschnittliche Helligkeit der hellsten Plejadensterne liegt bei der 3. und 4. Größenklasse. Insgesamt beinhalten die Plejaden rund 200 Sterne, die bis zur +15. Größenklasse reichen. Das Alter der fast 500 Lichtjahre entfernten Sternenansammlung wird auf etwa 50 Millionen Jahre geschätzt. Es handelt sich hier also um verhältnismäßig junge und sehr energiereiche Sonnen.

Im Feldstecher und Fernrohr vermitteln die Plejaden den Eindruck eines glitzernden Perlenhaufens. Bis zu etwa 20facher Vergrößerung kann der gesamte Sternhaufen bildfüllend im Gesichtsfeld untergebracht werden, stärkere Vergrößerungen zeigen nur noch Ausschnitte. Der Plejaden-Hauptstern, Alkyone, zeigt sich schon im 60-mm-Fernrohr vierfach; an einem Instrument dieser Größe lassen sich im Siebengestirn bis an die 60 Sterne zählen, in einem 110-mm-Spiegelteleskop sind an die 80 Sterne sichtbar: In dunkler mondloser Nacht ein faszinierendes Bild!

Rund um Aldebaran ist ebenfalls ein weit verstreuter offener Sternhaufen zu erkennen: die V-förmigen Hyaden. Infolge seiner großflächigen Ausdehnung ist er ganz besonders schön im Feldstecher zu sehen.

Orion und Orionnebel

Das eindrucksvolle Wintersternbild Orion oder Himmelsjäger taucht Ende August am südöstlichen Morgenhimmel auf (heliakischer Aufgang) und beherrscht während der Monate Dezember, Januar und Februar den südlichen Himmelsabschnitt, um Ende April im Südwesten wieder im

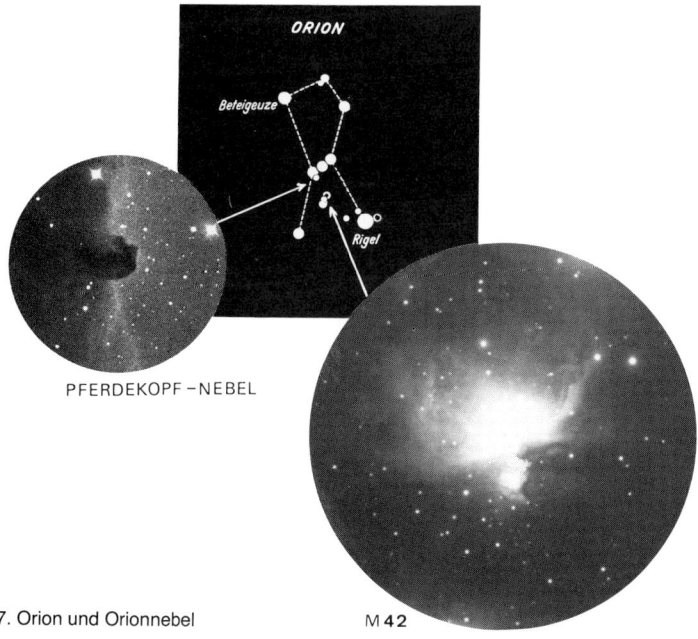

Abb. 97. Orion und Orionnebel   M 42

abendlichen Dämmerschein zu verschwinden (heliakischer Untergang).
Um die Weihnachtszeit steht der Himmelsjäger gegen Mitternacht im
Süden – gleichlaufend mit der charakteristischen Winterstellung des
Großen Wagens. Sieben Sterne 1. und 2. Größenordnung bilden die
unübersehbare Figur dieses Sternriesen. Der linke obere Schulterstern,
Beteigeuze, ist ein roter Riese mit 500fachem Sonnendurchmesser, der
rechte untere Fußstern, Rigel, ist ein Lichtgigant mit der 25 000fachen
Leuchtkraft unserer Sonne. Dazwischen die drei Gürtelsterne, auch
Jakobsstab genannt. Direkt oberhalb des rechten Gürtelsternes verläuft
der Himmelsäquator, Orion gehört also je zur Hälfte zur nördlichen und
zur südlichen Hemisphäre.
Unter dem Gürtel befindet sich das sogenannte Schwertgehänge mit
einem der schönsten Objekte für Feldstecher und Fernrohr, dem großen
Orionnebel (M 42). Er ist eine riesige Wolke dünn verteilter, dunkler
Staubmassen und leuchtender Gase, vorwiegend aus Wasserstoffatomen,
mit einer Gesamtausdehnung von rund 100 Lichtjahren, die als Brutstätte
für neue Sterne angesehen werden muß. Die Entfernung des Gasnebels
wird mit 1600 Lichtjahren angegeben. Mitten im Nebel steht ein vierfa-
cher Stern, das Trapez, von dem bei durchschnittlichen atmosphärischen
Bedingungen im 60-mm-Fernrohr sicher drei Sterne gesehen werden
können. An einem 110-mm-Spiegelteleskop werden in dunkler mondloser Nacht schon feine Ausläufer des Orionnebels bis zum Rand des
Gesichtsfeldes erkennbar.
Der bläulichweiße Rigel ist ein Doppelstern, an dem Instrument und
Beobachterauge geprüft werden können. Der Abstand der beiden Komponenten ist mit 9,4 Bogensekunden relativ groß, der Helligkeitsunterschied jedoch beachtlich (Rigel $0^m,3$, Begleiter $+6^m,7$). Es bedarf also
schon eines 100-mm-Rohres, um den schwachen Begleiter von dem
strahlenden Hauptstern abtrennen zu können.
Nicht erreichbar für kleine Fernrohre ist freilich der berühmte „Pferde-
kopf"-Nebel im Orion, knapp südlich des linken Gürtelsternes Zeta (ζ).
Um diesen Ausläufer dunkler kosmischer Staubmassen vor dem schwach
leuchtenden Nebelhintergrund visuell zu erkennen, bedarf es neben einer
tiefschwarzen Hochgebirgsnacht eines Teleskops von mindestens 10 Zoll
Öffnung. Begnügen wir uns also damit, dieses interessante Objekt auf
Photos zu bewundern!

Zwillinge

Die Zwillinge beherrschen als ausgesprochenes Wintersternbild in den
Monaten Dezember bis März das zenitnahe Himmelsfeld. Dominierend
sind die beiden hellen Sterne Castor ($+1^m,6$) und Pollux ($+1^m,1$), die das

Abb. 98. Zwillinge

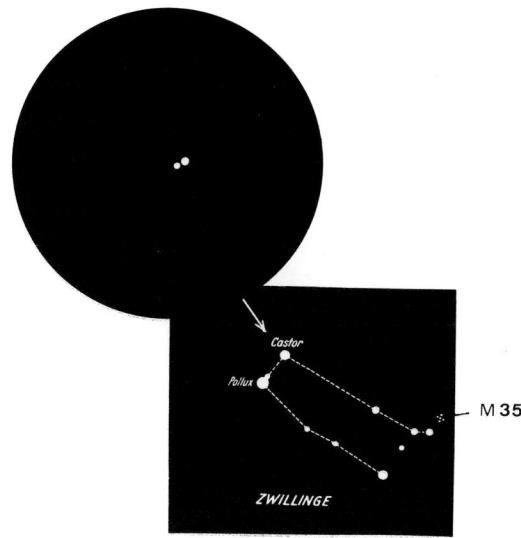

langgezogene Sternenviereck nach Nordosten abschließen. Der Hauptstern ist Castor mit einer Entfernung von 44 Lichtjahren und als Spektraltyp A 1 22mal heller als die Sonne; die Oberflächentemperatur dieses Sterns beträgt über 10 000 Grad Celsius.

Für den Fernrohrbeobachter ist Castor ein beliebtes Doppelsternobjekt. Der $+2^m_,8$ helle Begleiter steht in einem Abstand von nur 2,4 Bogensekunden neben dem Hauptstern. Infolge des nur unerheblichen Helligkeitsunterschiedes der beiden Komponenten kann Castor schon im 60-mm-Fernrohr ab etwa 50facher Vergrößerung getrennt werden. Hier haben wir ein Doppelsternpaar, bei dem die Prüfbedingungen für Fernrohre geradezu ideal erfüllt werden.

Der offene Sternhaufen M 35 zeigt bei einer Helligkeit von $+5^m_,3$ in dunkler Nacht über 100 schwache und weitverstreute Sterne. Schon der Feldstecher läßt die Sternansammlung als zarten Lichtpulk erkennen, während sich im Fernrohr bei nicht zu starker Vergrößerung die Sternlichtpunkte klar vom Himmelshintergrund abheben.

Krebs mit Praesepe

Dieses etwas unscheinbare kleine Sternbild zwischen Zwillingen und Löwe – also gewissermaßen zwischen Winter- und Frühlingshimmel – beinhaltet einen der schönsten offenen Sternhaufen, den unser Nordhim-

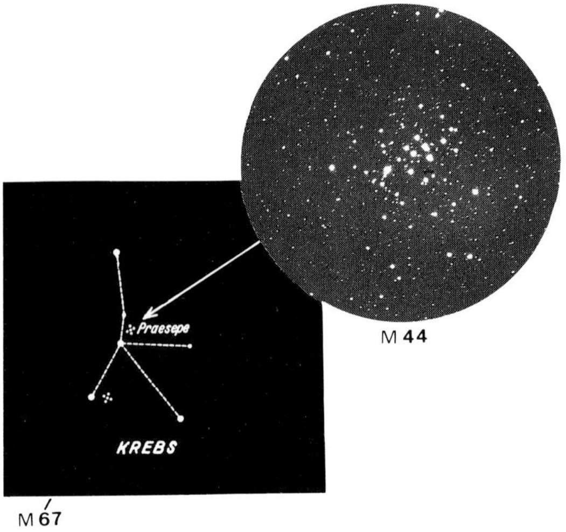

Abb. 99. Krebs mit
Praesepe

M 44

KREBS

M 67

mel zu bieten hat: Praesepe oder Krippe (M 44). Mit einer Gesamthelligkeit von +3^m,9 zeigt der Sternhaufen schon im kleinen Fernrohr ein eindrucksvolles Bild. Man ist geneigt, an die Plejaden zu denken, nur daß die Praesepe auf kleinerem Raum geschlossener erscheint. Insgesamt sind auch hier über 200 Sterne in etwa 500 Lichtjahren Abstand versammelt.

Weniger eindrucksvoll ist M 67, der als offener Sternhaufen nur eine Gesamthelligkeit von +6^m,1 aufzuweisen hat. Die ziemlich schwachen Sterne zeigen sich im kleinen Fernrohr schon äußerst zart, so daß hier vielleicht das „indirekte" Sehen bereits empfehlenswert erscheint!

Großer Hund mit Sirius

Zieht man über die Gürtelsterne des Orions nach Südosten eine Linie, trifft der Blick auf Sirius, den Hauptstern des Großen Hundes und unumschränkten Herrscher am Winterhimmel. Zu übersehen ist er freilich nicht – seine Helligkeit von −1^m,4 macht Sirius zum hellsten Fixstern, der von der Erde aus gesehen werden kann. Sirius ist knappe 9 Lichtjahre entfernt und somit ein „Nachbar"-Stern unserer Sonne. Seine absolute Leuchtkraft ist fast 30mal größer als die der Sonne, die Oberflächentemperatur liegt bei über 10 000 Grad Celsius, und mit dem Spektraltyp A 1 erscheint Sirius als weißer Stern. Hier gibt es allerdings oft Meinungsverschiedenheiten. Viele Leute behaupten immer wieder, daß

gerade dieser Stern „in allen Farben funkelt". Sirius steht in unseren
Breiten nur runde 25 Grad über dem Südhorizont und ist deshalb von den
Störungen horizontnaher Luftschichten besonders betroffen. Im Fernrohr „sprüht" dieser helle Stern mitunter in allen Farben des Spektrums,
wabert und schwimmt wie in fließendem Wasser und scheint manchmal
geradezu zu „explodieren". Hier wird deutlich, was unsere Lufthülle mit
Sternenlicht anzustellen vermag!

Wenn wir Sirius in unserem kleinen Fernrohr eingestellt haben, werden
wir allerdings vergeblich nach dem berühmten Siriusbegleiter Ausschau
halten. Dieser schwache Nebenstern mit nur $+8^m\!,7$ Größe ist runde 8
Bogensekunden von dem hellen Hauptstern entfernt, in dessen blenden-
der Helligkeit er hoffnungslos untergeht. Es bedarf schon ziemlich
leistungsfähiger Teleskope, um Sirius zu „trennen". Gerade um den
Siriusbegleiter ranken sich recht abenteuerliche Geschichten: Da soll
doch ein Negerstamm im tiefen Afrika dieses Doppelsternsystem schon
seit Jahrhunderten kennen, obwohl der Siriusbegleiter erst Ende des
vergangenen Jahrhunderts entdeckt worden ist. Möglicherweise, so
behaupten kühne Autoren, könnten Außerirdische diesem Negervölk-
lein die Kenntnis vom Sirius und seinem Begleiter beigebracht haben.
Nun, auch diese Geschichte gehört wohl in den Bereich jener naturwis-
senschaftlich-technischen Märchenbücher, wie sie gerade in den letzten
Jahren recht zahlreich auf den Markt gekommen sind!

Knappe 5 Grad unter Sirius, also in südlicher Richtung, steht der offene
Sternhaufen M 41, der mit einer Helligkeit von $+5^m$ gerade noch mit
freiem Auge und natürlich besser im Feldstecher zu sehen ist. In kleinen
Fernrohren sind hier einige Dutzend der $+8^m$ bis $+11^m$ hellen Sterne zu
erfassen. Insgesamt beinhaltet der Haufen 150 Sterne, die etwa 2000
Lichtjahre entfernt sind.

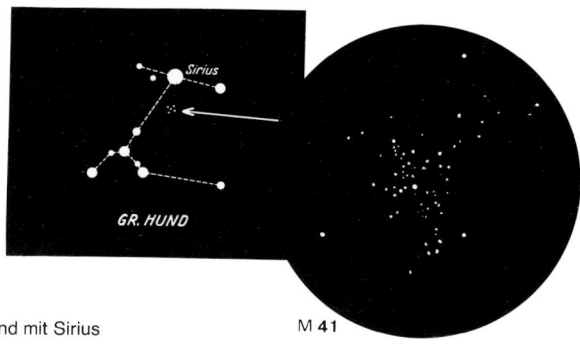

Abb. 100. Großer Hund mit Sirius   M 41

Wie schon eingangs erwähnt, gibt es an unserem Himmel noch sehr viel mehr Sternbilder, die weitere Beobachtungsobjekte aufzuweisen haben. Der Anfänger-Sternfreund wird jedoch zunächst mit den beschriebenen Objekten für das erste Jahr seines abendlichen Sternenspazierganges vollauf beschäftigt sein, will er sie einigermaßen im Wandel der Jahreszeiten kennenlernen und studieren. Hat er diese markanten Sehenswürdigkeiten des Fixsternhimmels erst einmal ausgemacht und Gefallen an ihnen gefunden, dann ist die Neugier auf weitere „Entdeckungen" sowieso geweckt, und die „Eroberung" des Himmels schreitet unaufhaltsam voran. Aber selbst in späteren Jahren, als bereits fortgeschrittener Himmelsbeobachter, wird man diese Objekte immer wieder gerne betrachten und vielleicht zu der Erkenntnis kommen, daß gerade die Zeit des Anfangs und der ersten Kontaktnahme mit diesen astronomischen Glanzlichtern der schönste Abschnitt im Leben eines jeden Sternfreundes und Liebhaberastronomen gewesen ist!

Unter südlichen Sternen

Der moderne Flugtourismus hat auch die südliche Halbkugel in den Erfahrungsbereich des Sternfreundes gerückt. So ist es angebracht, auch dem südlichen Himmel und seinen Beobachtungsmöglichkeiten ein Kapitel zu widmen. Zunächst sei jedoch darauf hingewiesen, daß wir Mitteleuropäer ständig auch einen Teil des südlichen Sternhimmels vor Augen haben: Alle Sterne südlich des Himmelsäquators gehören schon zur südlichen Hemisphäre. Im mittleren Deutschland steht der Himmelsäquator runde 40 Grad über dem Südhorizont, hier liegen also bereits 40 Grad des Südhimmels in unserem Blickbereich. Dazu gehört schon die Hälfte des Orions, die Sternbilder Adler, Skorpion, Schütze und Steinbock, um nur einige zu nennen, sowie die hellen Partien der sommerlichen Milchstraße.

Je weiter wir uns bei einer Reise nach Süden bewegen, um so höher steigt der Äquator am Himmel empor, und um so mehr südliche Sterne klettern über die Horizontlinie. In Süditalien oder im südlichen Spanien sind es schon 50 Grad Südhimmel, Nordafrika-Touristen haben schon 60 Grad vom südlichen Sternhimmel über sich, und wer den Äquator erreicht,

Abb. 101.

In Mitteleuropa steht der Große Wagen bei seiner Höchststellung im Frühling hoch im Zenit, der Polarstern rund 50 Grad über dem Nordhorizont.

Zur gleichen Zeit findet der Beobachter in Äquatornähe den Polarstern nahe dem Horizont, der Große Wagen steht in halber Höhe am Nordhimmel.

In einer für uns völlig ungewohnten Position, knapp über dem nördlichen Horizont, liegt der Große Wagen für einen Beobachter am 30. südlichen Breitengrad etwa in der Gegend von Kapstadt.

kann bereits am Horizont den Himmels-Südpol erfassen, so daß ihm praktisch der gesamte Südsternhimmel zur Verfügung steht.

Auf Sternbilder und Himmelsobjekte bezogen bedeutet dies also, daß bei Reisen in den Süden neue und dem Nordhalbkugelbewohner unbekannte Sternfiguren über den Horizont kommen, während sich unsere vertrauten nördlichen Bilder immer höher hinauf nach Norden verschieben. Das Sternbild Orion z. B., bei uns auf halber Höhe im Süden stehend, leuchtet für den Äquatorreisenden steil aus dem Zenit und kippt dann gewissermaßen um, so daß es für den Südafrika-Urlauber am Nordhimmel auf dem Kopf steht – ein völlig ungewohntes Bild! Ebenso sind die jahreszeitlichen Zuschreibungen vertauscht. Für uns ist Orion das dominierende Wintersternbild, der Südhalbkugelbewohner jedoch sieht Orion als Sternbild des Sommerhimmels. Weil nämlich auf der Südhalbkugel Sommer herrscht, wenn wir im Norden Winter haben.

Ebenso hängt auch die Stellung der Sonne am Südhimmel von den Jahreszeiten ab. Wenn wir als Beobachtungsort den Äquator annehmen, dann steht die Sonne bei Sommer auf der Nordhalbkugel im Norden; die zu beobachtende tägliche Sonnenbahn liegt jetzt verkehrt herum. Die Sonne geht rechts von uns auf, steigt nach links höher und geht auf der linken Seite unter. Ganz logisch: wir schauen nach Norden, wo Osten rechts und Westen links liegen müssen. Auch bei uns ist Osten rechts und Westen links, wenn wir zum Polarstern blicken. Bloß die Sonne wird uns auf der Nordhalbkugel immer von links nach rechts ziehen, weil wir die Sonne stets in Richtung Süden vor uns haben.

Im Frühling und Herbst kommen wir am Äquator besonders stark ins Schwitzen. Dann steht die Sonne mittags absolut senkrecht über uns im Zenit, so daß wir selbst gar keinen Schatten werfen. Wir haben ja schon erfahren, daß die Sonne bei Herbst- und Frühlingsanfang auf dem Himmelsäquator und damit über dem Erdäquator steht. Zieht jedoch auf der Südhalbkugel der Sommer ein, dann steht auch für den Äquatorbeobachter die Sonne ordnungsgemäß in südlicher Richtung und beschreibt ihre Tagesbahn von links nach rechts, wie wir in Europa das gewohnt sind.

Nun verlegen wir den Beobachtungsplatz nach Norden, zum 23. nördlichen Breitengrad, der auch als nördlicher Wendekreis bezeichnet wird. Wendekreis deshalb, weil sich hier die Sonne am 22. Juni tatsächlich wieder nach Süden wendet, wenn sie für den Bewohner der Nordhalbkugel den höchsten Stand erreicht hat. Hier steht also die Sonne am Mittag genau im Zenit, wenn bei uns in Deutschland der Sommer beginnt. Zu allen anderen Jahreszeiten steht sie von hier aus gesehen im Süden.

Völlig anders liegen die Verhältnisse, wenn wir uns zum 23. südlichen Breitengrad begeben, zum südlichen Wendekreis. Die Sonne erreicht dort die Zenitstellung am 22. Dezember, wenn bei uns in Europa der Winter seinen Einzug hält. Zu allen anderen Zeiten ist die Sonne am nördlichen Himmelsabschnitt zu sehen.

Der Mond spielt über der Südhalbkugel der Erde völlig verrückt. Er steht von dort aus gesehen nämlich auf dem Kopf, so daß die uns vertrauten Mondphasen vertauscht sind. Der zunehmende Mond zeigt nicht das uns gewohnte $\jmath$, sondern ein α, wie wir das vom abnehmenden Mond her kennen; bei abnehmendem Mond ist es umgekehrt. Für Beobachter in Äquatornähe kann die Mondsichel am Abend- oder Morgenhimmel wie ein Kahn am Horizont schwimmen oder wie ein aufgespannter Regenschirm erscheinen.

Planetenbeobachter werden an der ungewohnt hohen Stellung der Plane-

Abb. 102. Der bei uns in Mitteleuropa knapp über dem südlichen Horizont sichtbare Vorderteil des Skorpions. Aufgenommen mit stehender Kamera, 35-mm-Weitwinkelobjektiv 1:3,5, Belichtung 20 Sekunden auf 400-ASA-Farbfilm.

Abb. 103. Etwa ab der geographischen Breite Süditalien und Nordafrika hat sich das Sternbild Skorpion so weit über den Südhorizont erhoben, daß es in seiner vollen Ausdehnung erkennbar wird. Links daneben leuchtende Sternwolken und das zerfetzte Chaos dunkler kosmischer Staubmaterie im südlichen Abschnitt der Milchstraße.

ten ihre helle Freude haben. Selbst ungünstige Planetenoppositionen in den horizontnahen Tierkreisbildern Skorpion oder Schütze werden dem Sternfreund unter südlichem Himmel Entzücken bereiten – weil dort diese Sternbilder in Zenitnähe zu finden sind! Und die Bahn des sonnennahen Merkur steigt in tropischen Zonen am westlichen Abendhimmel oder frühmorgens im Osten so steil empor, daß dieser bei uns zumeist schwierige Planet dort kaum zu übersehen ist, während sich die Venus mit freiem Auge fast den ganzen Tag verfolgen läßt. Vorausgesetzt, daß der Himmel klar und wolkenlos bleibt, was in feuchten tropischen Gebieten allerdings nicht unbedingt garantiert sein muß.
Der Fixsternhimmel offenbart dem Europäer einige Überraschungen. Sternbilder zum Beispiel, die ihm völlig unbekannt sind. Da gibt es ein Teleskop, ein Mikroskop, den Indianer, die Südliche Krone, den Tukan

160

und das Kreuz des Südens, während der bei uns nur teilweise sichtbare Skorpion dort auch seinen Stachel zeigt und sich in dieser vollen Gestalt als eines der schönsten Sternbilder des Himmels präsentiert. Im Sternbild des Centaurus kann der Südhimmelbeobachter den hellen Stern Alpha (α) sehen, der nächste Fixstern im nachbarlichen Umkreis der Sonne, dessen leuchtende Pracht aus vier Lichtjahren Entfernung zu uns herübergrüßt. Und aus dem Sternbild Schiffskiel strahlt Canopus, der zweite Stern mit der Größenklasse Null, den es neben unserer vertrauten Wega in der Leier noch am Himmel gibt.

Die Milchstraße verläuft auf der südlichen Halbkugel nicht so gleichmäßig wie im Norden. Sie erscheint viel lebhafter gegliedert, ja es sieht so aus, als wäre weit draußen ein ganzes Stück von ihr ausgesprengt. Das sind die Sternmassen der Magellanschen Wolken, zwei Galaxien, die in der Nähe des südlichen Himmelspoles liegen und bereits mit bloßem Auge zu sehen sind. Es handelt sich um Begleiter oder Vororte unseres Milchstraßensystems, die aus Zehntausenden von Sonnen und viel interstellarer Materie in Form von Gas und Staub bestehen.

Beide Objekte sind 165 000 Lichtjahre von uns entfernt. Die große Magellansche Wolke liegt im Sternbild Schwertfisch, die kleine im Tukan. Die Bezeichnung der beiden Objekte ist darauf zurückzuführen, daß sie erstmals von dem portugiesischen Seefahrer Ferdinand Magellan während seiner Weltumsegelung im Jahre 1521 beschrieben wurden.

In der Nähe des Südpols verschmälert sich die Milchstraße ziemlich unvermittelt, und gerade dort wird der Beobachter etwas höchst Merkwürdiges entdecken: ein dunkles Loch mit scharfen Rändern, als wäre es aus dem Silberband der Milchstraße herausgestanzt. Das ist der sog. Kohlensack, dunkle Staubmaterie im Weltall, die als undurchdringliche schwarze Wolke vor dem Sternenband der Milchstraße liegt. Direkt rechts daneben der unübersehbare Rhombus des Kreuz des Südens, links davon im Zuge der Milchstraße die beiden hellen Sterne Alpha (α) und Beta (β) im Centaurus. Nördlich, über ihnen, befindet sich der Kugelsternhaufen Omega Centauri, der über 3 Millionen Sonnenmassen enthält und mit 16 500 Lichtjahren Abstand den nächstgelegenen Kugelhaufen darstellt. Wegen seiner verhältnismäßig großen Gesamthelligkeit von $3^m\!,7$ kann er als schwacher Nebelfleck mit bloßem Auge gesehen werden, im Feldstecher oder einem kleinen Fernrohr bietet Omega Centauri ein herrliches Bild.

Begeben wir uns schließlich zum 50. südlichen Breitengrad, was beispielsweise einem Urlaubsaufenthalt in Südargentinien, auf den Auckland-Inseln oder den Kerguelen-Inseln entsprechen würde. Der südliche Himmelspol – jedoch ohne Polarstern – steht auch dort 50 Grad über dem südlichen Horizont; ebenso neigt sich der Himmelsäquator wie bei uns auf 50 Grad Nord auf eine Höhe von 40 Grad. Allerdings – und das ist der gravierende Unterschied – nicht wie bei uns am südlichen Himmelsabschnitt, sondern im Norden. Alle Objekte, die bei uns den südlichen Himmelsteil schmücken und beleben, sind auf den Nordhimmel verlagert. Die tägliche Bahn der Sonne, der nächtliche Weg von Mond und Planeten. Und alles steht auf dem Kopf, sozusagen ins Spiegelbildliche verkehrt. Die Mondphasen erscheinen vertauscht, die tägliche Himmelswanderung verläuft von rechts nach links. Sternbilder, die bei uns gerade noch am Südhorizont sichtbar sind, stehen hoch im Zenit, während unsere zenitnahen winterlichen Tierkreissternbilder tief im Dunstkreis des Nordhorizonts liegen. Auch die Planetensichtbarkeit ist vertauscht. Steht z. B. Jupiter bei uns in den Zwillingen in bester Beobachtungslage, dann schwimmt er dort tief in der unruhigen Luft des Nordhorizonts. Umgekehrt, wenn Jupiter bei uns in einer Sommeropposition tief im Süden dahindämmert, freut sich der südliche Sternfreund über das klare Jupiterbild hoch am Himmel im zenitnahen Schützen. Und zu guter Letzt sind auch die jahreszeitlichen Positionen der Sonne den unseren absolut gleich. Im südlichen Sommer klettert auch dort die Sonne auf 65 Grad Höhe, im Frühling und Herbst steht sie 40 Grad hoch auf dem Äquator und bei Südwinter nur noch 18 Grad über dem Horizont. Freilich dem nördlichen Horizont, weil sich dort eben auch die jahreszeitliche Veränderung des Sonnenstandes am Nordhimmel abspielt, während die Tages- und Nachtlängen im jahreszeitlichen Wechsel mit den unseren absolut identisch sind. Wer jedoch einen Atlas zur Hand nimmt, wird rasch feststellen, daß der 50. südliche Breitengrad kaum noch nennenswertes Festland überstreicht, sondern weitgehend auf den südlichen Ozeanen liegt, während die eisige Antarktis gar nicht mehr so weit ist. Sind wir also froh, unsere Beobachtungen am Sternenhimmel unter nördlichen Sternen, vom 50. Breitengrad Nord aus machen zu können!

Himmelsphotographische Versuche

Der astronomisch interessierte Amateurphotograph wird sicher auch einmal versuchen wollen, beide Hobbys – die Photographie und die Sternguckerei – miteinander zu verbinden. Die Praxis zeigt, daß Himmelsphotographie schon mit einfachsten Mitteln, wie sie bei jedem Amateurphotographen vorhanden sind, betrieben werden kann, zumal die moderne Phototechnik mit ihren Präzisionskameras, lichtstarken Objektiven und hochempfindlichen Filmen heute Möglichkeiten eröffnet, die noch vor wenigen Jahrzehnten undenkbar gewesen wären.

Für die ersten himmelsphotographischen Schritte genügt zunächst eine jener handelsüblichen Kleinbildkameras, wie sie heutzutage so weit verbreitet sind. Die Lichtstärke der Optiken sollte im Bereich von 1:2 bis 1:3,5 liegen – bei den meisten Kameras eine Selbstverständlichkeit. Nicht wenige Photoamateure verfügen sogar über noch lichtstärkere Objektive. Als wichtiges Zubehör muß allerdings ein Stativ mit Kugelgelenk-Kopf oder Kino-Neiger vorhanden sein. Die Kamera muß auf jeden Fall fest aufgestellt werden können, weil man trotz aller Fortschritte Sternaufnahmen noch nicht aus der freien Hand machen kann. Bei Kleinbildkameras ist zumeist ein Drahtauslöser mit Feststeller nötig, um den Verschluß längere Zeit offenhalten zu können. Das bedeutet also, vollautomatische und elektronisch gesteuerte Kameraverschlüsse auf manuelle Bedienung umzustellen. Es kann mit handelsüblichen Filmen gearbeitet werden, wobei freilich die Empfindlichkeit nicht zu gering sein sollte. Besonders empfehlenswert für solche Aufnahme-Versuche sind Farbfilme mit einer Empfindlichkeit von 400 ASA, wie sie im Photohandel überall erhältlich sind.

Der neuerdings erhältliche hochempfindliche 1000-ASA-Farbfilm der Firma 3M zeigt bei einer Belichtungszeit von nur 4 Minuten schon so schwache Intensitäten, wie sie auf dem Ektachrome 400 erst nach einer Stunde Belichtung sichtbar werden. Verglichen mit den 400-ASA-Filmen ist dieser Film jedoch wesentlich grobkörniger.

Bei der einfachsten Art der Himmelsphotographie wird die Kamera auf einem Stativ zum Himmel oder zu einem ausgewählten Sternbild gerichtet und die lichtempfindliche Schicht bei stehender Kamera mehr oder weniger lange Zeit dem Sternenlicht ausgesetzt. Nachdem durch die Rotation der Erde die Gestirne am Himmel beständig weiterlaufen, bilden sich die Sterne als Striche ab, die um so länger werden, je länger belichtet worden ist. Ein zum Polarstern gerichteter Photoapparat wird bei längerer Belichtung, die bei dunklem Himmel bis auf 2 oder 3 Stunden

Abb. 104 (links). Eine 1 ½ Stunden belichtete Standaufnahme des nördlichen Himmelspols mit lichtstarker Weitwinkeloptik und hochempfindlichem Farbfilm. Solche Aufnahmen können nur außerhalb der Stadt bei völlig dunklem Himmel gewonnen werden.

Abb. 105 (unten). Großer Bär und Polarstern überm Haus. Aufgenommen mit stehender Kleinbildkamera auf 400-ASA-Farbfilm, Belichtung 20 Sekunden mit Weitwinkelobjektiv.

ausgedehnt werden kann, den Polarstern als dicken kurzen Lichtstrich darstellen, während die übrigen Sterne Kreisbogenstücke beschreiben, die um so länger sind, je weiter die Sterne vom Polarstern entfernt stehen. Der Photograph erhält also eine Art Schießscheibe mit vielen Sternringen, die sich um den Himmelspol schlingen. Bei Verwendung eines Farbfilmes werden die Sternkreise je nach Farbe der Sterne in verschiedensten Farben erscheinen. Eine wichtige Voraussetzung für solche Versuche mit langen Belichtungszeiten ist freilich ein möglichst dunkler Himmel, der nicht durch Straßenbeleuchtung aufgehellt wird. Es empfiehlt

Abb. 106 (rechts). Wintersternbild Orion. Aufnahme mit stehender Kleinbildkamera, Objektiv 55 mm 1:1,4, Belichtung 10 Sekunden auf 400-ASA-Film.

Abb. 107 (unten). Winternacht über den Dächern der Stadt. In der Bildmitte Orion, rechts davon Stier mit Aldebaran, links Kleiner Hund mit Prokyon. Aufgenommen aus dem Fenster der Wohnung, mit stehender Kleinbildkamera, Weitwinkeloptik und 400-ASA-Film, Belichtung 30 Sekunden.

sich also, solche Poldreh-Aufnahmen während der Urlaubszeit draußen auf dem Land oder im Gebirge vorzunehmen.

In Verbindung mit lichtstarker Kameraoptik und extrem empfindlichen Filmen, wie schon vorhin angedeutet, können Standaufnahmen von Sternbildern und Sternbildgruppen und Konstellationen heller Planeten mit so kurzen Belichtungszeiten durchgeführt werden, daß die Sterne, vor allem bei Verwendung kurzbrennweitiger Weitwinkelobjektive, kaum noch strichförmig erscheinen. Schon mit einer Optik 1:2 und 400-ASA-Film werden bei 10 Sekunden Belichtung alle Sterne abgebildet, die mit freiem Auge zu sehen

Abb. 108. Stier mit Aldebaran, Hyaden und Plejaden. Stehende Kamera, Objektiv 55 mm 1:1,4, Belichtung 15 Sekunden auf 400-ASA-Farbfilm. Die Aufnahme zeigt bereits mehr Sterne, als mit freiem Auge sichtbar sind.

sind – also praktisch bis zur 6. Größenklasse! Während dieser kurzen Zeit aber hat die Erddrehung bei 50 mm Brennweite eines Normalobjektives noch gar nicht angesprochen, die abgebildeten Sterne sind so gut wie punktförmig geblieben. Mit einem 24-mm-Weitwinkelobjektiv kann sogar getrost bis zu 30 Sekunden belichtet werden, ohne daß die Sterne strichförmig werden. Bei dieser Belichtungzeit aber bilden sich auf einem ASA 400 Film schon Sterne bis zur 8. Größe ab! Im Bereich heller Partien der Milchstraße, vor allem im Sommer in den Sternbildern Schwan und Schütze, sind das im Kleinbildformat tausende traumhaft ferner Sonnen! So hat also heute jeder Sternfreund die Möglichkeit, mit dieser einfachen Methode nicht nur seine Lieblingssternbilder in den natürlichen Farben der Sterne auf den Film zu bannen, sondern faszinierende Bilder von Sternhaufen und Sternwolken zu schaffen. Und ebenso kann natürlich auch die Anwesenheit heller Planeten in den Tierkreissternbildern dokumentiert werden.

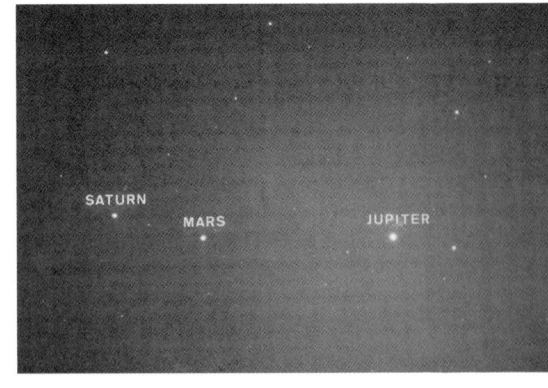

Abb. 109. Ein Beispiel, wie schöne Planetenkonstellationen photographisch festgehalten werden können: Die Planetenparade im Frühjahr 1980 im Sternbild des Löwen. Aufgenommen mit stehender Kleinbildkamera, Objektiv 50 mm 1:2, Belichtung 15 Sekunden auf 400-ASA-Farbfilm.

Die Photographie des Mondes

Wir gehen nun dazu über, Kamera und Fernrohr zu kombinieren, so daß also jetzt das Objektiv des Fernrohres (oder der Hohlspiegel beim Spiegelteleskop) als Bilderzeuger dient. Das bedeutet, daß die Kamera ohne eigene Optik am Fernrohr-Okularauszug befestigt wird. Demzufolge empfiehlt sich der Einsatz einäugiger Spiegelreflex-Kleinbildkameras mit auswechselbarer Optik, weil wir hier die Möglichkeit haben, über den Klappspiegel der Kamera das Bild scharf einzustellen. Es empfiehlt sich allerdings auch, für eine feste und genaue Schraubverbindung zwischen Fernrohr und Kamera zu sorgen, indem man sich gegebenenfalls vom Mechaniker eine Gewindeverbindung zwischen Kameragehäuse und dem Okularauszug des Fernrohres herstellen läßt.

Entscheidend bei diesen Versuchen zur Mondphotographie wird jetzt die Brennweite unseres Teleskops. Eine Faustregel sagt, daß der Mond (und auch die Sonne) bei 1 Meter Brennweite der Aufnahmeoptik auf dem Negativ etwa 10 mm groß wird. Das heißt also, daß Mondaufnahmen mit nur 50 mm Brennweite eines Kleinbild-Normalobjektivs ziemlich nutzlos sind, weil hier der Mond nur eine Bildgröße von 0,5 mm erreicht. Außer vielleicht stimmungsvollen nächtlichen Landschaftsbildern mit dem darüberstehenden Halb- oder Vollmond ist da nicht viel zu holen. Auf keinen Fall Einzelheiten der Mondoberfläche! Gröbere Details am Mond, wie beispielsweise die schon mit freiem Auge sichtbaren dunklen Mareflächen, werden allenfalls ab 30 cm Brennweite eines Teleobjektives erkennbar. Dagegen treten ab etwa 1 Meter Brennweite und günstiger Phase des Mondes bereits die wichtigsten und markantesten Gebirgs- und Kraterformationen hervor.

Hier hat nun der Besitzer eines Astrofernrohres ab etwa 60 mm Öffnung und rund 1 Meter Brennweite schon eine Chance, zu recht netten Ergebnissen zu kommen. Bei solchen Aufnahmen direkt im Fokus des Fernrohrobjektivs oder Teleskopspiegels kann man getrost die einfache Art der „Standaufnahme" beibehalten. Der Mond ist so hell, daß die Belichtungszeiten weit unter 1 Sekunde liegen und damit die Erdrotation kaum spürbar wird. Diese Helligkeit erlaubt sogar eine Verlängerung der Brennweite auf den doppelten Wert, was mit einem 2fach Telekonverter, zwischen Fernrohr und Kamera eingesetzt, erreicht werden kann. Solche Telekonverter sind als Zubehör für Kleinbildkameras im Photohandel zu haben. Dann wird der Mond an unserem Fernrohr fast 20 mm groß, was eine weitere Zunahme und Auflösung von Einzelheiten bedeutet.

Abb. 110. Diese Mondaufnahme wurde mit einem 60-mm-Fernrohr mit auf 2 Meter verdoppelter Brennweite erhalten. Belichtung $\frac{1}{15}$ Sekunde auf Perutz C 19.

Der kritische Punkt bei solchen Aufnahmen ist die Scharfeinstellung. Das setzt einmal voraus, daß Montierung und Stativ des Fernrohres nicht vibrieren, weil dann eine Scharfstellung nicht gut möglich ist. Sternfreunde, die das Stativ durch eine Säule oder einen Sockel ersetzt haben, sind hier unbedingt im Vorteil. Man lasse sich also bei der Scharfeinstellung des Mondbildes im Spiegelsucher der Kamera Zeit, bis man wirklich der Meinung ist, den schärfsten Einstellungspunkt gefunden zu haben. Ob man ihn tatsächlich gefunden hat, wird später die Aufnahme unerbittlich zeigen. An guten Fernrohren ist am Okularzugrohr eine Millimeterskala, so daß man mit mehreren Aufnahmen den exakten Schärfepunkt sozusagen einkreist und diesen Wert in der Zukunft immer verwendet.

Nun zu den Belichtungszeiten. Sie richten sich natürlich nach dem verwendeten Filmmaterial. Arbeiten wir mit verdoppelter Brennweite, dann braucht der Halbmond bei ASA-100-Filmen höchstens $\frac{1}{20}$ Sekunde, der Vollmond ist in diesem Falle sogar mit $\frac{1}{50}$ Sekunde noch gut bedient. Der vernünftige Mondphotograph wird hier am besten eine Versuchsserie mit verschiedenen Belichtungszeiten innerhalb dieses Bereiches laufen lassen. Man sollte also mindestens einen Kleinbildfilm mit 36 Aufnahmen opfern, wenn man aus dieser Reihe wenigstens eine gute Mondaufnahme dieses Abends haben möchte. Wer da knausert und spart, ist als Astrophotograph höchst ungeeignet! Nicht jede und schon gar nicht die erste Mondaufnahme sind „Volltreffer". Der Sternfreund wird feststellen, daß mehrere Faktoren zusammentreffen müssen – exakte Scharfeinstellung, ruhige Luft, erschütterungsfreie Verschlußauslösung –, um ab und zu einen „guten Schuß" anzubringen, dessen weitere Bearbeitung in der Dunkelkammer und am Vergrößerer lohnenswert erscheint. Aber das ist es ja gerade, was die Mondphotographie immer wieder zu einem spannenden Abenteuer macht!

Sonnenphotographie

Auch bei der Photographie der Sonne gibt es zunächst einmal eine Möglichkeit zu einfachen Anfangsversuchen: die Aufnahme von Sonnenauf- und -untergängen! Es gibt Situationen, wo die Sonne knapp über dem Horizont eine so intensive Rotfärbung und Lichtdämpfung erfährt, daß man sie, ohne geblendet zu werden, betrachten kann. In einem solchen Falle kann die Sonne ohne zusätzliche Abblendungsmaßnahmen mit Teleobjektiv oder Fernrohr direkt aufgenommen werden. Die nötigen Belichtungszeiten sind sogar mit dem Belichtungsmesser oder über die Kamera-Automatik zu erfassen. In Verbindung mit Farbfilm und entsprechenden Wolkenstimmungen können recht eindrucksvolle Bilder erhalten werden. Auch größere Sonnenflecken werden bei dieser Methode abgebildet.

Schärfere Sonnenbilder mit feineren Details in Sonnenflecken oder gar die Sonnengranulation kann man freilich nur erhalten, wenn die Sonne in ihrer vollen Helligkeit hoch am Taghimmel steht. Hier ist nun allerdings selbst mit kürzestmöglichen Belichtungszeiten, die wir noch an unserer Kamera haben, nichts auszurichten. Das Sonnenlicht ist immer noch zu hell und ergibt völlig überbelichtete und sogar solarisierte (also umgekehrte) Negative. Wir müssen also auf jeden Fall mit Filtern arbeiten, um die Sonnenhelligkeit auf ein brauchbares Maß zu reduzieren. Die Lichtdämpfung sollte so hingebracht werden, daß mit einem ASA-100-Film in der Größenordnung von $\frac{1}{1000}$ bis zu $\frac{1}{500}$ Sekunde belichtet werden kann.

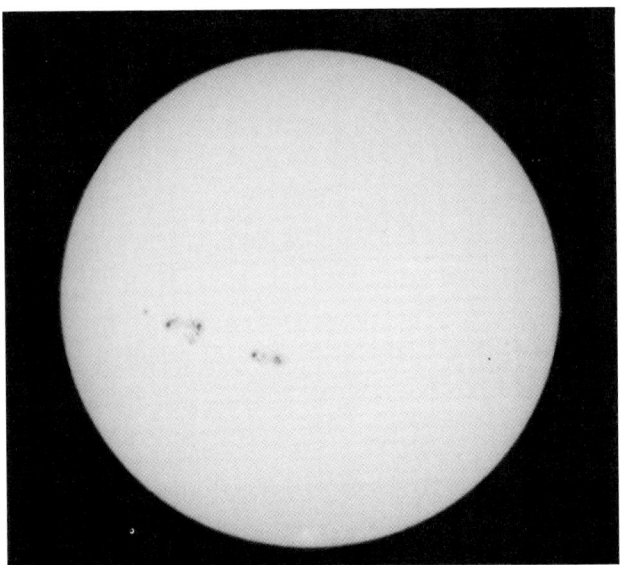

Abb. 111. Große Sonnenflecken sind immer wieder lohnende Photoobjekte auch für kleine Fernrohre. Die schönen Sonnenflecken-Gruppen vom Januar 1984, aufgenommen an einem 85-mm-Refraktor, Brennweite mit Tele-Konverter auf 2 Meter verlängert. Belichtung $\frac{1}{250}$ Sekunde auf AGFA CT 18, Objektivfilter 10 000:1.

Das würde dann einem Filterungs-Faktor von 10 000:1 entsprechen. Mit der bereits im Kapitel über die Sonnenbeobachtung erwähnten „Rettungsfolie" vor dem Fernrohrobjektiv oder am vorderen Rohrende beim Spiegelteleskop kann dieser Effekt mühelos erreicht werden. Die Dämpfung sollte allerdings für photographische Zwecke nicht so stark sein wie bei der visuellen Beobachtung, weil sonst die Belichtungszeiten auch gleich wieder zu lang werden können. Es genügt also jetzt eine oder höchstens zwei Lagen der Folie, um die erwünschte photographische Dämpfung zu bekommen. Auch hier wird der Stern- bzw. Sonnenfreund erst mal einen Film opfern müssen, um eine Versuchsserie laufen zu lassen. In Anbetracht der zur Verfügung stehenden Helligkeit kann die Brennweite bei der Sonnenphotographie unbedenklich mit entsprechenden Telekonvertern verdoppelt oder gar verdreifacht werden. Wer die ganze Sonnenscheibe im Bild haben möchte, muß nur darauf achten, daß die durch Brennweitenverlängerung vergrößerte Sonne noch im Kleinbildformat untergebracht werden kann – auch hier gilt die Regel: pro 1 Meter Brennweite eine etwa 10 mm große Sonne!

Bei schönen und großen Sonnenflecken lohnt es sich wahrhaft schon am kleinen Fernrohr, diese Situation photographisch festzuhalten und damit sozusagen zu dokumentieren. Zumal es sich gerade bei der Sonne und den Sonnenflecken um Objekte handelt, bei denen infolge ihrer ständigen Veränderbarkeit nie Langeweile aufkommen wird!

Bitte achten Sie beim Photographieren der Sonne wieder darauf, daß Sie nie direkt durch das Fernrohr in die Sonne schauen, ohne Filter zu verwenden. Ihr Augenlicht würde unheilbaren Schaden nehmen, und das ist auch das schönste Sonnen-Photo nicht wert.

Zum Abschluß

Obwohl es bei der geradezu unendlichen Vielfalt der Themen „Himmelsbeobachtung" und „Astronomie" sicher noch seitenweise und stundenlang so weitergehen könnte, sei hier fürs erste ein Schlußstrich gezogen. Der Anfänger-Sternfreund hat jetzt so viele Hinweise und Anregungen, daß er zweifelsohne für die nächste Zeit vollauf beschäftigt sein wird. Das Tor zur Himmelskunde als interessanter und faszinierender Freizeitbeschäftigung ist aufgetan, der Weg dorthin muß nun von jedem selbst erlebt und gegangen werden. Wohin dieser Weg letzten Endes führt, weiß am Anfang niemand. Das wußte auch der Verfasser nicht, als er mit seinem ersten selbstgebauten Fernrohr den Himmel zu erobern begann. Inzwischen ist dieser Weg über 40 Jahre lang geworden! Und es hat sich gezeigt, daß dieser erste Schimmer aus Sternenlicht, der ihn als jungen Menschen zu fesseln begann, zu einer Leuchtkraft angewachsen ist, welche das ganze Leben im wahrsten Sinne des Wortes heller und lichtvoller zu gestalten vermochte. Möge es dem Leser dieses Buches ebenso ergehen!

Literatur und Hilfsmittel

BAKER, D. u. HARDY, D.: Der Kosmos-Sternführer. Planeten, Sterne, Galaxien. Franckh'sche Verlagshandlung, Stuttgart 1985.

BENEKE, E.-J.: Was sehe ich am Himmel? Ein Begleiter durch den nördlichen und südlichen Sternenhimmel, Franckh'sche Verlagshandlung, Stuttgart 1986.

BRANDT, R.: Himmelsbeobachtung mit dem Feldstecher. Verlag Joh. A. Barth, Leipzig o. J.

BRIGGS, G. u. TAYLOR, F.: Cambridge Fotoatlas der Planeten. Das neue Bild des Sonnensystems. Franckh'sche Verlagshandlung, Stuttgart 1984.

HERRMANN, J.: Das Weltall in Zahlen. Tabellenbuch für Sternfreunde. Franckh'sche Verlagshandlung, Stuttgart 1986.

HERRMANN, J.: Der Amateurastronom. Beobachtungsmittel und -möglichkeiten für den Sternfreund. Franckh'sche Verlagshandlung, Stuttgart 1985.

HERRMANN, J.: Die Kosmos-Himmelskunde. Franckh'sche Verlagshandlung, Stuttgart 1986.

HERRMANN, J.: Großes Lexikon der Astronomie. Mosaik-Verlag, Gütersloh 1980.

MALONEY, T.: Den Himmel erkunden – und was man dazu braucht. O. Maier, Ravensburg 1983.

Meyers Handbuch über das Weltall. Bibliographisches Institut, Mannheim o. J.

Meyers großes Sternbuch für Kinder. Texte von J. Herrmann. Bibliographisches Institut, Mannheim 1981.

RONAN, C.: Das Kosmosbuch der Sterne. Eine Einführung in die Astronomie durch Beobachtung und Experiment. Franckh'sche Verlagshandlung, Stuttgart 1982.

RONAN, C.: Das Kosmosbuch des Weltalls. Vom Sonnensystem bis an die Grenzen des Universums. Franckh'sche Verlagshandlung, Stuttgart 1983.

RONAN, C. u. DUNLOP, S.: Astronomie heute. Theorie und Praxis für den Sternfreund. Franckh'sche Verlagshandlung, Stuttgart 1985.

RONAN, C. u. DUNLOP, S.: Der Himmel bei Tag und Nacht. Franckh'sche Verlagshandlung, Stuttgart 1985.

ROTH, G. D.: Sterne und Sternbilder. BLV, München 1982.

ROTH, G. D.: Taschenbuch für Planetenbeobachter. Sterne und Weltraum Verlag, München 1983.

THÖNE, K.: Einführung in die Astronomie. Hallwag-Verlag, Bern-Stuttgart 1976.

WEIGERT, A. u. ZIMMERMANN, H.: ABC der Astronomie. Dausien Verlag, Hanau 1979.

WIDMANN, W. u. SCHÜTTE, K.: Welcher Stern ist das? 60 Sternkarten mit einer Tabelle zum Bestimmen der Sternbilder in allen Jahreszeiten. Franckh'sche Verlagshandlung, Stuttgart 1986.

Astronomie-Jahrbücher und Zeitschriften

AHNERT, P.: Kalender für Sternfreunde. Kleines astronomisches Jahrbuch. Joh. Ambr. Barth Verlag, Leipzig.

BURGAT, W.: Der Sternenhimmel. Astronomisches Jahrbuch für Sternfreunde. Sauerländer, Aarau/Frankfurt.

KELLER, H.-U.: Das Himmelsjahr. Sonne, Mond und Sterne im Jahreslauf. Franckh'sche Verlagshandlung, Stuttgart.

DIE STERNE. Zeitschrift für alle Gebiete der Himmelskunde. Verlag Joh. Ambr. Barth, Leipzig.

STERNE UND WELTRAUM. Monatsschrift für Sternfreunde und fortgeschrittene Amateurastronomen mit „Nachrichtenblatt der Vereinigung der Sternfreunde". Verlag Sterne und Weltraum, München.

Karten

DIE NEUEN KOSMOS-HIMMELSKARTEN. Nördlicher und südlicher Sternenhimmel. Franckh'sche Verlagshandlung, Stuttgart 1986.

DUNLOP, S. u. TIRION, W.: Der Kosmos-Sternatlas, Franckh'sche Verlagshandlung, Stuttgart 1985.

HALLWAG-STERNKARTE. Sternkarte des nördlichen und südlichen Sternhimmels mit vielen Einzelheiten und Beobachtungsobjekten. Hallwag-Verlag Bern-Stuttgart.

HEERMANN, H.-J.: Drehbare Kosmos-Mini-Sternkarte mit Planetenzeiger. Franckh'sche Verlagshandlung, Stuttgart, 1986.

HEERMANN, H.-J.: Drehbare Kosmos-Sternkarte mit Planetenzeiger. Franckh'sche Verlagshandlung, Stuttgart 1984.

HEERMANN, H.-J.: Nachtleuchtende Sternkarte für jedermann. Franckh'-sche Verlagshandlung, Stuttgart 1983.

ORION-STERNKARTE. Franckh'sche Verlagshandlung, Stuttgart 1983.

SCHAIFERS, K. u. SCHURIG, G.: Himmelsatlas (Tabulae caelestes). Bibliographisches Institut, Mannheim 1960.

WOLF, H.: Kosmos-Handkarte Erdmond und Kosmos-Handkarte Mars. Franckh'sche Verlagshandlung, Stuttgart 1985.

Fernrohre und Astro-Selbstbauteile

Fernrohre, Montierungen, Zusatzteile und Okulare finden Sie in unserem großen Meade-Astrokatalog (Best.-Nr. 970 537), den wir Ihnen gern gegen eine Schutzgebühr von DM 4,— (in Briefmarken) zusenden. Bitte anfordern beim Kosmos-Service, Postfach 640, 7000 Stuttgart 1. Unter gleicher Adresse erhalten Sie auch unseren Sonderprospekt (Best. Nr. 970 320) über das Kosmos-Selbstbaufernrohr.

Oberndorfer, H.: Fernrohr-Selbstbau. Fenster ins Weltall. Detaillierte Bauanleitungen und -pläne für Refraktoren, Spiegelteleskope, Montierungen und kleinen Schutzbau. Verlag Sterne und Weltraum, München 1985.

Rohr, H.: Das Fernrohr für Jedermann. Orell Füssli, Zürich 1983.

Roth, G. D.: Astronomische Zusatzgeräte für Sternfreunde. Acht Bau- und Gebrauchsanweisungen. Uni-Druck, München 1982.

Seymour, P.: Astronomie ganz einfach. Bauen und Beobachten. Franckh'sche Verlagshandlung, Stuttgart 1985.

Lehrmittel

Baader-Planetarium, 8000 München 21, Hartelstr. 30. (Baader-Planetarium als Tellurium im Sternglobus mit Sternprojektion, Astronomische Arbeitsmittel, Dias).

Institut für Film und Bild in Wissenschaft und Unterricht, 8000 München-Geiselgasteig, Bavaria-Film-Platz (Astronomische Lehrfilme in S-8 und 16 mm, Astro-Dias).

Kosmos-Gesellschaft für Naturfreunde, 7000 Stuttgart 1, Postfach 640 (Astro-Lehr-Material, Bausätze, Literatur).

Treugesell-Verlag, 4000 Düsseldorf 4, Postfach 140 365 (Astronomische Arbeitsmittel, Sternatlanten, Literaturvermittlung, Astro-Dias und Astro-Poster).

Schutzbauten

Baader-Planetarium, 8000 München 21, Hartelstr. 30 (Astro-Kuppeln für Privat-Sternwarten, Schulen, Volkssternwarten und wiss. Observatorien, Alu-Ausführung von 2 bis 5 Meter Durchmesser in Serie, von 6 bis 25 Meter Durchmesser nach Bedarf).

Esslinger & Abt., 7958 Laupheim/Württ., Postfach 160 (Astro-Kuppeln aus glasfaserverstärktem Kunststoff bis 5 Meter ∅).

Planetarien, Volkssternwarten und astronomische Vereine

BAV-Berliner Arbeitsgemeinschaft für veränderliche Sterne e. V.
1000 Berlin 41, Munsterdamm 90

Wilhelm-Foerster-Sternwarte e. V.
1000 Berlin 41, Munsterdamm 90

Gesellschaft für volkstümliche Astronomie e. V.
(Planetarium im Stadtpark),
2000 Hamburg 60, Hindenburgstraße OE 1

Volkssternwarte Norderstedt (Herr Wenskat)
2000 Norderstedt, Finkenried 6 L

Planetarium im Hause des Fachbereichs Technik der FH Kiel
2300 Kiel, Knooper Weg 62

Volkssternwarte Kiel
2300 Kiel 1, Düvelsbeker Weg 55

Sternwarte Neumünster (Herr Bender)
2350 Neumünster

Sternwarte Glücksburg (Herr Mallmann)
2392 Glücksburg, Fördestr. 35

Sternwarte Lübeck
2400 Lübeck, Am Ährenfeld 2

Olbers Gesellschaft e. V.
c/o Hochschule für Nautik
2800 Bremen 1, Werderstraße 73

Observatorium Stellarum (Herr Mahnken)
2860 Osterholz-Scharmbeck 9, Am Klosterhof 30

Nordenhamer Sternfreunde e. V. (Herr Lührs)
2890 Nordenham, Lutherplatz 2

Astronomischer Arbeitsplatz Hannover e. V.
3000 Hannover 91, Berthold-Knaust-Straße 6

Volkssternwarte Hannover Dr. Rudolf Hase e. V.
3000 Hannover 91, Am Lindener Berg 27

Planetarium Hannover (Herr Richter)
3000 Hannover 1, An der Bismarckschule 5

Planetarium Wolfsburg
3180 Wolfsburg, Postfach 100 944

Astronomische Arbeitsgemeinschaft (Herr Weidner)
3300 Braunschweig, Krögerstraße 69

Vereinigung Gandersheimer Sternfreunde (Herr Hillebrecht)
3353 Gandersheim, Heinrichstraße 4

Astronomischer Arbeitskreis Kassel e. V. (Herr Haupt)
3500 Kassel, Erich-Klabunde-Straße 81

Planetarium Kassel
3500 Kassel, Brüder-Grimm-Platz 5

Volkssternwarte Marburg e. V. (Frau v. Geyr)
3550 Marburg, Potsdamer Straße 4

Volkssternwarte Dr. Rud. Hase e. V.
3950 Wunstorf/Hannover, Spitzwegstr. 10

Astronomische Vereinigung Düsseldorf e. V. (Herr Kusserow)
4000 Düsseldorf 16, Steinkaul 4

Städt. Sternwarte Düsseldorf
4000 Düsseldorf 18, Benrather-Schloß-Allee 106

Sternwarte Neanderhöhe Hochdahl e. V.
4006 Erkrath 2, Hildener Straße 17

Astronomischer Arbeitskreis
4050 Mönchengladbach 1, Hoffnungstraße 6

Rudolf Römer Sternwarte
4100 Duisburg 14, Postfach 14 15 68

Moerser Astronomische Organisation e. V.
4130 Moers, Postfach 1811

Vereinigung Krefelder Sternfreunde e. V. (Herr F. J. Schmitz)
4150 Krefeld, Frankenring 2

Dinslakener Astronomie Club (Herr Fleming)
4220 Dinslaken, Julius-Kalle-Straße 88

Astronomische Arbeitsgemeinschaft Wesel
c/o Andreas Barchfeld
4230 Wesel 1, Flemmingstraße 14

Astronomischer Arbeitskreis (Herr Strauch)
4280 Borken, Eichendorffstraße 13

Walter Hohmann Sternwarte
4300 Essen 1, Wallneyer Straße 159

Verein für Astronomie (Herr Brodmann)
4300 Essen 1, Rellinghauser Straße 113

Westfälische Volkssternwarte
4350 Recklinghausen, Stadtgarten

Astronomische Arbeitsgruppe (Herr Schmidt)
4432 Gronau, Damaschkering 16

Sternwarte Bochum
4630 Bochum, Castroper Straße 67

Astronomie AG VHS Hamen (Herr Dr. Bredner)
4700 Hamm 1, Gustav-Heinemann-Straße 1

Astronomie AG VHS Soest (Herr Fleischer)
4770 Soest, Steinkuhlenweg 6

Amateur-Astronomische Arbeitsgemeinschaft
4787 Geseke, Erwitlerstraße 16 a

Astronomische Arbeitsgemeinschaft
Paderborn e. V. (Herr Wiechoczek)
4790 Paderborn, Postfach 11 42

Astronomische Arbeitsgemeinschaft (Herr Lange)
4920 Lemgo 1, Im stillen Winkel 12

Vereinigung der Sternfreunde Köln e. V.
5000 Köln 41, Nikolausstraße 55

Sternwarte und Planetarium Köln-Nippes
5000 Köln 60, Blücherstraße 15−17

Sternwarte der VHS Bergheim
5010 Bergheim/Erft, Gutenberg Gymnasium

Sternwarte der Stadt Aachen
5100 Aachen, Am Hangeweiher

Volkssternwarte Bonn
5300 Bonn 1, Poppelsdorfer Allee 47

Volkssternwarte Remscheid
5630 Remscheid, Am Schützenplatz

Walter-Horn-Gesellschaft e. V.
5650 Solingen 19, Sternstraße 5

Sternfreunde Menden e. V. (Herr Kirchhoff)
5750 Menden 1, Thüringer Straße 14

Arbeitsgemeinschaft Volkssternwarte Hagen e. V.
5800 Hagen, Postfach 146

Volkssternwarte Ennepetal e. V.
5828 Ennepetal 14, Am Hinnenberg 80

Volkssternwarte Frankfurt des Physikalischen Vereins e. V.
6000 Frankfurt 1, Robert-Mayer-Straße 2—4
Arbeitsgemeinschaft für Astronomie
6000 Frankfurt 60, Postfach 60 02 61
Rüsselsheimer Sternfreunde e. V. (Herr Tremel)
6090 Rüsselsheim, Am Borngraben 40
Volkssternwarte Darmstadt e. V.
6100 Darmstadt 1, Helfmannstraße 26
Arbeitsgemeinschaft Astronomie
6101 Reichelsheim, Am Gaensberg 26
Starkenburg Sternwarte (Herr Sturm)
6148 Heppenheim, Kleiner Bach 3
Astronomische Gesellschaft Urania e. V.
6200 Wiesbaden, Patrickstraße 4
Volksbildungswerk Marxheim (Herr Minor)
6238 Hofheim, Lessingstraße 56
Astronomischer Arbeitskreis Wetzlar e. V.
Sternwarte Burgsolms, 6336 Burgsolms
Hans Nüchter Sternwarte
6400 Fulda, Domänenweg 2
Astronomische Arbeitsgemeinschaft e. V.
6500 Mainz 1, Adelingstraße 16
Sternwarte Ingelheim (Herr Sänger)
6507 Ingelheim, Obere Sohlstraße 11
Privatsternwarte Minheim (Herr Erz)
6550 Bernkastel-Kues, Cusanusstraße 35
Heimvolkshochschule Schloß Dhaun
6571 Hochstetten-Dhaun
Vereinigung der Amateurastronomen des Saarlandes (Herr Ruff)
6600 Saarbrücken 3, Am Homburg 38
Planetarium Mannheim
6800 Mannheim 1 O5, 1—6, Postfach 5548
Astronomie AG an der Fachhochschule Technik
6800 Mannheim, Speyrer Straße 4
Volkssternwarte Schriesheim e. V.
6905 Schriesheim 1, Entengasse 3
Schwäbische Volkssternwarte e. V.
7000 Stuttgart 1, Leuschnerstraße 51

Volkssternwarte Uhlandshöhe
Planetarium Stuttgart (Herr Dr. H. U. Keller)
7000 Stuttgart 1, Neckarstraße 47

Schul- und Volkssternwarte Aalen
7080 Aalen, Rombacherstraße 30

Robert-Meyer-Sternwarte
7100 Heilbronn, Bismarckstraße 10

Volkssternwarte Reutlingen (Herr Drexel)
7410 Reutlingen, Karlstraße 40

Astronomische Vereinigung (Herr Bitzer)
7470 Albstadt 1, Hartmannstraße 138

Astronomische Vereinigung Karlsruhe (Herr Büschel)
7500 Karlsruhe, Max Planck Gymnasium
7515 Linkenheim-Hochstetten, Schulstraße 15

Richard Fehrenbach Planetarium
7800 Freiburg, Friedrichstraße 51

Volkssternwarte Laupheim
7958 Laupheim, Carl-Lämmle-Weg 5

Bayerische Volkssternwarte München e. V. (Herr Oberndorfer)
8000 München 80, Anzinger Straße 1

Planetarium im Deutschen Museum
8000 München 22, Museumsinsel 1

Astronomischer Arbeitskreis Ingolstadt e. V.
8071 Wettstetten, Goethering 2 a,

Schulsternwarte Geretsried e. V.
8129 Geretsried, Brucknerweg 29

Volkssternwarte Burghausen
8263 Burghausen, Angenerweg 8

Volkssternwarte Passau
8390 Passau, Veste Oberhaus

Volkssternwarte Regensburg
8400 Regensburg, Ägidienplatz 2

Volkssternwarte Neumarkt e. V.
8430 Neumarkt, Höhenberg 9

Nicolaus-Copernicus-Planetarium
8500 Nürnberg, Am Plärrer 41

Städtische Sternwarte Nürnberg
8500 Nürnberg 1, Regiomontanusweg 1

Kepler-Volkssternwarte
8580 Bayreuth, An der Bürgerreuth 14

Volkssternwarte Coburg
8630 Coburg, Weinstraße 1 B
Volkssternwarte Hof
8670 Hof, Egerländer Weg 25
Astronomische Arbeitsgemeinschaft Lohr (Herr K. Röder)
8770 Lohr, Stadtmühlgasse 2
Sternwarte Bruder Klaus Heim (Herr Mayer)
8900 Violau 84 über Augsburg

Bundesweit:
Vereinigung der Sternfreunde e. V. (VdS)
8000 München 80, Anzinger Straße 1
Wiener Urania Planetarium
A-1020 Wien, Oswald-Thomas-Platz 1
Astronom. Vereinigung Kärntens, Planetarium und Volkssternwarte
A-9020 Klagenfurt, Villacher Str. 239

Planetarium Luzern
Longines im Verkehrshaus
CH-6000 Luzern, Lidostr. 5

Register

kosmos

Überall dort, wo es Bücher gibt!

Joachim Herrmann
Die Kosmos-Himmelskunde

Dieses Buch stellt die klassische Astronomie ebenso dar wie die neuesten Forschungsergebnisse – in einer Sprache, die jeder versteht. Zahlreiche Abbildungen, u. a. von berühmten Astronomen, Beobachtungsgeräten, Sonne, Mond, Nebeln und Planeten sowie grafische Darstellungen tragen zum Verständnis der astronomischen und astrophysikalischen Vorgänge bei.
191 S., 139 z. T., farb. Abb., geb.

Storm Dunlop
Astronomie für Einsteiger

Wer glaubt, Astronomie setze eine besondere Vorliebe für Mathematik voraus, der irrt: Man kann auch ohne diese Begabung ein ausgezeichneter Himmelsbeobachter werden. Für den Einstieg braucht man nicht einmal eine teure Ausrüstung, aber gute Grundlagenliteratur. Dieses Buch bietet dem Leser die Möglichkeit, sich schnell und zuverlässig am nächtlichen Himmel zurechtzufinden. Umfangreiches Kartenmaterial, Fotos und Zeichnungen erleichtern den Einstieg in die faszinierende Welt der Astronomie.
192 S., 217 meist farb. Abb., 16 farb. Sternktn., 28 Tab., kt. in Klarsichthülle

Ernst-Jochen Beneke
Was sehe ich am Himmel?
Ein Begleiter durch den nördlichen und südlichen Sternenhimmel

Dieser Sternführer zeigt dem Benutzer 84 Himmelsanblicke des nördlichen und südlichen Sternenhimmels für alle 12 Monate sowie 88 Einzelsternbilder mit den interessantesten Objekten.
In kurzen, mit vielen Grafiken aufgelockerten Zwischenkapiteln werden die wichtigsten Grundbegriffe der Astronomie erklärt. Bei den Fotos, die ausnahmslos von Amateuren mit einfachen Geräten fotografiert wurden, sind die Aufnahmedaten angegeben. Im Anhang befindet sich ein ausführlicher Tabellen- und Literaturteil.
264 S., 386 z. T. farb. Abb., Sternktn. und Sternbilder, kt. in Klarsichthülle